JN064018

インディペンデント映画の逆襲

フィリピン映画と自画像の構築

鈴木　勉

風響社

はじめに

映画が生まれて一〇〇年以上が経過した。写真はもうすぐ誕生後二〇〇年だが、いまやカメラはただ単に目に見えるものを記録するだけではなく、見えている世界を普段は見たことのない世界、もしくは視覚的には見えない世界に誘う力を持つようになった。カメラは私たちの日常感覚から最も遠くへ世界を引き離す仕組みでもある。映画も一〇〇年の時を経て、消費材としての映画から世界を理解する素材、さらには理解を越えて想起し思考してゆくメディアとしての映画へと変容を遂げていると思われる。インターネットなど情報伝達技術の進化によって、いつでも、どこでも簡単に、かつ断片的である意味刹那的に動画が視聴できる現代においては、一定の拘束を伴う映画の時を体験することの意味に変化をきたしているとも言える。少なくとも筆者にとっての映画とは、その多くが世界を知るため、社会を成り立たせている考え方、その構造を知るための手がかりでもある。

本書はフィリピンのインディペンデント映画についての考察が中心である。それも二〇〇五年以降、筆者がフィリピンのインディペンデント映画に本格的に接しはじめたシネマラヤ・フィリピン・インディペンデント映画祭（以下、シネマラヤ）に出品された作品及び同映画祭が歩んだ時代と時を同じくして世に出た作品を中心に論じる。シネマラヤは、フィリピン映画界、そして映画製作を夢見る若者達の熱い期待を担い、二〇〇五年七月、国内初の大規模デジタル映画祭として産声を上げた。映画館の「シネマ」と自由を意味するフィリピノ語の「マラヤ」を掛け合わせた合成語である。準備開始はその一年前。当時フィリピンの映画産業は瀕死の状態だった。フィリピン・フィルム・アカデミーの発表によれば、二〇〇四年に製作された三五ミリ映画は五四本。一九九六年~九九年の平均が一六四本、二〇〇〇年~二〇〇三年の平均が八二本であるから、急激な落ち込みは明らかである。もともとアメリカ植民地時代からハリウッド流のスタジオ・システムを導入して、六〇年代から七〇年代にかけて長編劇場用映画だけで年間二〇〇本を超え、「黄金時代」を築いたほどの映画王国だった。シネマラヤはインディペンデント映画の祭典ではあるが、本来であれば反対勢力であるはずの大手映画製作会社もこの新しい動きを全面的に支援した。生か死かの危機感に覆われ、凋落傾向にあったフィリピン映画界の期待を一身に集めて鳴り物入りで創設されたのだ。

これからシネマラヤの成功物語を追ってゆくが、その成功を受けて、その後多くのインディペンデント映画祭が創設されている。本稿の執筆時点で確認できる映画祭だけでも、シネマ・ワン・オリジナル（ABS―CBNテレビ）、シネ・フィリピーノ、シネング・パンバンサ、Qシネマ・インターナショナル・フィルム・フェスティバル、シナーグ・マイニラ・インディペンデント・フィルム・フェスティバル、シネマニラ・インターナショナル・フィルム・フェスティバル（デジタル・ローカル部門）、メトロ・マニラ・フィルム・フェスティバル（ニューウェーブ部門）、その他マニラ首都圏以外で開催される地方の映画祭、ミンダナオ・フィルム・フェスティバル、サラミンダナオ・フィルム・フェスティバル、ウェスターン・ビサヤ・フィルム・フェスティバルなど多数ある。またインディペンデント映画の秀作が続々と登場することでインディペンデント系ミニ・シアター設立の動きも少しずつ活発化している。これも執筆時点の情報だが、マニラ首都圏にはフィリピン映画振興評議会（Film Development Council of The Philippines、以下、F

DCP）併設のシネマテーク・センターや国立フィリピン大学（University of The Philippines、以下、UP）フィルム・インスティテュート内シアターの他に、シネマ・センテナリオほか民間のミニ・シアターが三か所[1]、さらにはFDCPの地方支部に併設されるかたちで、北からバギオ、イロイロ、ダバオ、ザンボアンガの各都市に小規模ながらインディペンデント映画を常時上映する拠点となるシネマテークが設立されている。

しかしUPフィルム・インスティテュート所長のパトリック・カンポスは、*The End of National Cinema: Filipino Film at the Turn of the Century* の中で、特にシネマラヤがフィリピンのインディペンデント映画史の中で果たした役割の圧倒的な大きさについて解いている[2]。

二〇〇五年当時を振り返り、一部の例外を除き、その時点でフィリピン映画、それもインディペンデント映画

写真１　シネマラヤで賑わうフィリピン文化センター・ロビー

写真２　フィリピン映画振興評議会

写真３　シネマ・センテナリオ

に注目していた外国人はそれほど多くはなかったと思われる。私自身もたまたま二〇〇五年七月一二日に国立フィリピン文化センター（Culture Center of the Philippines、以下、ＣＣＰ）においてシネマラヤのオープニングを目撃するという、今から思えばこの上ない僥倖に巡り合えたわけだが、当時からフィリピンのインディペンデント映画に注目していたわけではない。しかし国際文化交流という仕事でフィリピン文化に触れる機会を重ねるごとに、フィリピン人のアートへの情熱、特に若い創り手たちの時に熱狂的ともいえる姿を目の当たりにするにつれて、どこか日本の同世代のアーティストとは異なるモチベーションや存在理由があるのではないかと思うようになった。そしてそれ以来、インディペンデント映画は私にとってそのテーマを探求する、よき道標となった。

写真４　国立フィリピン文化センター（CCP）外観

インディペンデント映画についての確固とした定義はないが、前出のパトリック・カンポスは「〝インディペンデンス〟とは、あらゆる専制的な主張を拒み、アイデンティティに対する問題提起によって立つものであり、その言葉は現在様々なかたちで進行している国民映画[3]（ナショナル・シネマ）を語るときに欠くことのできない重要な要素である」と述べている。[4]

フィリピンは若者であふれかえる国である。二〇一九年四月時点での人口は約一億七〇〇〇万人で、平均年齢は約二四・三歳。[5]日本の平均年齢は四六・三歳なのでおおよそ半分ということになる。また経済成長の指標である人口ボーナス[6]にしても二〇五〇年まで続くと予想され、すでに一九九〇年代初頭にバブル経済が終焉して人口ボーナスの途切れた日本とは、国民国家を形成するもととなるそこに暮らす人々の世代構成が大きく異なる。この本でもたびたび扱う極端な貧富の格差など社会を不安定にする要素は存在するものの、今後もますます経済成長を約束された将来のある国である。[7] 高度資本主義の時代となり、「成長神話」が過去となってなかば目標を失いかけた日本とは異なる社会。またフィリピンの文化的催事に行くとよく体験する、国歌斉唱の際、老いも若きもみな右手を胸に当てて国家を歌う姿からあふれる愛国心。さらに自らは非常に貧しくても、ポケットの中にある五ペソ（約一〇円）を自分よりさらに貧しい者に差し出す相互扶助の精神。町のそこかしこで目にする光景は、フィリピンという国の成り立ちとそこに住まう人々をとても魅力的に見せた。そんな状況の中で生まれてくるフィリピンのインディペンデント映画の隅々にも、この国の成り立ちが生き生きと表現されていた。そうしてフィリピンの映画に惹き込まれてゆく中で、映画が語る渇望のようなものを感じるようになった。渇望、それはある種の飢えに由来する、心の根から発せられる希望のようなものであると思われた。本書ではその渇望の本源について考察したいと考えている。

注

（1）Cinema Centenario (95 Maginhawa Str., Diliman, Quezon City), Black Maria Cinema (779 San Rafael Str., Mandaluyong City), Cinema '76 Film Society (160 Luna Mencias, Lungsod, San Juan City).

（2）Patrick F. Campos, *The End of National Cinema: Filipino Film at the Turn of the Century*, Quezon City, University of the Philippines Press, 2016.

（3）脚本家・映画監督・映画研究者であるクロデュアルド・デル・ムンドは「国民映画」を「映画による国民像の集合的な産出物。国家を表象してその声を国民に届けるもの」と定義している。Clodualdo del Mundo Jr., *Looking for Philippine Cinema from the mid-1940s to the Present, Centennial Anniversary of the Philippine Cinema* 所収、釜山国際映画祭、二〇一八年、九五頁。

（4）（2）参照、二五七頁。

（5）出典：worldometers、国連による最新統計に基づくデータ。

（6）総人口に占める生産年齢（一五～六四歳）人口の割合が上昇し、経済成長が促進されることを指す。

（7）世界銀行の調査によれば二〇一七年度の経済成長率は六・七％である。

凡例

本文中の映画のタイトルについて
〈　〉は原作者による英訳
《　》は日本公開作品で定訳がある。したがってしばしば意訳がある。
（　）は未公開のため筆者が直訳した。

例
『Tulad ng Dati〈Just Like Before〉（昨日と同じ）』
『Imbisibol〈Invisible〉《インビジブル》』

●目次

第五章　フィリピン映画と日本

第六章　「ポスト真実」時代のフィリピン映画

装丁＝オーバードライブ・前田幸江

●インディペンデント映画の逆襲——フィリピン映画と自画像の構築

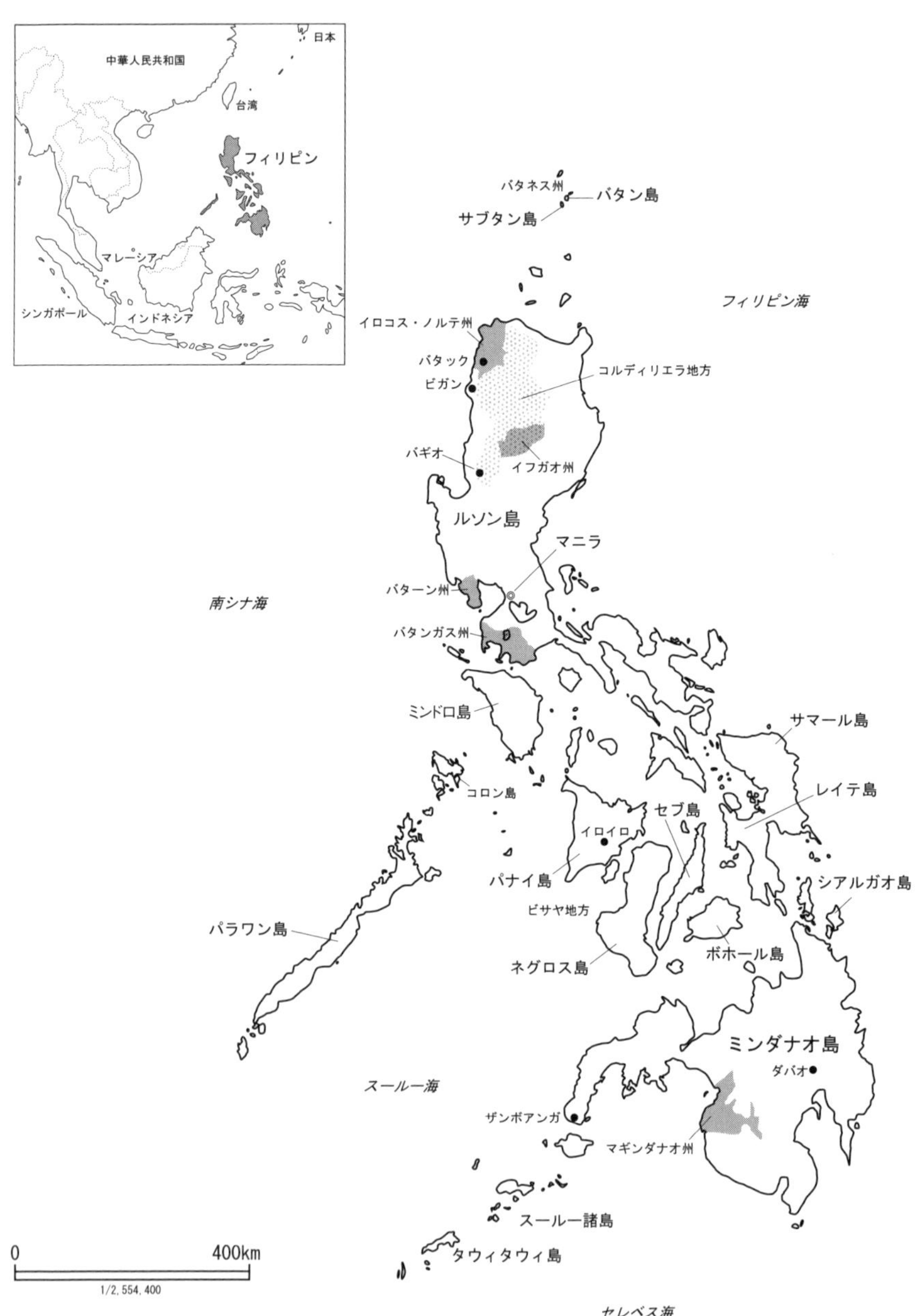

日本
中華人民共和国
台湾
フィリピン
マレーシア
シンガポール
インドネシア
バタネス州
バタン島
サブタン島
フィリピン海
イロコス・ノルテ州
バタック
ビガン
コルディィリエラ地方
バギオ
イフガオ州
ルソン島
マニラ
南シナ海
バターン州
バタンガス州
ミンドロ島
サマール島
コロン島
レイテ島
セブ島
イロイロ
パナイ島
シアルガオ島
ビサヤ地方
パラワン島
ネグロス島
ボホール島
ミンダナオ島
ダバオ
スールー海
ザンボアンガ
マギンダナオ州
スールー諸島
0
400km
1/2,554,400
タウィタウィ島
セレベス海

地図　フィリピン全図

序章　フィリピン映画の源流と一つの問いかけ

フィリピンがいわゆる歴史書物に刻まれた記録として世界史の舞台に登場するのはそれほど古い時代ではない[1]。一四世紀にイスラム教が伝来したとされるが、その頃は既に中国との間に盛んな交易があった。そしてマゼランがこの島を一五二一年に〝発見〟し、一五七一年にはレガスピ総督がマニラを征服する。以来、三二七年間はスペインの植民地となる。一九世紀末になって独立機運が高まり一八九八年には一旦スペインから独立するが、アメリカがやって来てその支配下に置いた。第二次世界大戦では約三年間日本軍が占領し、戦後一九四六年になりようやく独立を果たした。しかし、無論書物に描かれるはるか前から豊かな文化をはぐくみ紡いできた。歴史や文化の表象というものは実に過酷なもので、新たな発見や研究によってそれが日々書き換えられているとはいえ、特に近代になってから表象されてきたイメージの堆積を大きく書き換えてゆくことは容易なことではない。

三六五年に及ぶ諸外国による植民地支配に由来する西洋世界に対する劣等感や自己卑下の精神構造。グローバリゼーションの波に飲み込まれて〝途上国〟としてレッテルを貼られ、都市化と人口増加によって増幅される貧困問題などの深刻な社会問題からくる精神の疲弊[2]。二〇〇五年にマニラにやって来た当初、私の周囲にあったフィリピンの社会や人々が共有する感情は、おおまかにいえばそのようなものであった。しかし日々フィリピンの文化やアートの最前線に触れ、アーティストや彼らを支える人々の話を聞くにつれて、それまでの固定観念やイメージとは何かが違う、おおげさな言い方をすれば、何かそれまでの表象の堆積を根底から崩してゆくような地下マグマの胎動、時に喧騒に、そして時に寡黙に淡々と動かしてゆくエネルギーを感じるようになった。そしてそれが特に顕著に感じられたのが映画であった。現にフィリピンのインディペンデント映画はその後、この国の映画史どころか世界の映画史に新たなページを書き加え、フィリピンという国の、そこに住む人々の表象に大きな影響を与え続けている。私がインディペンデント映画に感じる渇望の正体とは、この植民地主義に由来する他者からの支配、そして支配されることから生じる喪失、特に自尊の心を失いかけた地点にいる人々の心の飢えではないかと考えている。

写真５　フェルディナンド・マゼラン

> 東南アジアのモダンアートの基本的な課題は、『自分探し』であったし、おそらくいまもそうである。『私たちが本来あるべき姿』から隔たってしまっているという自覚へと向かい、さらにそこから失われた自己の回復へと向かう道程の中に、東南アジアのモダンアートの基本的な姿を見出すことができる。（傍点筆者）[3]

この問題設定はフィリピンのアート、そして映画にもそのままあてはまる。本書ではインディペンデント映画を通して「わたしたちが本来あるべき姿」、「失われた自己」を求める彼ら、彼女らの声に耳を澄ませたい。

フィリピン映画の源流を少したどってみよう。フィリピンに映画がもたらされたのは一八九六年、いまだスペインの植民地時代。映画がフィリピンで発祥したとき、そこにはフィリピンという国民国家もなければ、フィリピン人もいなかった。フィリピンの国土の大部分はスペイン王国の海外植民地であり、支配者であるスペイン人、被支配者であるインディオ、そしてスペイン人とインディオの混血した人々はメスティソと呼ばれていた。そしてその二年後には今度はアメリカに支配されることになるが、それから四五年間はアメリカ文化が流入して、多くの映画もハリウッドから直輸入されることになる。他方、一九世紀末はフィリピンに独立運動の気運が高まり、ホセ・リサール(4)などの活動家を生み出し、フィリピンのナショナリズムがマグマのように底流となり、一部の人々を突き動かしている時代だった。映画はそんな時代のただ中にあって、スペイン時代の残滓、シャワーとなって注ぎ込むアメリカ文化の勢い、そしてそれら海外からの様々な浸食に抗う独立運動を支える人々の「フィリピン人とは何者であるか?」という問いをも吸い上げて揺れ動いていた。フィリピン映画は、生まれながらにして植民地主義、そしてその後のポスト植民地主義と向き合うことを宿命付けられていたといえる。

戦後になるとフィリピン映画はいくつかの波があるものの、総じて多くの優れた作品を世に送り出し、広く国民に支持されてきたと言える。そして昨今は「戦後第三期の黄金時代」だとよく言われる。文芸評論家のネストール・トーレは、*Pelikula, An Essay on Philippine Film: Touchstones of Excellence*(5)「映画、フィリピン映画に関するエッセイ――卓越した試金石」の中で、一九五〇年代から六〇年代、アメリカから移植されたスタジオ・システムによるエンターテイメント作品で映画界に繁栄をもたらした時期を戦後の第一期黄金時代と位置づけているが、同時代の代表格のマヌエル・コンデ監督の『ジンギス・カーン』(6)がヴェネツィア国際映画祭で上映されたのが一九五一年である。その後、独立系映画の動きも加わってリノ・ブロッカらによる多くの社会派映画の秀作を生み出した七〇年代半ばから八〇年代半ばを第

写真6　ホセ・リサール

二期黄金時代としている。また映画研究家のアグスティン・ソトは、「フィリピン映画抄史」の中で、フィリピン映画の草創期（一八九七年）から一九九一年までをより詳細に一一期に分類している。[7] 筆者は二〇一五年八月に開催されたシネマラヤの会場で映画関係者何人かと懇談したが、昨今の状況を戦後第三期黄金時代ととらえる考え方は共通していた。さらにはこうした認識は海外でも定着しており、日本では『CROSSCUT ASIA #02: The Heart of Philippine Cinema 熱風！フィリピン』の中で映画研究家の石坂健治も同様な認識を示している。[8] そして二〇一七年には世界の先端的アートの発信拠点であるニューヨーク近代美術館（Museum of Modern Art）でも紹介された。『A New Golden Age: Contemporary Philippine Cinema（新しい黄金時代――フィリピンの同時代映画）』と題された展覧会では、二〇〇〇年代半ば以降の一八作品を取り上げ、そのジャンルや様式の多様さ、実験精神、個人や社会、そして政治的背景が織りなす重層的な世界観が提示され、「戦後第三期の黄金時代」の評価を確定的にしたといえる。

八〇年代中盤以降は商業主義に堕して衰退の一途をたどったが、二〇年以上が経過して第三期が到来した。この「戦後第三期の黄金時代」の映画にはこれまでのフィリピン映画史上にはない明白な特徴がある。それはデジタル製映画の時代であり、製作・配給に至るまで大手の資本、いわゆるメジャー映画製作会社に依存しない「インディペンデント（独立志向的）」な環境によって作られているということだ。そして、そのような背景を持った映画が勃興した時期は、フィリピンでは時あたかもインディペンデント系の文化芸術運動の興隆期であったと考えられる。映画と並行して、美術、演劇やコンテンポラリーダンス、そして音楽におけるバンドブームやそれに続くヒップ・ホップ・ブームなども新たな地殻変動の真っただ中で、それは創造産業を根底から刷新する文化運動であった。

一つの問題提起から——コロニアリズムとは何か

さてこれからフィリピン映画について書き進めるにあたって、まずはあえて『イロイロ——ぬくもりの記憶』（原題『爸媽不在家』、以下、『イロイロ』）というシンガポール映画についての考察から始めたい。何故ならば、フィリピンという国やフィリピン人の置かれた状況、植民地時代が終焉したにもかかわらず、支配と被支配、もしくは強者と弱者の世界は確かに存在し続けており、しかもそれが西欧対非西欧ではなく、東南アジアという域内にも存在していることが、この映画の中に色濃く表れているからである。さらにそうした事実があるにもかかわらず、その映画をめぐる言説からそうしたことがすっぽりと抜け落ちていると思われる。『イロイロ』は、二〇一三年シンガポール人監督のアンソニー・チェン（陳哲藝）による作品である。

『イロイロ——ぬくもりの記憶』（アンソニー・チェン監督）

舞台は一九九七年のアジア通貨危機下にあるシンガポールで、共働き夫婦の一人息子と、フィリピン人メイドとの交流を描く。両親共仕事で帰りが遅い家庭の一人息子ジャールーは、わがままで小学校では問題ばかり起こし周囲を困らせていた。手を焼いた母親の決断で、フィリピン人のテレサが住み込みのメイドとして雇われる。突然家にきたテレサになかなか心を開かず、テレサに意地悪ばかりするジャールーだったが、多くの時間を過ごすうちに馴染んできた。そして、フィリピンに置いてきた息子への想いを抑えつつ必死で働いているテレサに、いつしか自分の抱える孤独と同じものを感じて心を開き、二人の間に家族のような関係が築かれていった。メイドになつき始めた息子に安心していた母親だったが、次第にテレサに対して嫉妬にも似た複雑な感情を抱き始める。その頃、父親がアジア通貨危機による不況で会社をリストラされてしまい、メイドを雇ってはいられなくなり、テレサは去る。ジャールーは自分を理解し、暖かく見守ってくれるテレサとの別れを悲しむ(9)。

本作は第六六回カンヌ国際映画祭でカメラドールを受賞したほか、台湾金馬奨（台湾アカデミー賞）では最優秀作品賞など四部門を獲得し、二〇一三年の第一四回東京フィルメックスでも観客賞を受賞した。この映画ではフィリピン人家政婦が主人公の一人であるが、二〇一八年時点で全世界にフィリピン人出稼ぎ労働者（ＯＦＷ(10)）は約二三〇〇万人であり、その稼ぎに基づく海外送金は二〇一七年度においては三兆円とフィリピン国内総生産の一割を占め、同送金に誘発される国内需要がフィリピン経済を支えている。その経済的貢献からＯＦＷは国の〝ニューヒーロー〟と称され、優秀なＯＦＷについては国からの表彰制度もある。しかしながら、そうした光の面とは裏腹に、ＯＦＷ一人ひとりの人生を見てみる時、そこには当然家族との別れ、一世帯に複数のＯＦＷが存在する場合は一家離散、さらには長期にわたる海外生活やその地で永住する者も多く、そこにフィリピン人の離散（ディアスポラ）という問題が生まれる。

『フロール事件』（ジョエル・ラマンガン監督）

特にシンガポールにおけるフィリピン人家政婦については、多くのフィリピン人にとって悲劇の物語とともに記憶されている。一九九五年にフロール・コンテンプラシオンというフィリピン女性が、雇用者の子供と同僚の家政婦を殺害したとして告訴されて絞首刑となった。死刑判決が出された後、フィリピン国民からの異議申し立てを受けて当時のラモス大統領もシンガポール政府に死刑差し止めを申し入れたが、それも空しかった。同事件についてはその後三度も映画化されて、長くフィリピン国民の記憶に残ることとなった[11]。いずれの映画も事実誤認による死刑の不合理を描いているが、特に『The Flor Contemplacion Story《フロール事件》』（ジョエル・ラマンガン監督、一九九五年）[12]は、主演のノラ・オノール[13]の鬼気迫る演技が印象深い。

夫と子供をフィリピンに残し、家政婦としてシンガポールで働くフロールは、仲間の家政婦とその家の子供の二人を殺したとして、ある日突然に逮捕された。拷問の末に虚偽の自白をさせられたのだと裁判で訴えるフロールだったが、裕福で警察権力に力のある被害者の父親に対して、貧しい出稼ぎ外国人でしかない彼女の立場は不利に過ぎ、死刑が確定してしまう[14]。

写真7　ノラ・オノール

死刑場に送られる際に彼女が発した言葉、「彼ら（シンガポール人）は私の人生を奪うことはできるが、私の人間性を奪うことはできない」とともに深く記憶に刻まれた。

シンガポールでは一五歳以上の労働者約三五三万人（二〇一四年時点）のうち、非居住者である外国人や永住権を取得した外国人の合計は四割を超えると推測されており、外国人労働力への依存率が極めて高いと言えるが、その中でも外国人家事労働者（Foreign Domestic Worker：ＦＤＷ）に対する差別政策は非常に過酷なものがある。ビザ発給について厳しい制約がある他、厳しい審査の果てに入国した後は、シンガポールの「外国人雇用法」の適用を外され、最低賃金や労働時間の制約もない各雇用主との個人的契約に委ねられ（つまり無法状態）、政府の労災保険制度の適用もない。上述の悲劇はこのような状況下に起こった事件なのである。[15]

さて、『イロイロ』でメイドのテレサを演じているアンジェリ・バヤニは、国立タンハーラン・フィリピーノ劇団の看板女優として活躍し、本書で取り上げるインディペンデント映画にも多数出演している人気女優である。小柄ながらも情念あふれた存在感のある演技はノラ・オノールを彷彿とさせる。雇用主である家族の中で男の子との心を通わせるほのぼのとしたテレサの姿の裏に、

写真8　アンジェリ・バヤニ

多くのフィリピン人は、あのフロールの悲痛な叫びを重ね合わせたに違いない。

『イロイロ』というタイトルの、その音を聞いてすぐにその意味がわかるのは、おそらくフィリピン人のみであろう。イロイロはフィリピン中部ビサヤ地方のパナイ島南部の町の名前であるが、このビサヤ地方は特に戦後に人口圧力が上昇して国内・海外への移住者を多く生み出している地域である。そのような背景から、イロイロ市の出身者でなくても、多くのフィリピン人はこの物語を単なる出稼ぎ家政婦と雇用主家族の心温まる交流の物語とは感じないはずだ。チェン監督は、そのタイトルの由来についてインタビューで次のように語っている。[16]

（質問）タイトルの『ILO ILO』とは、監督が子供の頃、家で働いていたフィリピン人のメイドさんの出身地の地名と聞きました。この作品は監督の子供の頃のメイドさんへの思い、懐かしさ、寂しさなど、忘れられない思い出が込められている作品ですね。

（チェン監督）そうです。私が四歳から一二歳まで我が家にいたメイドの出身地がフィリピンのイロイロとい

うところで、響きがいいので、英語タイトルは『ILO ILO』にしました（傍点筆者）。

「響きがいい」と答えているが、私はそこに想像力の欠如、より強い表現で言えば勝者の驕りのような何かを感ぜずにはいられなかった。近代国民国家と資本主義経済はまず先進国と開発途上国という「南北問題」を生み出し、さらには途上国の経済発展は中進国や、新興国を生み出し、かつての途上国間に新たな格差、いわゆる「南南問題」を作り出した。『イロイロ』で描かれているのは、かつては先進国側から等しく〝開発途上国〟と格付けされていた東南アジア内部に引き起こされている経済格差がもたらした差別、被差別の問題、人間の尊厳に関わるとても深くて重いテーマである。この映画で採用されている修辞法は、被差別の対象である家政婦の日常や心の襞によりそった繊細なものではある。『イロイロ』は抒情的で良質な映画だが、映画は観る者の立場によってその解釈が大きく異なる場合もある。

スーザン・ソンタグはその著書『他者の苦痛へのまなざし』の中で、「現代の生活は、写真というメディアをとおして、距離を置いた地点から他の人々の苦痛を眺める機会をふんだんに与え、そうした機会はさまざまな仕方で活用される」と指摘したうえで、「写真がかきたてる哀れみと嫌悪が、われわれの関心をそらして、どのような写真が、誰の残虐行為が、誰の死が、示されていないのか、を問うのをやめさせてはいけないのだ」と説く[17]。本作のように二つの国の文化が接触するテーマを作品化する場合は、どちらの立場にたって見るか、解釈するかで評価は異なってくるであろう。しかし一般的に『イロイロ』という作品について語られる文脈は、そのほとんどがシンガポール側からということに問題がある。「響きがいい」という言葉の背後にある想像力の欠如や、それを生み出す背景を語る必要がある。この映画を、もしもまさに自分の娘を、または母親をＯＦＷの家政婦としてシンガポールや香港に送り出さざるをえないイロイロに暮らす家族が観たとしたら、どのように感じるだろうか。人は、何人たりとも他者そのものになることは不可能である。しかし他者のまなざしに注視することはできる。無自覚であることが生み出す幸福と不幸せの逆説について、私たちは常に鈍感であってはならないだろう。

本書で語ろうとしているのは現代のフィリピン映画と創り手たちの物語であり、それは国民国家というシステムが生み出したヒエラルキー、決して公平とは言えない構造に由来する社会の現実に向き合い、自らのアイデンティティ、自画像を再構築してきた者たちの苦悶の物語でもある。いま世界の映画界で注目され始めているフィリピン映画は、近代国民国家と資本主義経済や世界中を席巻しているグローバリゼーションに対して、マニラの民衆の喧騒にまみれたスラム街やストリートから、ポストコロニアリズムの周縁から立ち上る無数の民と、彼らの思いをインディペンデント映画という手法を用いて掬い取るクリエーターたちの逆襲にも見える。その対象は無自覚な他者であったり、自尊を失った自虐の自己であったりするであろう。それでは一体どんな逆襲となりえているのか、フィリピンのインディペンデント映画の中に分け入ってみよう。

注

（1）フィリピンについて書かれた記録で最古のものは一三世紀初め南宋時代の書物『諸蕃志』だと考えられている。フィリピンの通史については鈴木静夫著『物語フィリピンの歴史』（中央公論社、一九九七年）参照。

（2）筆者は二〇〇五年五月に国際交流基金マニラ事務所（現、マニラ日本文化センター）所長として赴任した。

（3）後小路雅弘「自分探しの迷宮（ラビリンス）」『アジアの美術——福岡アジア美術館のコレクションとその活動』美術出版社、一九九九年、一〇一頁。

（4）ホセ・リサール（一八六一〜一八九六）はフィリピン独立運動初期の指導者。マニラのサント・トマス大学で医学を学び二一歳でスペインに留学し、その後フランスやドイツで学ぶ。ドイツで出版した『ノリ・メ・タンヘレ（我に触れるな）』（一八八七年）は、西欧留学帰りの若者がスペイン修道会の圧制から徐々に植民地政策の不条理に目覚めてゆく物語だが、フィリピンの大衆から熱狂的な支持を受け、独立運動に多大な影響を与えるようになる。しかしそのためにスペイン当局からにらまれて一八九六年に処刑された。

（5）Nestor Torre, *Pelikula, An Essay on Philippine Film: Touchstones of Excellence*, Pasay City, Cultural Center of the Philippines, 1994.

（6）インディペンデント映画の隆盛とともに過去のクラシック映画への関心もようやく高まりつつある。本作品はヴェネツィア現代美術ビエンナーレのアーカイブで発見されたプリントをもとに、パリのシネマテーク・フランセーズやロンドンのブリティッシュ・フィルム・インスティテュートでも発見されたプリントも用いて修復を行い、二〇一二年の第六九回ヴェネツィア国際映画祭の回顧上映に出品された後フィリピンに返還された。

（7）アグスティン・ソト「フィリピン映画抄史」『フィリピン映画祭』カタログ、国際交流基金アセアン文化センター、一九九一年、四〇―四九頁。

（8）石坂健治「九〇〇字でわかるフィリピン映画史」『CROSSCUT ASIA #02: The Heart of Philippine Cinema 熱風！フィリピン』カタログ、国際交流基金アジアセンター、二〇一五年、一二頁。

（9）*CINEMA JOURNAL*（http://www.cinemajournal.net/special/2014/iloilo/index.html）

（10）Oversea Filipino Workers、略してOFWと呼ばれる。数値はフィリピン国家統計局（Philippine Statistics Authority）の調査による。

（11）三本の映画とは、『The Flor Contemplacion Story』、『Bagong Bayani』（ティコイ・アギルーズ監督、一九九五年）、『Victim No.1: Delia Maga（Jesus Pray for Us!）A Massacre in Singapore』（カルロ・カパラス監督、一九九五年）。詳細については、Alice G. Guillermo, The Filipino OCW in Extremis, *Geopolitics of the Visible Essays on Philippine Film Cultures*, Quezon City, Ateneo de Manila University Press, 2000, pp.106-124.

（12）日本でも一九九七年に国際交流基金アジアセンター主催の「フィリピン映画の新しい波」で上映された。

（13）「一九六七年、十四歳で歌手デビューしたノラ・オノールは、あどけない顔立ちとは裏腹の、大人びた気品溢れる歌声で、瞬く間に一世を風靡した。いち早く映画にも進出し、十九歳で国内の女優賞を初受賞している。スペイン系の色白のスターが主流を占める当時の映画界にあって、自分たちと同じ褐色の肌をしたアイドルの登場に、フィリピン国民は熱狂した」（杉山亮一『CROSSCUT ASIA #02 熱風！フィリピン』カタログ、国際交流基金アジアセンター、二〇一五年、三〇頁）。

（14）前掲映画祭カタログ参照、二四頁。

（15）シンガポールにおける外国人家事労働者に対する差別については、盛田茂『シンガポールの光と影――この国の映画監督たち』インターブックス、二〇一五年、二七五―二九九頁。

（16）同右。

（17）スーザン・ソンタグ『他者の苦痛へのまなざし』みすず書房、二〇〇三年、一一一―一一三頁。

第一章　インディペンデント映画揺籃史とシネマラヤの誕生

一　インディペンデント映画とは何か

いまや戦後第三の黄金期を迎えていると言われているフィリピン映画。その隆盛を牽引するのがインディペンデント映画であるが、その起源はいつ頃なのであろうか。前出のパトリック・カンポスは、一九九〇年代以来東南アジア全域でインディペンデント映画がハリウッドによる独占や各国の公的機関による検閲に抗うかたちで、また「グローバル」に対抗する「ネイション」の再考という文脈のなかで立ち現れてきたと指摘している(1)。そして特にフィリピンのインディペンデント映画は二一世紀に入って装いを新たにしてきたとして、次のように述べている。

フィリピン映画は新たな世紀に入って反抗と都会的センスで若返った。国内の映画祭や様々なワークショップによる方向付けや新しいビデオ・テクノロジーによる助けによって、若い映画製作者が、何者かに従属したり周辺に追いやられていたアイデンティティを改めてスクリーンの上に映し出し、産業としての映

写真9　リノ・ブロッカ

画の境界を越えて自分たちが選びとった現実（リアリティー）をドキュメンタリー映画として記録したり、実験映画として表現することに挑み、映画という親しみ易いジャンルに新たな息吹を吹き込んで、〝帝国としてのマニラ〟を超えた新たな作品を創り出していた。(2)

しかしインディペンデント映画の隆盛は無論、一夜にして訪れたわけではない。そんなインディペンデントの潮流をさかのぼり、フィリピン映画史を少し振り返ってみよう。フィリピン映画の黎明期については既に触れたが、独立志向の映画人がその後、対抗・反抗してゆくことになる米国ハリウッド・スタイルのスタジオ・システムは一九三〇年代に始まる。(3)大資本による製作・配給システムを整え、スタジオを所有して専属の俳優を抱え、配給までをコントロールするのが基本である。そんな「メジャー」な映画製作会社としては、まずLVNピクチャーズ(4)を嚆矢として、サンパギータ・ピクチャーズ(5)やプレミア・プロダクションズ、レブラン・インターナショナルがそれに続いた。しかし一九六〇年代後半には労働争議などが原因で撮影所システムが崩壊して閉鎖する撮影所なども現れ、そのかわりに大手製作会社に属さないかたちで映画製作する人たちが徐々に増えていった。その後、旧メジャー製作会社にとって替わって成功を収めたのがリーガル・フィルムズ（一九六二年〜、現リーガル・エンターテインメント）やヴィヴァ・フィルムズ（一九八二年〜）で、いずれも大手テレビ局と提携して現在も存続している。

一九七〇年代になると四〇代から三〇代の中堅・若手の映画監督が活躍するようになり、その中でもリノ・ブロッカ（一九三九年生）、イシュマール・ベルナール（一九三八年生）、ペケ・ガリヤガ（一九四三年生）、マイク・デ・

レオン（一九四七年生）らが中心となって、それぞれ独立系の映画製作会社を立ち上げて「メジャー」系製作会社では実現不可能な、社会的テーマを扱った硬派な作品や芸術性の高い作品、さらには実験的な作品の製作を試みていた。しかし「メジャー」と「インディペンデント」と明確に切り離されていたわけではなく、リノ・ブロッカは自らの映画製作会社の経営に挫折した後はリーガル・フィルムズなど「メジャー」でも製作したし、マイク・デ・レオンにいたっては自分の祖父がLVNピクチャーズの創始者の一人とあって、常に「メジャー」の世界と接点のある位置で活動していた。そしてそれに続く時代、先に「七〇年代から八〇年代半ばが第二期黄金時代で八〇年代中盤以降は商業主義に堕して衰退の一途をたどった」と紹介したが、フィリピン映画史では退潮期と言われる一九八〇年代中頃が、実はインディペンデント映画の揺籃期の本格的な始まりだったことがわかる。

二〇〇九年に公開されたラヤ・マーチン監督による『Independencia（独立）』は、タイトルの「独立」という言葉に何重もの意味を与えていて大変興味深い。その一つとして考えられるのが、フィリピン映画史におけるインディペンデント映画の独立宣言なのではないかという解釈である。映画の内容詳細については後の章で改めて触れるが、そのタイトルに込められたある一つの含意について触れておく。それはかつて一九八六年に『Independencia 86』という実験的なビデオ作品が製作されたことがあり、同作品のタイトルにちなんで名付けられたということに重要な意味が隠されている。一九八六年といえば「エドサ革命[6]」でマルコス独裁政権が崩壊したフィリピン現代史では最も重要な年であるが、フィリピン

写真10　『独立』

写真 11　エドサ革命を描いた『シスターステラ』

映画、とりわけインディペンデント映画史の中ではその黎明期として記憶されている。前年の一九八五年に国立フィリピン大学フィルム・インスティテュート（以下、UP映画研究所）で初の映画製作ワークショップが開催され、またドイツのゲーテインスティテュートはその当時フィリピンを含む東南アジア各国において実験映画製作に対する継続的な支援を行っていた。メジャー資本による商業映画の質が低下して映画界全体が行き詰まりを見せはじめていた中で、ごく限られたサークルに所属する人々の間で、インディペンデント映画の胎動が始まっていたのだ。ちなみにUP映画研究所は一九七六年に開館して以来、これまでに多くの映画人育成の拠点となっている。映画館も常設しており、公的機関による検閲が不要で映画上映における治外法権が与えられている。また映画関係者の福利厚生団体であるモウェル財団映画研究所というNGOでは、研究、アーカイブ事業、映画博物館の運営とワークショップを実施

写真 12　国立フィリピン大学フィルム・インスティテュート

写真 13　モウェル財団映画研究所

していて、ここでも多くの映画人を輩出している。『Independencia 86』はそうした時代状況のもと、上述のモウェル財団が実施した映画製作ワークショップに参加したフィリピン映画史ではほとんどその名が知られていないアルトゥーロ・マドランバヤンという映像作家が製作したものだが、現在は完成版が失われ、ラヤなどの努力で一部が復元されている。(7) つまりラヤの『Independencia（独立）』は、『Independencia 86』の時代にうぶ声を上げたフィリピン・インディペンデント映画のDNAを受け継いでいるという宣言でもあると解釈できる。

1　シネマラヤを生んだCCPインディペンデント映画・ビデオ・コンペティション

しかし何と言ってもフィリピンにおけるインディペンデント映画の誕生を見守り続けてきた中心はCCPであろう。CCPは二〇一九年に開設以来五〇周年のメモリアルイヤーを迎えたが、一九六九年に当時のマルコス政権によって文化による国威発揚のメッカとして開設され、イメルダ・マルコス大統領夫人のいわゆる〝ペット・プロジェクト〟として多額の国費が投入されて様々な事業が実施された。映画の分野では一九八二年になって、これもイメルダの肝いりで〝極東のカンヌ〟を目指してマニラ国際映画祭（Manila International Film Festival、MIFF）が開催され、同映画祭の運営母体として「フィリピン実験映画」（Experimental Cinema of the Philippines、ECP）という組織が誕生した。このECPの事務局長にはマルコス大統領の娘アイミー・マルコスが就任して国産映画の振興を担った。汚職と不正にまみれたマルコス政権の文化政策の一翼を担う国策機関として多くの矛盾を抱えた組織ではあったが、メインストリームからはず

写真14　CCPインディペンデント映画ビデオ・コンペティションのポスター

れた実験的な映画製作の支援やアーカイブ、そして映画教育に貢献した。その功績の中には、例えば後述するフィリピン映画史上に残るイシュマール・ベルナール監督の『Himala《奇跡の女》』やペケ・ガリャガ監督作品の製作なども含まれている。しかしＥＣＰの活動の中で、インディペンデント映画の揺籃にとって最も重要なできごとは「ＥＣＰインディペンデント・フィルム・ビデオ・コンペティション」の創設であろう。同コンペには開設当初より短編劇映画、実験映画、ドキュメンタリー、そしてアニメーションの四つの部門が設けられており、初代の受賞者の中には本書でも登場するレイモンド・レッド、ニック・デオカンポ、ロックスリーなどが含まれていた。

エドサ革命の後ＥＣＰは閉鎖されたが、上述のコンペティションの遺産は幸運にも次の時代に引き継がれることとなる。一九八七年にＣＣＰ主催による「インディペンデント映画・ビデオ・コンペティション」[8]が創設されたのだ。このコンペティションこそが、一九八〇年代後半以降、劇映画、実験映画、ドキュメンタリーの三部門に、さらに後になってアニメーション部門も加えて、一八年間インディペンデント映画を牽引してきたと言える。そして二〇〇五年にシネマラヤにそのバトンを渡すまで、その間、実に毎年約一〇〇本のエントリーがあり[9]、約四〇〇もの作品が各部門の賞を受賞して作品の質の向上、モチベーションの維持に大きく貢献してきた。[10]

『悪夢の香り』（キドラット・タヒミック監督）

こうして一九八〇年代の中頃より、国や民間、さらには外国の機関による試行的、ないしは実験的な映画製作に対する支援が始まっていたが、他方、作家個人の活動を見ると何人かの映画人が次世代への架け橋となるべく未知なる道を切り開いていた。その中でも特にキドラット・タヒミック（一九四二年生）の活躍が際立っている。彼を一躍世界的な映画監督にした代表作『Mababangong Bangungot〈Perfumed Nightmare〉《悪夢の香り》』は一九七七年、ベルリン国際映画祭で批評家賞を受賞したが、実験的な自伝的ファンタジー・コメディ作品である。同映画祭で

「フォーラム・オブ・ヤング・シネマ」部門を立ち上げたウルリッヒ・グレゴールは当時を回想し、映画祭のコンペティション締め切りが一か月以上も過ぎていたにもかかわらず、「（エントリーを希望する）その若者の声は何か特別なものに聞こえた」と、選考委員会の賛否両論がある中で極めて例外的に作品を受け入れたところ、「全員がその映画に魅了され、映画祭のルールや規則をノックダウンした。（中略）そしてその映画は圧倒的な成功を収め、ほとんどセンセーショナルな出来事として突然映画祭の中心に躍り出たのだ」[11]と、当時の様子を生き生きと伝えている。

外務省所管の独立行政法人で諸外国との文化交流を実施している国際交流基金では、アジア映画紹介の嚆矢となった南アジア映画祭（一九八二年）を開催し、同映画を日本で初めて紹介した[12]。一九八一年から日常生活の撮影を始めて八六年より『Bakit Dilaw Aug Gitna ng Bahag-Hari?〈Why Is Yellow the Middle of the Rainbow?〉《虹のアルバム――僕は怒れる黄色》』のタイトルで上映され、上映ごとに追加・再編集している作品などは、監督自ら「終わりのないドキュメンタリー」と呼んでいる。

写真15　キドラット・タヒミック

現在も健在で、二〇一五年の東京国際映画祭では『Balik Bayan #1 Memories of Overdevelopment Redux III.5《お里帰り》』を上映したが、マゼランの世界一周は実は嘘で、マゼラン自身は旅の途中で命を落とし、実際に世界一周を果たしたのはマラッカ出身の奴隷であると主張したドキュ・ドラマで、彼独特のグローバリズムへの批判的な眼差しを壮大な意表とユーモアで示した。二〇〇〇年代後半になってデジタル映画ブームとともにフィリピンの映画界に再び大きな波が訪れたが、その新たな波を生み出している若い映画人たちにはタヒミックたちが示した実験的才能に富んだインディペンデントの血統が受け継がれている。

『歌のリフレインのように繰り返し起こる革命』（ニック・デオカンポ監督）

キドラット・タヒミックはその作風やライフスタイルがかなり異彩を放っていて他の追随を許さないが、実験映画の代表格がタヒミックだとすれば、ドキュメンタリー映画の分野で新しい地平を切り開いてきたのがニック・デオカンポ（一九五九年生）であろう。ＣＣＰインディペンデント映画・ビデオ・コンペティションが創設された年と同じ一九八七年に『Revolution Happen like Refrains in a Song（歌のリフレインのように繰り返し起こる革命）』を発表。マルコス退陣を実現させたエドサ革命のドキュメンタリー映像で政治的課題を扱いながら、同時に自らゲイであることをカミングアウトするという私的な自伝的映画でもあり、ＬＧＢＴ[13]をめぐる文化・社会運動の歴史の中でも画期的な作品をスーパー８ミリで製作し、ベルギー、ブリュッセルの国際スーパー８ミリ映画祭でグランプリに輝いた。またデオカンポは映画研究者、教育者としても卓越した業績を残しており、本書でもたびたび彼の仕事について触れることになる。

上記二人以外でその後のインディペンデント映画の作家たちに直接的な影響を与えたのは、レイモンド・レッド（一九六五年生）、ジェフリー・ジェットゥリアン（一九五九年生）、ラヴ・ディアス（一九五八年生）らであろう。ディアスについては後で詳しく述べる。国際交流基金では、一九九〇年にアセアン文化センターを設立して東南アジアの文化紹介を積極的に行うようになるが、映画はその活動の柱の一つであった。特にフィリピン映画はしばしば特集上映として取り上げられるようになり[14]、その中でもレイモンド・レッドについてはいち早く紹介をしている。レッドがインディペンデント映画人として成功を収めてゆく過程は、その後に続く映画人たちのキャリアパスを指し示す道標ともなっているのでここで紹介しておく。

フィリピン芸術高校[15]で初めて本格的に芸術を学ぶ。さらにフィリピン大学芸術学部で絵画を研究。その後、同大学フィルム・センターの奨学生となって、最初の8ミリ映画数本を製作。引き続き、フィリピン映画界の援助を受けて創設されたモウェルファンド・フィルム・インスティテュートで映画作りを学ぶ。以降、多数の短編インディペンデント映画を製作、いずれもアジア、ヨーロッパ、北米の主要な映画祭、映画関係機関で上映されている。[16]

写真16　ニック・デオカンポ

アーティスト、映画人として典型的なエリートコースをたどって来たレッドであるが、その映画作品についてはフィリピン国内よりはむしろ海外で認められて活路を拡げていったことでも、その後のインディペンデント映画人の草分け的な存在となった。特に彼の長編劇映画第一作の『Bayani（ヒーロー）』は、一九世紀末のフィリピン独立運動の闘士で三四歳の若さで亡くなったアンドレス・ボニファシオの生涯を描いた作品だが、ドイツからの支援を得て一九九二年にベルリン国際映画祭のフォーラム・オブ・ヤング・シネマでワールド・プレミア上映が行われ、同年の東京国際映画祭でも紹介されている。海外での評価という点では、その後二〇〇〇年になって『Anino（影）』という短編作品で同年のカンヌ国際映画祭の短編部門の大賞（パルム・ドール）を受賞している。地方からマニラに出てきた若い写真家が大都会のカオスに遭遇して逡巡、狼狽する姿を描いた一三分の作品であるが、短編とはいえフィリピン映画史上初のカンヌでのグランプリ受賞となった。カンヌで高い評価を得たのはリノ・ブロッカ以来の快挙であるが、カンヌとのつながりはブロッカからレッドを経て、後述するブリランテ・メンドーサへと引き継がれてゆくことになる。

日本でデオカンポやレッドをいち早く紹介してきた映画研究家の石坂健治は、「九〇年代を迎え、レッドやデオカンポは長編劇映画へのアプローチを始めている。その一方で八ミリフィルムの入手や現像が困難になってきており、ビデオによる表現という形が今後は増えてゆくことも予想される。フィリピン・インディペンデントの潮流がどこへ向かってゆくのか見逃せない[17]」と、二〇〇〇年代のインディペンデント映画の盛り上がりを予言している。

石坂が示唆したように、インディペンデント映画の自立ないしは熟成のためには長編劇映画への移行が必須条件であったが、二〇〇〇年には早くもその兆候が表れた。その年にCCPで行われたインディペンデント映画のあるフェスティバルにおいて、六本の作品が入選して出品されたが、いずれもV8もしくはD8、つまりデジタル・ビデオカメラで撮影された作品で、いずれの作品も約八〇分の長編であった。後にこのイベントは映画関係者の間で「フィリピン初のインディペンデント長編劇映画フェスティバル」と呼ばれることとなる。[18]〝シネマラヤ誕生〟まで、あと五年である。

2　「ニュー・アーバン・リアリズム」の登場

『集金人』（ジェフリー・ジェットゥリアン監督）

パトリック・カンポスは二〇〇〇年代前半から本格化してきたインディペンデント映画のスタイルの中で、その隆盛を象徴している特長として「新都会的リアリズム（ニュー・アーバン・リアリズム）」という概念を提示している。[19]その初期の代表例としてジェフリー・ジェットゥリアン監督の『Kubrador（集金人）』（二〇〇六年）を挙げている。マニラの下町に暮らす中年女性のアミーが主人公となる作品だが、彼女の仕事は庶民の間で人気のあるフエテンという不法賭博の集金である。映画はそんな彼女のとある三日間を切り取っているが、迷路のようなスラムに入り込んだカメラはそこで暮らす人々の姿を生き生きと映し出している。

『マニラ――光る爪』（リノ・ブロッカ監督）

このスラムを活写するスタイルは、かつて一九七〇年代半ばに第二期黄金時代を牽引したリノ・ブロッカが用いて成功したものだ。第二期黄金時代の到来を告げる『Maynila: Sa Mga Kuko ng Liwanag《マニラ――光る爪》』が公開されたのが一九七五年。マルコス独裁政権による戒厳令布告の三年後である。ブロッカはそうしたマルコス独裁といわれる政治的に重苦しい環境の中で、社会問題が先鋭化する都市のスラムの中にあえてカメラを持ち込んだ。独裁政権にとって世界へアピールする新生フィリピンの象徴であるマニラは、衛生的で、よく管理された都会であるべきであっただろう。しかしブロッカが描くマニラは、地方から押し寄せる流動化した無名の大衆に無秩序に占拠され、喧騒と非衛生的だが生命力に満ち溢れた世界であった。さらに当時映画を取り巻く言説においても、社会改革を目指す知識人たちから映画の力や使命に関するエールが送られることで、さらに彼の作品はその象徴としてメインストリームに位置づけられてゆく。その独自のスタイルは、現実をそのまま活写（音声も実際の音を録音）するドキュメンタリー的な手法と、一方で因習的な愛憎劇、つまりドラマの構造を持ち込んでその二つを融合したことに特徴がある。カンポスはそうしたスタイルを「アーバン・リアリズム」と称している。[20]ジェットゥリアンはそれを継承して現代の文脈に置き換えて

写真 17　『マニラ――光る爪』

再び光を当てたものと考えられる。批評家の間では「リノ・ブロッカの再来」とまで称された。ただし本作品はインディペンデント映画の文脈では社会派リアリズムの復権ということで話題となったが、それはごく一部の批評家の間に限られた。むしろ本作品が提供した話題は、違法賭博とそれを取り締まるはずの警察への賄賂を扱ったという点で、ちょうどその当時のアロヨ政権が成立する契機となった前大統領エストラーダの不法賭博に連動した汚職問題をめぐって語られるケースが多かった。しかしいずれにしても貧困と汚職という、その後インディペンデント映画で何度も繰り返して取り上げられる深刻な社会問題に対する第三期黄金時代の映画人の初期の試みとして記憶されるであろう。

『末っ子』（ディッツィー・カロリーノ監督）

この「ニュー・アーバン・リアリズム」にとって技術面での最大の特徴は、同時録音という点にある。同時録音とは、技術的には映像（音声を含む）が撮影される実際の時間とその作品における物語のある一定の時間が一致することを意味するが、それはつまり手法的にはきわめてドキュメンタリー映像に近いということになる。『Kubrador（集金人）』が製作された時代は、ドキュメンタリー作品においても世界的に評価される映画が生まれた時期で、二〇〇三年に公開されたディッツィー・カロリーノ監督の『Bunso（末っ子）』はセブの監獄を舞台に、劣悪な環境下で暮らす少年犯のドキュメンタリー映画だが、二〇〇五年第七回プラハ国際人権映画祭で最優秀監督賞を受賞した。[21] また、ジェットゥリアンが『Kubrador（集金人）』を製作していた時期、二〇〇五年に映画監督としてデビューし、やはりジェットゥリアンと同様に「ブロッカの再来」、もしくは「ニュー・アーバン・リアリズムの旗手」と言われたのがブリランテ・メンドーサであるが、彼については後述する。

3　シネマラヤの誕生

二〇〇五年当時のフィリピン映画界の凋落状況は既述の通りであるが、そんな凋落傾向にあるフィリピン映画界の期待を一身に集めて鳴り物入りで創設されたのがシネマラヤだ。設立の立役者は当時ＣＣＰ館長のネストール・ハルディン、フィリピン映画振興評議会（Film Development Council of the Philippines、以下、ＦＤＣＰ）議長で映画監督のローリス・ギリエン、そしてドリーム・サテライト・テレビなどを所有していた大手財閥のアントニオ・コファンコの三人。さらにＵＰマスコミュニケーション学部長のニカノール・チョンソンや、映画プロデューサーのロビー・タン、ＣＣＰ職員のエド・カバグノットらが加わった。また組織的にはＣＣＰが主催で、ＦＤＣＰ、ドリーム・サテライト・テレビ、ＵＰ映画研究所が後援である。つまり産業界と教育界を巻き込み、映画界全体で取り組んだ映画祭であると言える。設立当時のミッションでは以下の通り高邁な理想を掲げている。[22]

写真18　ネストール・ハルディン

> シネマラヤの目的はフィリピン映画人たちの仕事を発見し、奨励し、誇りを与えることである。それは新しい洞察や芸術的な高潔さに関するフィリピン人の経験を大胆にも明らかにし自由に解釈することである。そしてさらにフィリピン映画人の新しい種の繁栄を促すことで映画産業の活性化を目指す。

そして、その目標を達成するために表1の五点をガイドライ

表1　シネマラヤのガイドライン

1	デジタル映画のコンペティションとフェスティバルであること
2	コンペティションは、他の映画祭と異なり完成した映画作品ではなく、シノプシス（あらすじ）の提出から始まること
3	最終選考作品に対して製作資金の一部をグラントとして提供すること
4	フェスティバルの重要な構成要素として映画フォーラムを実施すること
5	優れた作品に賞を提供すること

写真19　第1回シネマラヤ・ポスター

表2　エントリーから上映までのプロセス

開催1年前の8月	コンペティション部門エントリーの締め切り
10月	25本のセミ・ファイナリストの選出と脚本への展開
11月	10本のファイナリストの選出
1月	出演者オーディションと映画製作ワークショップ
2月～3月	写真撮影と作品のモニタリング
4月～5月	ポスト・プロダクション
5月	作品の提出
7月末（現在は8月初旬）	フェスティバル開催と授賞式
8月	評価と次回の計画

ンに定めた。

映画祭のコンペティションは長編部門と短編部門の二つの部門で発足したが、例えば長編作品に出品する場合、エントリーから上映までは表2のようなプロセスを経ることになる。

記念すべき第一回では、長編部門において一八九本のエントリーから最終的に九本が選ばれ[23]、それぞれに五〇万ペソ（当時のレートで約一二〇万円）の製作費が与えられて本選に挑んだ。また短編は一〇〇本を超えるエントリーの中から六本が選ばれ、二〇代から三〇代の監督を中心に新作が長短合わせて計一五本出品された。それら新作が描く世界は、ゲイ、レズビアン、売春、犯罪、暴力、貧困とシリアスなものが多かったが、心温まる家族愛をテーマとした作品もあり、これからのフィリピンを担う若い世代の映画に寄せる思い、フィリピン社会への眼差しが俯瞰できるようなラインナップであった。スタイルはオーソドックスなジャンル映画[24]もあれば、実験的な作品やセミ・ドキュメンタリー風と、「インディペンデント」というだけあって商業上映を目的とする「メジャー」では決して実現できない多様なものになった。

シネマラヤのコンペティションは、その選考過程に特徴がある。選考委員はまずシノプシス（あらすじ）を審査するが、重要なのは物語の持つ社会性にあると言われている。フィリピンでは一九八六年のエドサ革命以降、表現の自由を求める動きが高まり、その運動の中でアートの持つ社会的役割が重視され、その結果、社会的メッセージを明確に打ち出すアートがメインストリームの一画を担うようになった。シネマラヤもその流れを受け継ぎ、また検閲が行われないという特殊な環境にも恵まれ、インディペンデントだけに許された表現の自由を最大限に生かした社会的批評性に優れた作品を多く生み出してきた。物語の出発点（シノプシスの段階）はちょっとしたアイディアや湧き上がる疑問のようなものかもしれないが、それが脚本の執筆、そして実際の撮影、さらにはポスト・プロダクションと続いていく中で、だんだんと焦点が定まり、自分が語ろうとする物語をより深く自ら理解するようになり、それを他の誰かに伝えるための創造的語り口が見いだされる。そこにある主題は、貧困、LGBT、犯罪、暴力などシンプルなものであっても、そのシンプルな主題のもと、物語の展開に伴って、より深い主題が明らかになってゆく。シネマラヤで上映される作品の最大の特徴は、こうした物語＝ストーリーテリングが豊富であるということだ。フィリピンで長編デジタルシネマを製作するには平均二〇〇万ペソが必要と言われているが、製作者はこの五〇万ペソを基礎に自分で資金を募って作品を仕上げなくてはならない。シネマラヤはその創設当時からシネマラヤ財団という非営利のNGOとして運営を開始した。財源は創設者の一人であるコファンコが一一〇〇万ペソを寄付し、FDCP、国家文化・芸術委員会（National Commission for Culture and the Arts、以下、NCCA）、およびCCPから補助金を得たほか、様々な寄付を集めて合計二五〇〇万ペソ（当時のレートで約六〇〇〇万円）の予算で開始された。

ミッションに掲げられている通り、映画上映のほかにもインディペンデント映画をテーマに二日間のシンポジウムである「シネマラヤ・コングレス（会議）」が開かれた。メジャー映画の黄金期を築いた先人に対する敬意は忘れないが、フィリピンの映画界はメジャーの世界から逸脱した多くのインディペンデント系の作家を輩出してきており、そのことに対する自負心には大きなものがあった。そしてまさにそのメジャーが瀕死状態に陥っている中、インディペンデントという言葉に託す思いはさらに強くなっていた。「三五ミリがだめなら、デジタルがあるじゃないか」と映画研究家のニック・デオカンポが第一回シネマラヤ会議で語っていたように、映画は常にテクノロジーとともに歩んできた。将来的にデジタルで記録された映像資料にどんな運命が待っているのかは誰にもわからないが、このまま映画が衰退するよりも挑戦することが重要だと発言していた。同財団の初代総裁を務めたハルディンは第一回シネマラヤの閉会式で、こう述べている。

このシネマラヤを継続して実施してゆくためにはNGOという組織形態がよりふさわしいと考えている。もし我々設立者がいなくなったらと考えると、来年のこと、そして三年後、四年後のことを考えるとこれがベストだろう。シネマラヤでの勝者の何人かでも海外の国際映画祭に参加できることを願っている。私たちは教育やトレーニングの分野にも進んでゆきたい。そしてインディペンデント映画を観る観衆も育成してゆきたい。(25)

二〇〇五年の初回から一四年が経過した二〇一九年、観衆の数はのべ約八〇〇〇人から一〇万人を超えるほど飛躍的に増えた。シネマラヤのコンペティション参加作品による海外の国際映画祭でのエントリーも、もはや常連となっている。(26) 第一回シネマラヤ会議を舞台に行われた熱い議論を聞いていると、映画産業が衰退してどん詰まりに行きかけたフィリピン映画界ではあったが、デジタル技術の革新の波を受けて新たに蘇り、将来世界をあっと驚かせる傑作を生み出すようになるのではないかと、当時からそんな予感があった。

4　シネマラヤの試練と新たな挑戦

国内外の評判がうなぎのぼりになり、影響力が大きくなると必然的に様々な問題にも直面することになる。二〇一二年にメディアを賑わした〝スキャンダル〟は、インディペンデントとは何かを考える上で興味深い事件であるので触れておく。

もともとシネマラヤの発足にあたっては前述の三人の発起人以外に、多様な人材を評議委員として起用した。その中でも最も商業映画に近い立場にいたセイコーフィルムス[27]のエグゼクティブ・ディレクターのロビー・タンや、逆に左翼として著名な文学者であるビエンベニード・ルンベーラやニカノール・チョンソンなどが共存していた。「インディペンデント」の定義はそもそもあいまいなものであったが、特にシネマラヤにおいてコンペ出品作品としてエントリーした後に、作品によっては直接選考に関わった評議員などからその内容やキャスティングに関する干渉を受けることがあるとしばしば指摘され、「インディペンデント」の意味に疑義がもたれることがあった。二〇一二年には、長編コンペ作品としてエントリーされたエマーソン・レイエス監督の『MNL143』という作品に対して、ロビー・タンから圧力がかかり、その問題が一気に噴出した。商業的にも成功が期待できるという理由でキャスティングについて注文がついたが、それについてレイエス監督が暴露したことで、SNSを中心に大騒ぎとなり、結局財団の組織運営を揺るがす事態に発展、ロビー・タンと複数の評議員、そしてシネマラヤ財団理事長兼フェスティバル・ディレクターのネストール・ハルディンが辞任する結果となった[28]。この事件によって、インディペンデントとしての矜持、特に商業主義からの圧力に屈しないという姿勢が明確になり、シネマラヤは組織としての自浄作用で新陳代謝を図り、その後も活力を失わず現在に至っている。

そしてちょうど節目の一〇年目を迎えた二〇一五年、シネマラヤ財団では次の一〇年に向けた新しいプログラムを二つ始めた。アジア映画への注力と教育プログラムの充実である。特に教育面では「シネマラヤ・インスティテュート」を創設して若手の人材育成を開始した。第一一回会場では「シネマラヤ大学」と題したセミナーが開催されていたが、そこに参加していた女子大学生（一八歳、マスコミュニケーション専攻）にその魅力を聞いた。「一六歳でシネマラヤに出会った。メインストリームの映画ではありえない〝ルール不在〟なところが好き。どんなテーマでも描くことができる。今は私自身の学生生活をテーマにアイフォンで撮影中」と、とにかく楽しそうに目を輝かせていたのが印象的だった。こうしてシネマラヤはこれまでも、そしてこれからも特に若い人たちに希望を与えてゆく役割を担ってゆくのだろうと思われる。

二　デジタル時代の映画製作

『マキシモは花ざかり』（アウラエウス・ソリート監督）

アイフォンなどのスマートフォン撮影による映画が劇場でも公開されるようになり、アメリカ映画の『タンジェリン』（ショーン・ベイカー監督、二〇一五年）や『アンセイン狂気の真実』（スティーブン・ソダーバーグ監督、二〇一八年）など国際的にも評価の高い作品が生み出されている。二四時間肌身離さないスマートフォンという機器の機能が拡張され、いわばその延長として映像作品が生み出される時代だ。自らの身体の一部と化した機械を媒介にして映像が生み出されていく意味は、今後、映像の創造や受容にとって革命的な変化を生じさせる可能性を秘めている。

フィリピンのインディペンデント映画の隆盛を支えるデジタル映像機器の発達は、映画を創造する過程における核心部分に大きな影響を与えている。第一回シネマラヤの長編コンペティション部門に出品されて作品賞を受賞し、その後海外でも高い評価を獲得した『Ang Pagdadalaga Ni Maximo Oliveros《マキシモは花ざかり》』（アウラエウス・ソリート監督、二〇〇五年）について、内容は後に触れるが、マニラの下町の喧騒と抒情をみずみずしく描き出したソリート監督は、デジタルカメラの革新性を次のように表現した。

> デジタル・ビデオカメラは軽くてコンパクトだ。かつては入ることのできなかった所へも入り込むことができる。それはコミュニティの親密さを描くには欠かせない。その親密さこそが革命的な表現を生み出す。この裏の路地で『Ang Pagdadalaga Ni Maximo Oliveros《マキシモは花ざかり》』を撮影した時も人々は私のカメラを見ることすらなかった。三五ミリでは表現できなかった世界を現代の僕たちは手にしている。[29]

スラムの奥深く、路地の裏まで縦横無尽に入るカメラという意味では第六回シネマラヤに出品された

写真 20　『マキシモは花ざかり』

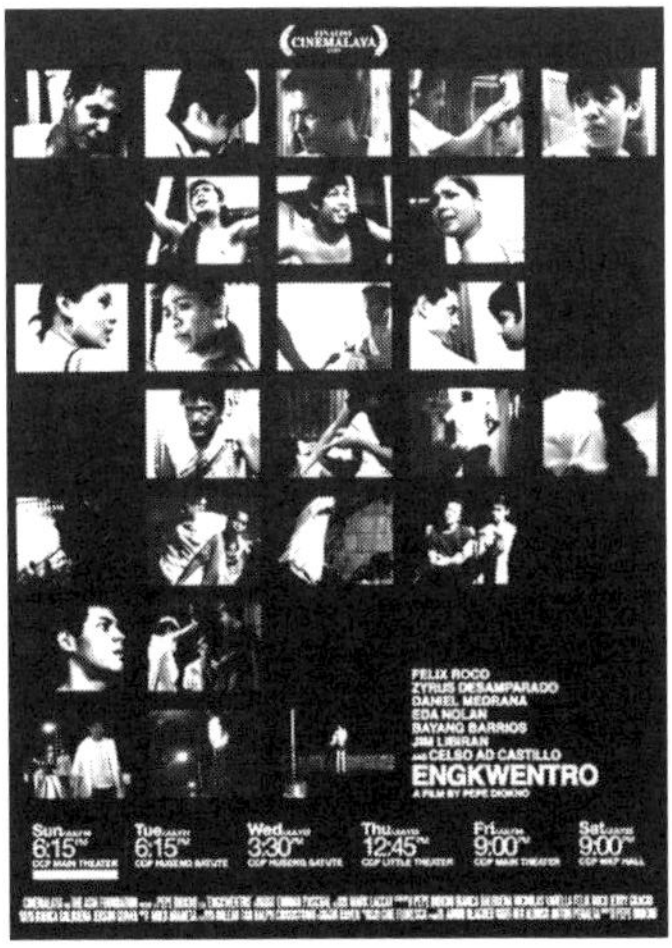

写真 21　『Engkwentro』

『Engkwentro（衝突）』（ペペ・ディオクノ監督、二〇〇九年）を忘れることはできない。全編手持ちのカメラワークによる作品だが、六一分の全体のうち、特に前半部分では二カット目が延々と二〇分以上ワンカットで続くシーンとなる。麻薬を密売する少年ギャングと彼らが住んでいるスラムをリアルに描いているのだが[30]、迷路のようなスラムの路地、掘っ立て小屋や庶民の汗や臭いが伝わってくるような切迫感のある映像で、カメラマンは時に後退しながら撮影を続ける。

映画監督の佐藤真は『ドキュメンタリーの修辞学』の中でカットを変える根拠として、以下の五つのポイントを挙げている。①複数の視点を示す、②時間経過を示す、③空間的な飛躍または同一性を示す、④同時に起こる複数の出来事を示す、⑤心理描写など感覚的な事象を示す[31]。『Engkwentro（衝突）』ではこれらを全て逆手にとって、一貫して唯一の視点から撮り続ける。二〇分を超える単線の時間に観客を集中させることで共時的にリアルなスラムを体験させ、視覚を超えて皮膚感覚や嗅覚などに訴えて感情や心理の襞を伝えることに成功している。

1　スローシネマの世界

ところでロングテイクの使用という意味では同じでも、固定カメラによる静謐な画面の多用という意味では全く異なる作品世界を作り出しているのがラヴ・ディアスである。昨今ではこうした過剰なほどのロングテイクで動きを抑制して、劇的な要素を排除する傾向にある映画を総括的に「スローシネマ」と呼ぶ。ディアスの作品はその典型的な例といえるのだが、『Norte, Hangganan ng Kasaysayan〈Norte, the End of History〉《北（ノルテ）――歴史の終わり》』にしても、『Ang Babaeng Humayon〈The Woman Who Left〉《立ち去った女》』にしても、彼の作品は見るたびに新しい発見があり、新たな思いに浸ることができる。

視点といえば、いまや中国におけるスローシネマの巨匠ともいえるジャ・ジャンクーは雑誌のインタビューで、

「基本的にこれまでの映画では、視点やアングル、観る対象を決めるのは監督でした。カット割りとカメラ移動によって、観客が観るものを規定するのです。（しかし彼が好む長回しの技法、つまりロングテイクのスタイルによって）観客は何を観るのかを自分で決めることができる。（中略）観客が興味のある情報をみずからで選びとっていくという行為」ができるのだと語っている。[32]同様に、ラヴ・ディアスの作品は、その選びとりの効果を最大限に発揮したものであると言えるだろう。また、ジャンクーはこうも言う。

映像の感動とは、作者が立ち会った事件に受け身で対面し、選ばれた映像と共に身を浸すような体験から生まれる。作者の体験を一方的に伝えられ、受け取るということではなく、現場での体験はあくまで作者の体験であることを知り、その体験のために費やされた画面外にある時間に思いをめぐらせ、そこに立つ作者たちの意思こそを共有することである。[33]

写真 22 『北（ノルテ）――歴史の終わり』

映像に感動するということは、作り手たちが描き出した世界に受け身で立ち会い、磨き上げられた映像の世界に身を浸すことから得られる。昨今、芸術のあり方を理解する上で、「アフォーダンス」という言葉を使うことがあるが、文化や芸術、例えば映画なら映画の意味というものは映像そのものに内包されているものではなく、視るものがそれをどうとらえるか、そこにどんな意味を見出すのかによる。とはいえ、視るものの解釈によってどのようにでも変わるのではなく、視るという行為が人間の身体活動である以上、一定の制約がある。その制約の中で映像は意味の可能性や範囲を与えるもの（アフォーダンス）である。

デジタル技術の革新によって映画製作に大きな影響を与えたことは、何と言っても製作予算の低減である。フィリピンでは、低予算映画のことを通称して「ピトピト（Pito Pito）」と呼ぶが、文字通り訳すと「七・七」で、その意味は撮影に七日間、ポスト・プロダクションに七日間しかかけない映画という意味である。[34] こうした低予算映画はひるがえって考えると、これまで商業映画では描くことができなかった社会課題なども思い切って扱うことができるようになる。むろんもともと低予算と深刻な社会問題の映画化とは直接の因果関係はないが、メインストリームの映画とは異なる条件のもとに成り立つ低予算のインディペンデント映画は、おのずと自らの表現の場所を周縁的な世界に寄せる傾向にあり、シネマラヤの成功によってますます周縁的な世界を描くという独自の居場所を確立していった。脚本家であり映画研究家でもあり、自らも第一回シネマラヤにおいて『Pepot Artista（アーティストを夢見るペポット少年）』で監督デビューを果たし、『シネマラヤの10年』記念誌においても巻頭論文を寄稿したクロデュアルド・デル・ムンドにとって、国民映画（ナショナル・シネマ）というものは、映画産業の枠外もしくは周縁にお

写真 23 『Pepot Artista』

写真 24 『シネマラヤの 10 年』

いて鍛えられて、そこから生まれてくるものであるという。彼の評価では、こうした「ピトピト」だが社会の暗部や周縁に密着する映画こそが国民映画だと言える。[35]

2　デジタル時代の言説空間

このデジタルというインディペンデント映画のフォーマットは、映画のフォーマットという点に留まらず、デジタル時代の文化創造、それをもたらす言説空間の成立や越境するネットワークと密接に関わっている。たとえばカンポスによれば、インディペンデント映画の支持者は基本的には中産階級の映画ファン、学生、そして学者や知識人たちで、彼らはインターアクティブな新しいメディアや言論空間（伝統的な紙媒体やテレビのような放送ではなく）、例えばブログ、オンライン掲示板、ヤフーやフェイスブックなどを駆使してコメントや批評を活発化させているという。

そしてこのインターネットユーザーによるデジタル空間で交換されるアイディアやそこで形成されるネットワークは、インディペンデント映画の製作、コンセプトや技術的な側面、さらには資金集めなどに直接的な影響を与えている。しかもそれは国境を越えてグローバルなかたちで展開されている。二〇〇〇年代半ば頃よりブロードバンド革命、もしくはウェブ2・0革命が進行し[36]、情報の受容の流動化が実現した時代である。かかる人類史上の大きな変動を受けて、文化の越境はその頃異なる段階に入ったと考えられる。それは一九八〇年代や九〇年代におけるオルタナティブ映画、もしくはインディペンデント映画を取り巻く状況とは全く異なる新しい世界で、しかもおそらくそれは後戻りすることはない。フィリピンのインディペンデント映画は、そんな時代の大きなうねりと並行するかのように、またはそうした時代潮流に飲み込まれつつも、そこから革新的な文化を創造してきたと解釈できる。そんな新たな時代の最先端にシネマラヤは出現したのだ。

3　アルマンド・ビン・ラオの「発見された時間」

「ニュー・アーバン・リアリズムの旗手」ブリランテ・メンドーサ監督作品の理論的支柱となっているのが、脚本家のアルマンド・ビン・ラオである。メンドーサより年上のラオは、一九九〇年代に商業映画やテレビ・ドラマの脚本で既に成功を収めていたが、商業主義に物足りなさを感じてフィリピンに根差した物語の探求者となった。海外遊学をしたり大学で教えたりしていたが、やがてメンドーサと出会うこととなる。メンドーサはデビュー作である『Masahista《マニラ・デイドリーム》』（二〇〇五年）製作時にはギャランティーとして支払えるほどの潤沢な予算がなかったため、ラオはコンサルタントとして参加、その後、常にメンドーサ監督作品に影響を与え続け、長編映画七作目である『Serbis《サービス》』（二〇〇八年）で脚本を担当して以来、多くの作品で脚本を執筆してきた。

ラオが根本的な疑問につきあたったのは、ハリウッド作品を支えている脚本術である「シド・フィールド流[37]」では、フィリピンの現実を伝えることが不可能だったからだ。シド・フィールド流では、常に自己が確立した精神的に強い主人公が前提となっているが、それはアメリカならではの個人主義やヒューマニズム、そして競争社会の思想を写し取るためには有効でも、フィリピンの現実を写し取るには必ずしも有効ではない。フィリピン人はもっとのんびりしていて優柔不断。何か問題につきあたると自らの力で乗り越えようとするよりも、しばしば家族や隣人に助けを求め、神に祈る。ハリウッド・スタイルの限界を悟ったラオにとって、自らの信念に背かないで脚本を書き続けるためには、ハリウッド・スタイルとは異なる、真に自分たちの物語を伝えるためのパラダイムが必要となったのだ。

ラオが二〇〇九年頃に脚本ワークショップの過程で作り出した「発見された時間（Found Time）」というコンセプトは、メンドーサ作品の創造性を高めることに大きく貢献してゆくこととなる。「発見された時間」とは、実際の出来事、

写真 26　シナーグ・マイニラ・インディペンデント映画祭の会場

写真 25　『マニラ・デイドリーム』

実在する人々、実際の現象から切り出され、表現の世界へと転換されたものである。従って、脚本家や映画監督はその物語の唯一の創造者ではなくなり、登場人物は監督の願望から解放されて自ら運命を切り開くという論理的帰結になる。

「発見された時間」の基本的な考え方は脚本執筆のみならず撮影方法にも適用される。役者は撮影時に起こる様々な偶然の出来事に対応することが求められる。そうした出来事はむろん脚本には書かれていない。撮影の基本は、突然の変化にも対応し、決して撮影を止めないということだ。「発見された時間」の根本には、自己の内面をみつめるためには、具体的な環境や条件が前提だという思想がある。そこでは映画監督の作家主義は退けられ、監督は人々の実人生の語り部の一人でしかなくなる。

ラオによれば「発見された時間」は「三つの声」から成るという。第一に、映画の登場人物の人生がどうなのかを示す「ドラマの声」。次に、登場人物の境遇を表す「社会的な声」。それは物理的な環境のみならず、登場人物を取り巻く社会的現象や環境を含む。そして三番目が、映画監督の声である「ナラティブな声」である。これは上記二つの声と統合される。「発見された時間」は一般大衆、特に貧民といった庶民のキャラクターを通して社会のリアリティを描くことが多い。

本書の中でもこのような「発見された時間」、及びその手法を取り入れたニュー・アーバン・リアリズム作品を数多く紹介してゆくことになるが、そうした作品群の中でも、本稿執筆時点で最先端の秀作を紹介しておく。

メンドーサは、ケーブルテレビを中心とするメディアグループ、ソーラーエンターテインメントコーポレーションをパートナーに引き入れ、二〇一五年に「シナーグ・マイニラ・インディペンデント映画祭[38]」を立ち上げた。同映画祭で発表される作品は、シネマラヤに比較してもさらに実験的な傾向の強い作品が多く、また製作手法についてもメンドーサの指導によってメンドーサ・スタイルを継承している作品も散見される。

『アンダーグラウンド』（ダニエル・パラシオ監督）

二〇一九年四月に開催された第五回では、そうしたメンドーサの手法を踏襲した常識破りの作品が公開された。マニラ首都圏東部パッシグ市の公営墓地に住まうスクウォッター（不法占拠者）の家族が主人公となった『Pailalim（アンダーグラウンド）』である。監督は若手のダニエル・パラシオであるが、「クリエイティブ・コンサルタント」としてメンドーサとラオの両者がサポートしている。マニラにはごみの山のふもとに集まるスクウォッター以外にも、墓地をねぐらにしている人たちがいると話には聞いていたが、本作品は実際の墓場で撮影を行い、実在のスクウォッター住民も出演して、遺体盗みとその密売の手口をこと細かく再現している。

公設墓地の一角にある小さなユニット墓所を不法占拠して住んでいる墓掘り人のバンギスは、妻のエンジェルと一人娘のニンニンとの三人暮らしである。お金に窮すると埋葬済みの墓を暴き、遺骨の中から遺品として添えられていた金の指輪やネックレスなどを盗んでは質屋に持っていく。そんな最底辺でも家族愛だけは失わない生活を送っていたのだが、ある日娘、ニンニンが原因不明の病に侵された。治療代を捻出しようとバンギスは仲間とともに大金になる仕事を実行することを決意した。それは埋葬したばかりの遺体を盗んでシンジケートに売り払うこと

写真27　『アンダーグラウンド』

写真28　パッシグ市公営墓地

——映画の中では明示されていないが、おそらくその遺体から臓器や骨など有用なものを取り出して転売する——という、人間の最低限の尊厳をも踏みにじるおぞましい行為である。バンギスはそのお金でニンニンを病院に連れてゆくが[39]、他人の遺体に手をつけた報いなのか、ニンニンは回復することなくそのまま命を失う。

この映画を観た翌日、筆者は早速ロケの敢行されたパッシグ市公営墓地に足を踏み入れた。市庁舎がある町の中心部からさほどの距離もないこの墓地は、フェンスで囲われており、特にコンクリートで固められた格子状の区画（写真28）は貧困層の集団墓所となっている。そして敷地の一角にはスクウォッター（不法占拠者）が住んでいて、私のようなよそ者が物見遊山で侵入するような場所ではないことは明白である。付近にはサリサリストア[40]もあり、子供たちや無為にたむろする若者の姿も見られた。

さて、映画の中でニュー・アーバン・リアリズムを象徴するシーンの真骨頂は、「アクション・ライン」という立ち退きを迫る警察の取締りチームと、スクウォッターとの迫真の攻防であろう。「アクション・ライン」は十数名のチームを組みトラックとともに突然やってくる。そしてスクウォッター地域に突撃して家財道具を強引に持ち去ろうとする。住民はそれを死守すべく家財を持って散り散りに逃亡する。こうした攻防は恒常的になっているようで、墓地の外に締め出された住民も、ほとぼりが冷めると墓場の管理人に賄賂を払って、もとの場所に戻るというイタチごっこが繰り広げられているようだ。映画ではその一部始終をワンカットで、おそらくリハーサルもなく撮影されている。何より驚かされるのはスクウォッターも「アクション・ライン」のチームメンバーも実在する人たちで、本作品をパシッグ市長はじめ市当局関係者も支援しているということだ。フィリピンという国の最底辺の過酷な醜い現実に蓋をすることなくリアルに描き、その露悪とも思える仕事を公的権力が支持している。前述の通り、「発見された時間」とは現実の生活からの転換である。この作品はまさに実在・現実から、表象・表現への限りなく境のあいまいなグラデーションの中で生成された虚構世界であると言えるだろう。

4　自虐的描写に対する批評精神

『浄化槽の貴婦人』（マーロン・リヴェラ監督）

しかし、こうした貧困や貧困にあえぐ大衆を描くことをある意味で〝売り〟もしくは〝見世物〟的にセンセーショナルに扱う表象に対する批判として「貧困ポルノ」という言い方がある。そして、インディペンデント映画を製作する映画人の中には、自らの自画像を赤裸々に描き世界に向けてアピールすること自体に、何かしらの違和感といった複雑な思いを抱えているアーティストも存在する。

例えばそれは第七回シネマラヤの長編コンペティションに参加した作品、『Ang Babae Sa Septic Tank（浄化槽の貴婦人）』（二〇一一年、マーロン・リヴェラ監督）という作品に見られる。同作品はトンドのごみ拾い（スカベンジャー）で生計を立てる寡婦が自分の子供を使って売春する悲劇をテーマに映画を製作し、コンペに出品して海外の映画祭に招待されることを夢見る若者の姿をコメディタッチで描いている。映画の中で映画を描くいわゆる「メタ映画」の手法で、貧困という現実に依存し、シネマラヤを利用して名声を得ようとする自らの姿をパロディー化した作品で、「自分探し」そのものを自虐的にとらえた批評精神にあふれた作品である。

フィリピンの不平等な社会構造を分析した『反市民の政治学』で著者の日下は、「市民社会とは、知的・道徳的主導権と政治権力の奪取をめぐって「我々／彼ら」というアイデンティティの対立関係が不断に争われるアリーナに他ならない」と規定し、「中間層が「市民」を名乗り、貧困層を「非市民＝大衆」と名付けることで市民社会における道徳的優越性を主張してきた」として、市民社会の階層対立解消の困難さを指摘している。[41] 本作品はまさにエリート「市民」による「非市民＝大衆」の表象、そしてその商品化につきまとう欺瞞を描き出している。

無論ラオやメンドーサ自身は自作に対する「貧困ポルノ」という批判に対しては真っ向からそれを否定している。そして自らが描こうとしているフィリピン社会における現実について、ラオ自らの言葉で語っている文章があるので長くなるが引用する。[42]

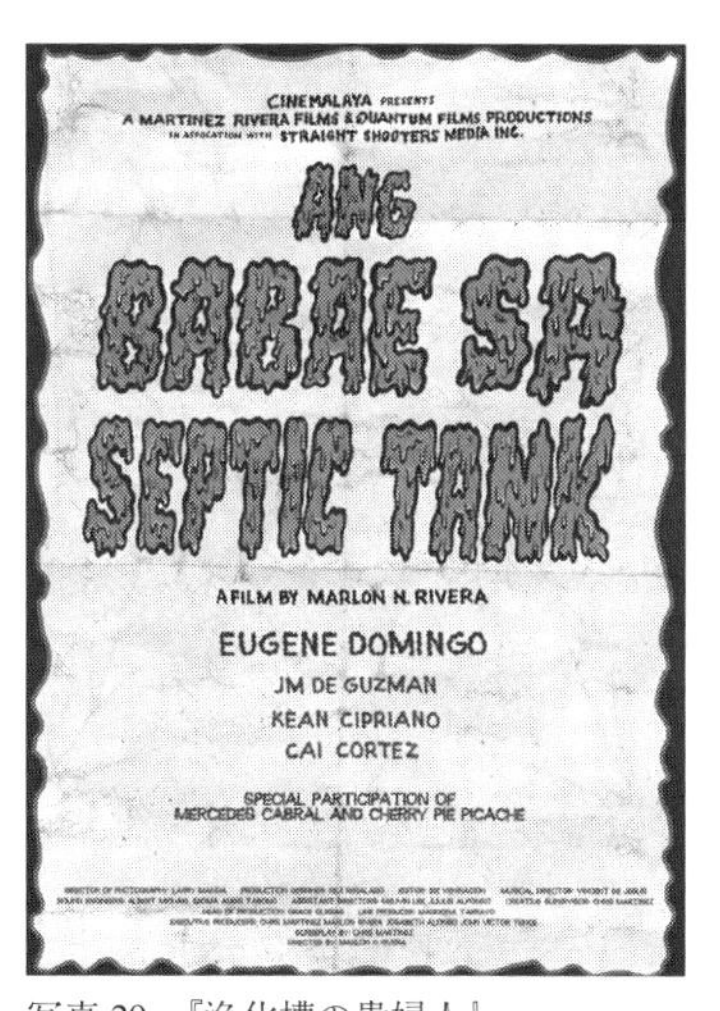

写真 29 『浄化槽の貴婦人』

大多数のフィリピン人はのんびり屋で都合のいいことしかしない。これは同胞に対する悪口じゃない。自分は同胞を愛している。しかし正義は我々の美徳の一つではない。我々の国民的美徳とは、ホスピタリティや忠誠心、人生への関与、そして適応力だ。そしてそれら美徳を損ねる時、それは悪徳となる。我々の人格は生き残りに都合がよいことを行いがちになる。それが正しいとか正しくないとか言っているわけではない。そのようなメカニズムの中で生きているということだ。我々はとても個人主義的である。その意味は、我々の美徳が自分たちの個人的な関係に根差しているということである。もしも地方役人が私の病院の治療費を払うというのであれば、彼が詐欺師であっても払ってもらうだろう。選挙の時が来れば、当然彼に投票する。我々はそれを礼儀と呼ぶ。もしも自分の息子が殺人を犯したならば、刑務所に拘留されないためにあらゆることをする。我々はそれを親の愛と呼ぶ。もしも自分の娘が娼婦になったとしたら、最初家族は動転するけれど、最後は当然のこととして認めるだろう。彼女がその金で他の子供たちを学校に行かせてくれるのであれば。何故いけない？ 我々はそれを子供の義務と呼ぶ。我々は刹那から刹那へと生きているんだ。その瞬間瞬間に私たち自身にとって何が最も得なのか、その状況に基づいて行動している。長期的な計画などなく、その日その日を生き抜くために身分相応のことをするだけだ。（中略）この国の八五パーセントは貧困層だろう。多数派は貧乏だよ。それは確かに普通ではないが、理論的にはそうなる。だから我々は彼らをテーマにして映画を創るのさ。彼らはこの国を代表している。一〇パーセントしか存在しない中産階級よりね。

「市民」と「大衆」との間に横たわる溝がどうしても無くならないのであるならば、自分たちは市民より大衆に寄り添い、その大衆社会にある真実を描いていくことを選ぶ。その大衆の懐の中に易々と入ってゆけるデジタル映像機器の力を借りて、「発見された時間」という新しいパラダイムのもと、そこにある真実の物語を発見してゆくこと。それがハリウッド様式を捨て、商業主義に決別したラオが求道した先にたどり着いた地点なのであろう。

三　インディペンデント音楽との接点

本稿を執筆している二〇一八年一〇月現在、インディペンデント音楽の分野での最大の話題は、フィリピン・インディペンデント音楽界の「寵児」アイドレス（Eyedress）の次回新作アルバム『Sensitive G』のリリースである。

アイドレスはマニラのスラムで生まれ、父親の移住に伴いアメリカに渡り、アリゾナやカリフォルニアで育った。一五歳の時に帰国して音楽活動を始めるとしばらくして頭角を現し、二〇一三年にはアデルやレディオヘッドも所属したイギリスの著名なインディーズ・レーベルであるXLレコーディングス（XL Recordings）と契約してアルバムをリリースしてフィリピンで一躍時の人となった。その後二年で同レーベルから離れた後は不振の日々が続いたが、二〇一七年にアルバム『Manila Ice』を発表して復活を印象付けた。このタイトル曲「Manila Ice」の公式ミュージックビデオはYouTubeなどで観ることができるが、倦怠感と透明感の同居するエレクトリックなサウンドにかぶせられている映像・写真が描くイメージは、喧噪、貧困、スラム、犯罪、暴力、ドラッグ、若者の反抗、神の不在といったテーマで、まさに現代のインディペンデント映画のニュー・アーバン・リアリズムが描く世界そのものである。そのアイドレスが日本のある雑誌が行ったインタビューで以下のように発言している。

「二〇〇五年[43]に帰ってきたときは、俺はほとんどアメリカ人の感覚だった。どうしてここまで貧困が酷いのか、どうしてここまで政治が腐り切っているのか、当時の俺にはその理由がまったくわからなかったんだ。フィリピンの非現実的な状況を見て、いかに俺が先進国に長く住んでいたかってことを思い知らされた。そして同時に、俺自身がまさにフィリピンのその貧困のなかで生まれ育ったたってこともね。なかなかすぐにこの現実を受け入れることができなかったし、いまだってそれは難しい。少しずつでも容認しながら、日常をやり過ごすしかないと思ってる。いつも状況を変えようとデモや抗議が起きるけど、結局は何も変わらない。だって国が人を殺しているんだ、わかるだろう？ みんなそれを知ってる。狂ってるよ。」

インタビュアー：「その日常をやり過ごしていく過程で、フィリピン人としての感覚を徐々に取り戻していったってこと？」

「そうだ、この街の〝制御不能なカオス〟のなかで生きていくことでね。[44]」

一五歳という多感な時期にアメリカからやって来た青年にとって、マニラの混沌はいささかショックが大きかったと思われるが、このアイドレスという類まれな繊細さを持つミュージシャンの正直な告白は、おそらく多くのインディペンデント映画人たちも共感できるものであろう。そしてインディペンデントな立場で様々な芸術創造を行う世界では、同じ世界観を共有する仲間の間でジャンルを超えた協働作業といったことがごく自然に行われている。ここで紹介しているミュージックビデオと映画の境界もあいまいで、実際にミュージックビデオの制作で成功を収めてインディペンデント映画の監督になる者もいれば[45]、逆に映画で実績を積んだ後にミュージックビデオ界に進出する者もいる。

写真30 『昨日と同じ』

『昨日と同じ』(マイク・サンデハス監督)

大衆的なレベルでは、二〇〇〇年代前半にはバンドブームが訪れていた。フィリピンは元来米国文化の強い影響を受けて米国や英国発のポップスやロックが大衆の隅々に受け入れられていると同時に、フィリピン語やタガログ語と英語を併用したタグリッシュで歌うＯＰＭ(オリジナル・ピリピノ・ミュージック)というジャンルの音楽も人気がある。そして二〇〇〇年代初頭より、甘美なメロディーを切々と歌いこむ従来のＯＰＭとは趣向の異なるヒップホップやロック、さらには土着的な要素を取り入れたバンドが続々と登場していた。そうしたバンドブームを担う者たちは、後続するシネマラヤを通して映画の世界にも参入することになる。そんな音楽と映画のコラボレーションを象徴する作品が『Tulad ng Dati〈Just Like Before〉（昨日と同じ）』（マイク・サンデハス監督）だが、実在するThe Dawnという伝説の人気ロックバンドを主人公としたドキュメンタリー・ドラマ風の作品で、二〇〇六年シネマラヤの最優秀作品賞を受賞した。

前述のアイドレスが語った〝制御不能なカオス〟のエネルギーを、現代における表現という枠組みの中でかろうじて〝制御可能な〟表現に昇華させているアートフォームに「ラップ」というものがある。ヒップホップ・ミュージックの隆盛とともに世界的に広がったものだが、スラングを多用しリズムを生み出す韻を踏み、独特の抑揚やビートとともに歌われる、基本的には語りの芸能である。もともとは一九七〇年代から八〇年代のニューヨークで生まれ発展してきたものだが、フィリピンではアメリカ文化をシャワーのように浴びる中で、そのラップも直輸入され、特に社会への不満が鬱積して反骨心が渦巻くトンドなど貧困地域の若者の表現手段として盛り上がりを見せるようになった。自分の身近な環境や時事問題の風刺などを扱う歌詞は、まさに音楽版ニュー・アーバン・リアリズムとも言えるもので、映画のテーマとしてもやがて注目されるようになり、インディペンデント映画の中でもたびたび登場するようになる。

『部族』（ジム・リビラン監督）

二〇〇七年にはシネマラヤ・コンペティションの長編部門で『Tribu（部族）』（ジム・リビラン監督）が作品賞を受賞した。全編トンドでロケを行った作品だが、役者の多くはそこに住む素人の中からオーディションで選ばれた。トンドはかつてアジア最大のスラムと言われ、ごみの山「スモーキー・マウンテン」で有名になった場所だ。一九八〇年代には同名の「スモーキー・マウンテン」という子供の歌手グループが、日本でレコードが売れてN

写真 31 『部族』

HKの紅白歌合戦にも出場した。そんなトンドを舞台に実在の少年ギャングを起用してその抗争を描いた。映画の中では壮絶なけんかで双方血だらけの犠牲者が出て悲惨な最期となるのだが、実際にはこの映画の製作を通じて、ギャング間の抗争が無くなったという。その後彼らは「Tondo Tribe」というグループを結成して音楽業界でデビューを果たしている。日本のインディペンデント映画監督の富田克也(46)は、フィリピンでのイベントで彼らと出会うことになるが、その時の印象を以下のように語っている。

次の瞬間、私は間髪入れずに何が何でも同行して撮影したいと申し出ていた。聞けばトンド地区は、そこに住む若者たちが結成しているギャンググループ同士の抗争が絶えず、銃撃戦も頻発する場所とのこと。そのような場所にカメラを持って入る事など、この機会を逃したらまず二度と訪れないだろうと直感したからだ。しかも、そのギャンググループの一部のメンバー達がヒップホップグループを結成、活動を本格化したので、以前の様な抗争が止む事を期待し、バックアップしていく為のワークショップだという。そもそもヒップホップの起源を辿れば、アメリカのスラムに住む黒人達に辿り着く筈で、その厳しい生活環境からの脱出や変化を渇望する叫びが、怒涛の様に溢れだすリリックとなりリズムに乗っていったであろう事は想像に難くない。誤解を恐れずに言えば「Rap in Tondo」の主役、トンド地区から生まれたヒップホップ・グループ「Tondo Tribe」はその正当なヒップホップの起源を継承している。そして日本という、安全で平穏な国においてヒップホップを志す者たちに一度はよぎるであろう、そうした環境への嫉妬も想像に難くない。それは非常に本末転倒な話なのだが、例えば、ギャングスタ・ラップ（攻撃的な歌詞を用いるラップ）など、本来ヒップホップを生み出してきたエネルギーの源泉がそこにあることを考えれば、それらへの憧れから逃れるのもまた容易ではない[47]。

富田の洞察は、社会格差の著しいフィリピンのような国とそうでもない日本との決定的な差異、そこから生まれるストリートカルチャーの力の源泉の違いを言い当てていると思われるが、こうしたスラムで生まれるラップの特異性について、富田とともにマニラを訪れた日本人ラップグループ「stillichimiya」（スティルイチミヤ）の楽曲プロデューサーを担当するYoung-Gは「機材が不足しているので、ラッパーたちはわれ先にと録音する。音楽に対しては日本人よりもハングリー。楽曲制作ではインターネット上の無料音源を使う手法を中心に教えました。向こうではキーボードを使わずに、マウスだけで作る『マニマニ』という独自の制作手法があることを知って驚きました。モノがないなら、自分たちで生み出してやろうというのが、ヒップホップの面白さ。彼らの貪欲な姿勢には刺激を受けました」と回想する[48]。

さらに富田は、「トンドには〝まごうことなき人の営み〟があった。それは決して綺麗ごとでは片付かない、人間本来の姿のように思えて仕方がない。危険で優しく、貧しいが豊かだった。敢えて言う。日本が失ってしまったものが全てトンドにはあった。私達はトンドに住みたいと言い、彼らは日本に行くのが夢だと言った。だからこそ、彼らと私達が交流する意味があるのだ[49]」と綴っているが、この思いはその後ドキュメンタリー映画「Rap in Tondo 2」の製作、さらには、「Tondo Tribe」のアーティストたちが日本でも公開されて話題となった『バンコクナイツ』（富田克也監督、二〇一六年）に出演するという流れにつながってゆくことになる。

『リスペクト』（トレブ・モンテラス二世監督）

『Tribu（部族）』以外にもこのラップを取り上げたインディペンデント映画は多いが、ラップの持つ攻撃性に着目して映画の重要な要素に用いたのが、暴力（バイオレンス）をテーマにした作品である『Amok（アモク）』（ローレンス・ファハルド監督、二〇一一年）だが、これについては後述する。また、本来ラップの持つ言葉としての豊かさに着目した作品が『Respeto《リスペクト》』（トレブ・モンテラス二世監督、二〇一七年）である。

主人公のヘンドリックスはマニラのスラム街に犯罪と貧困に囲まれて暮らしている。特に姉とそのボーイフレンドは麻薬常習者でヘンドリックも密売人にさせようと誘惑が絶えない。そして家族からも阻害されていく中でヒップホップにのめり込んでゆく。そんなある日ラップバトルに敗れて傷心のヘンドリックスは仲間たちと町の小さな古本屋に盗みのために侵入。そこにいたのはマルコス時代からの傷を背負う老主人ドクだった。ドクに見つかった彼らが罪の償いのために店の改装を請け負ったところから物語は展開してゆく。当初は反目しあう少年と老人であったが、やがて意気投合するようになり、老人は自分の創作した詩をヘンドリックスに教え始める。やがてドクはマルコス政権時代に残虐な国家権力によって妻と子供を失った活動家詩人であったことがわかってくる。

本作品に圧倒的な力を与えているのが、劇中にふんだんに挿入されるヘンドリックスを演じるレイモンド・アブラコーサ（通称アブラ）を中心とするラップである。彼は現実のフィリピン・ヒップホップ界のトップスターで、二〇一〇年には自身が所属するグループが、フィリピンで最大のラップバトルの大会であるフリップトップ・バトル・リーグで優勝している。また冒頭のシーンではヘンドリックスのグループに対立するギャング役で前述のTondo Tribeも出演しており、現代フィリピンのストリートカルチャーを凝縮したタガログ語やタグリッシュによるラップ音楽が満載である。

抑圧されたサバルタン（従属的社会集団）の状況から、制御不能な鬱屈した思いを、ぎりぎりに制御してそれをアートへ昇華させ、なんとか解放してバランスを保つ、ヘンドリックスにとってラップはそのための唯一のメディアとして生きてゆくために不可欠なものなのだ。老主人ドクの息子は警官で、実はそれが物語のクライマックスで重要な役割を果たすのだが、その息子がヘンドリックスの三人組に対して麻薬所持の疑いをかけて暴力的に取り調べ、そうした人権無視の強圧的な態度に無力なヘンドリックスが、次のシーンでは公共集団墓地でやり場のない思いを、せりふとラップの中間のような節回しで語り歌う場面がある。ヘンドリックスのグループは集団墓地を溜り場にしているが、この集団墓地はスクウォッター（不法占拠民）たちの最後の拠り所で、誰もが忌み嫌う場所だけに、そこを根城にしたり溜り場にするという行為は、フィリピン社会における最底辺社会の集団に属していることを象徴している。そこでヘンドリックスは、権力に対する怒りや世の中の不公正さを言葉として絞り出し、それが自然とラップのような響きになってゆく。ヘンドリックスにとって真実を吐露する唯一の拠り所はラップということばであるが、このラップとことばとの関係は、そのまま老主人ドクの詩とことばとの関係にシンクロして二人を結びつけてゆくことになる。

写真32　『リスペクト』

> 自分自身以外に、生きるために不可欠なものがない者は、何かを必要と感じることはないだろう。リズムや理（ことわり）に尊重（リスペクト）を示さない人にとって、ことばの本質はもはや彼を感動させるものではない。いかに深くて気高い文章だろうが、必ず落ちぶれ、誰を感動させることもできず、誰からも顧みられないようになるだろう。

これもヘンドリックスが独り言のようにラップ語りをするせりふだが、この作品のタイトルとなっている「リスペクト」が、ことばに対するリスペクト、それも他者のことばに対するリスペクトであり、そこから生まれる共感について表していることがよくわかる。

この映画のクライマックスは、ヘンドリックスが思いを寄せていた女友達が目の前でギャングによってレイプされたのに、全く抵抗ができずに無力だった自分を嘆く場面であろう。そこにやってきたドクは、自らもマルコス時代に警官によって目の前で妻をレイプされ、長男が銃撃された過去を告白する。その後、妻は自殺するが、ドクは数年後にその警官を今度は自分の次男の目の前で殺害してしまう。最後のシーンでは、今は警官となったその次男が、麻薬常習犯であるヘンドリックスの兄夫婦を襲撃して殺害し、それを目撃したヘンドリックスが悶着の末にドク、つまりその警官の父親の目の前で彼を殴打して殺害するという悲劇的結末となる。暴力の連鎖ということであろうが、ラストシーンで詩の書かれた無数の紙片が宙を舞い、画面いっぱいにことばが横溢するのが印象的である。本作品はラップという語りの音楽の本質に迫り、ことばによって結ばれた共感とは何かをテーマにした「ラップ映画」と言ってよいだろう。

1　共振するインディペンデントの世界

ニュー・アーバン・リアリズムという都市の貧困や庶民の暮らしをリアルに描く手法という意味では、演劇人もまた同じ世界観を共有している。シネマラヤが開催される七月から八月はＣＣＰのシーズンオフである。ＣＣＰの劇場専属であるフィリピン交響楽団やフィリピン・バレエ・カンパニー、演劇の国立タンハーラン・フィリピーノ劇団などの定期イベントのないこの期間に、シネマラヤの始まりと前後して演劇やコンテンポラリーダンスのインディペンデント系の祭典が創設された。演劇分野の「ヴァージン・ラブフェスト」はフィリピン人脚本家の集まりである「ライターズ・ブロック」主催で、新進劇作家の未発表戯曲を初めて舞台化するための一大イベントで、シネマラヤ創設前年の二〇〇四年に第一回が開催された。そこで扱われるテーマは、犯罪、暴力、貧困、ＬＧＢＴ、歴史といった社会的なテーマが多く、インディペンデント映画が扱うテーマとほとんど重なる。規模感を共有するために二〇一八年の第一四回を例にとって紹介すると、一五〇の応募作品の中から一二人の新作が選ばれ、ＣＣＰの二つの劇場で三週間にわたって上演された。中でも印象的だったのは『Amoy Pulbos Ang Mga Alabok Sa Ilalim ng Riles ng Tren（鉄道の下のパウダーの臭いと埃）』（リノ・バルメス脚本）という演目で、鉄道線路に沿って築かれたスラムに住む貧しい若い夫婦の物語である。そこではうだるようなバラックの小さな家で繰りひろげられる庶民の生活が描かれる。列車が通るたびにその激しい騒音に悩まされストレスフルな生活環境であるが、粗野ながらまっすぐに向き合う夫婦が主人公である。その汗のしたたる演技はまさにニュー・アーバン・リアリズムの演劇版ともいえる。映画と演劇の境界線のあいまいさはこうした世界観の共有にとどまらない。実際にシネマラヤ出品作品を始め多くのインディペンデント映画は製作費の少なさもあって、脚本や役者の供給をこのライターズ・ブロックに参画する劇作家や劇団俳優に多くを頼っている。例えば上述の作品で主演女優として演じたマージョリー・ロリーコはラヴ・ディアス監督の『立ち去った女』などに出演している。

写真33　ヴァージン・ラブフェストの一場面

　またインディペンデント映画の監督が演劇作品の演出をするケースも多く、例えば第一二回ヴァージン・ラブフェストでまず演劇作品として上演され、同じ脚本を映画化し、それぞれ演出家、監督を同じ人間が務めた作品にローレンス・ファハルドの『インビジブル』（二〇一五年）がある。一九九〇年代の時代設

写真 35 『Boses』

写真 34 『インビジブル』

写真 37 『Requieme!』

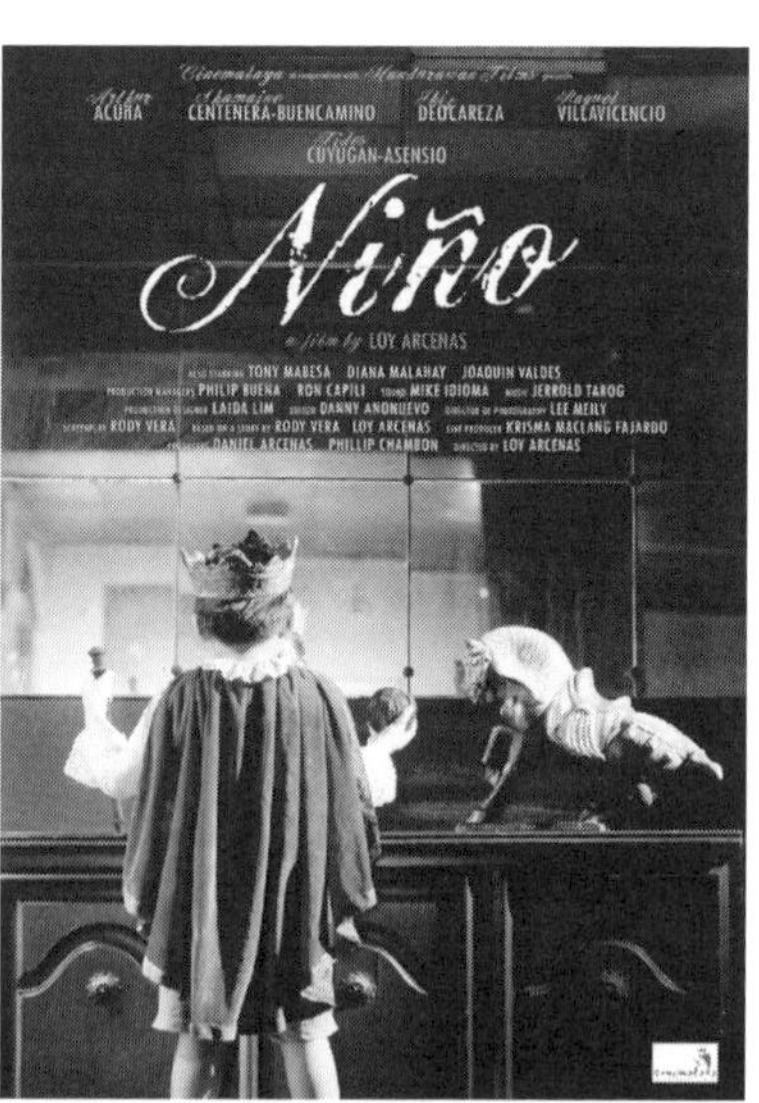

写真 36 『Niño』

定のもと日本に暮らす不法滞在者を含む四人のフィリピン人を描いた作品で、作品内容については別の章で詳述するが、二〇一六年のシナーグ・マイニラ映画祭で最優秀作品賞・監督賞など七部門を受賞したほか、二〇一七年には東京国際映画祭やシンガポール国際芸術祭（Singapore International Festival of Arts）で上映されて国際的な評価を高めた。

ライターズ・ブロックの創設者であり、フィリピンにおける劇作界を長年にわたって牽引しているロディ・ヴェラは、インディペンデント映画にも多くの脚本を提供している。シネマラヤの長編コンペティションへの参加作品は『Boses』（二〇〇九年）、『Niño（少年）』（二〇一一年）、『Requieme!（死者のためのミサ典礼）』（二〇一二年）の三作品。また、ラヴ・ディアス監督の『Norte, Hangganan ng Kasaysayan〈Norte, the End of History〉《北（ノルテ）——歴史の終わり》』（二〇一三年）や、東京国際映画祭のコンペティション部門で主演男優賞を受賞した『Die Beautiful《ダイ・ビューティフル》』（二〇一六年）など国際的な映画祭でも数々の賞を獲得している。

他方、ダンスの分野においても「ワイファイ・インディペンデント・コンテンポラリーダンス・フェスティバル」が二〇〇六年に創設され、決められた型を追求するクラシックバレエに対抗し、現代生活を取り巻く複雑な人間感情を表現する舞踊の新しいスタイルを追求する若手アーティストが巣立つ土台を提供することとなり、この時期CCPは、演劇、ダンス、映画のインディーズの祭典が連続して開催されるようになった。これまで見てきたように、インディペンデント映画の盛り上がりの背景には、このような隣接する様々なジャンルのアーティストとの接触、交流、共同作業が存在する。こうした異分野混交の文化がシネマラヤ作品の創造性を高める上で非常に大きな役割を果たしているが、その交流を生み出すために不可欠なのが「場」である。

2　「コレクティブ（寄り合い）」から生まれる新しい文化

美術の世界では二〇〇〇年代初頭より「オルタナティヴ・スペース」と呼ばれる空間が若いアーティストの間で

写真38　クバオ地区にあるコレクティブのメッカ

注目され、美術作品の展示やパフォーマンスにとどまらず、音楽のライブや商業上演には乗らない映画上映など様々なイベントを通して、ジャンルを超えたアートや各種情報の交換場所として機能してきた。国際交流基金では東南アジア諸国のオルタナティヴ・スペースを調査し二〇〇四年にガイドブックを出版しているが、フィリピンについては「近年、オルタナティヴ・スペースの成長は、メトロマニラ（首都圏）においては頭打ちになっているかもしれないが、ルソンの他の地域、ヴィサヤ、ミンダナオの各諸島では状況が異なる」として地方への展開について言及しており、また「当初は、カフェ／ギャラリーを運営していたが、現在は非営利組織として、若手アーティストを支援するためにスタジオやテクニカルサポートを提供している」と、アーティストコミュニティにおける役割の拡張について指摘している。[50]

昨今こうした「場」のことを「コレクティブ（寄り合い）」と呼称し、嗜好や志を同じくする者同士が日常の余白の時間をゆったりと共有することが、文化創造の新たな原動力となっていると指摘している研究者もいる。

コレクティブは（中略）まず数人のグループが、現在直面する社会、環境、経済、政治、文化の諸問題に対して、自発的な対話のプラットフォームを継続的に開くことからスタートする。（中略）社会が私有と消費のロジックに囲い込まれ、そこで労働と生活を営む人々もまた分断されている現在、自立的な場所をつくり出すという行為は、国家や資本による包摂を拒否する身ぶりであると同時に、自分たちが望む社会的関係を実現させるための不可欠な実践となっている。[51]

フィリピンを含む東南アジアにおける飲食文化で特徴的なことは、その気候風土も影響し、野外で、集団で、だらだらと、というものがある。そんな飲食文化を根幹に、こうした「コレクティブ」がおそらく国中いたるところに展開されていて、その最も先鋭化した場が「自分探し」を求めてやって来る者たちを受け入れ、新しい文化を胚胎させていると考えられる。こうした創造環境の成り立ちは、大手資本や大量生産・大量消費に支えられた従来の産業の枠外で生まれているフィリピンを含む東南アジアに特徴的な創造産業の革新運動であるとも言える。

異なる分野、異なるジャンルが混交して新しい何かが創出されることを「イノベーション」という。主に技術革新の文脈で使われてきた言葉であるが、昨今はその意味が拡張されて、社会課題の解決を目指し、公的機関などが担ってきた従来のシステムや方法の枠外で市民社会の担い手たちが変革のための新たな試みを行う実践のことを「ソーシャル・イノベーション」と言うようになった。デジタル時代の技術革新で無数の情報の交換が可能になる中で、各々個人がジャンルを超えて好きな情報にアクセスして交換し、より直接的なつながりを求めてコレクティブに参集して、さらにそこで情報を交換して新しい文化を作り出すプラットフォームを創出してゆく。フィリピンのインディペンデント映画が様々な社会課題に敏感なのは、まさに社会の変革を求めて既存の社会システムの枠外で新しい何かを作り出そうとしている「ソーシャル・イノベーション」の動きと連動しているからに他ならない。その意味で、フィリピンのインディペンデント映画の担い手たちは、現代社会のフロントランナーと言えるのかもしれない。

写真 39　伝統的食事スタイル

注

（1）Patrick F. Campos, *The End of National Cinema: Filipino Film at the Turn of the Century*, Quezon City, University of the Philippines Press, 2016, p.216.

（2）（1）参照、二一七頁。

（3）アグスティン・ソト「フィリピン映画抄史」『フィリピン映画祭』カタログ、国際交流基金アセアン文化センター、一九九一年、四〇―四九頁。

（4）一九三六年から二〇〇五年まで存在。ただし一九六〇年代にはスタジオを閉鎖し、ポスト・プロダクションのみ継続していた。

（5）一九三七年から一九八二年まで存在。

（6）「エドサ革命」とは、一九八六年二月二二日に起きた革命、政変のこと。軍事独裁による強権支配、腐敗と汚職にまみれたマルコス政権に対して市民の力を結集して退陣を迫り、アキノ政権を実現した。エドサはマニラ首都圏を縦断する大動脈で、革命時は大規模なデモ活動の拠点となった。「二月革命」、「ピープルパワー革命」などとも呼ばれる。

（7）Independencia [DVD], A Film by Raya Martin, London, Second Run Ltd., 2014.

（8）フィリピノ語では Gawad CCP para sa Alternatibong Pelikula、英語では The CCP Independent Film & Video Competition である。

（9）二〇一九年四月三〇日に筆者がビクトリア・ベラルミーノに行ったインタビューによる。ベラルミーノはＣＣＰ映画部門の職員でシネマラヤのフェスティバル・コーディネーターを務める。同氏によれば、同コンペティションの初期作品については入選作以外にデータが失われており、エントリー作品の数は推定である。

（10）同コンペティションはシネマラヤと並行して継続して開催され続けており、二〇一八年で第三〇回を迎えた。アジアで最長のインディペンデント映画のコンペティションである。*Trenta, 30 Taon ng Gawad CCP para sa Alternatibong Pelikula at Video*, Pasay City, Cultural Center of the Philippines, 2019.

（11）Ulrich Gregor, Kidlat Tahimik: Mythic Personification of Philippine Cinema, *KIDLAT TAHIMIK*, Jeonju International Film Festival, Min Byung-lock, 2011.

（12）キドラット・タヒミックと『悪夢の香り』については、「対談　キドラット・タヒミックとフィリピン・インディーズ　石坂健治×金子遊」（夏目深雪他編『アジア映画で〈世界〉を見る』作品社、二〇一三年、一二〇―一三四頁）で詳しく語られている。

（13）ＬＧＢＴとは、女性同性愛者（レズビアン、Lesbian）、男性同性愛者（ゲイ、Gay）、両性愛者（バイセクシュアル、Bisexual）、トランスジェンダー（Transgender）の各単語の頭文字を組み合わせた表現。「トランスジェンダー」は、性同一性が出生時に割り当てられた性別と対応しない状態をいう。昨今ではこれにクィア（Queer）を加えてＬＧＢＴＱと総称することもある。

（14）一九九一年「フィリピン映画祭」、一九九二年「東南アジア映画祭」、一九九五年「リノ・ブロッカ映画祭（前期）」、一九九七年「リノ・ブロッカ映画祭（後期）／フィリピン映画の新しい波」など。

（15）一九七七年にＣＣＰ附属として創設された国立の芸術高校。マニラから車で一時間半の山中にあり一学年三十数人の少人数・全寮制・授業料無料のエリート養成校。音楽、舞踊、演劇、美術、文学専攻がある。本稿にも登場する何人かの映画人の他、シネマラヤ創設者のネストール・ハルディン元ＣＣＰ館長（専門は舞踊）などフィリピンの文化・芸術界を牽引するリーダーを数多く輩出している。

（16）石坂健治編「レイモンド・レッド特集」『東南アジア映画祭』カタログ、国際交流基金アセアン文化センター、一九九一年、一〇四頁。

（17）石坂健治「八〇年代フィリピン短編映画特集」『フィリピン映画祭』カタログ、国際交流基金アセアン文化センター、一九九一年、三三頁。

（18）Edward Cabagnot, The Road to Cinemalaya. Some Random Rants On Pinoy Indie Cinema, Culture 360 ASEF org.（オンライン・マガジン）、2008.8.29.

（19）（1）参照、二八七頁。

（20）スラムを舞台にしたブロッカの作品は他にも『Insiang《インシャン》』（一九七六年）、『Jaguar《ジャガー》』（一九八〇年）、『Bona《ボナ》』（一九八一年）、『Macho Dancer《マッチョダンサー》』（一九八八年）などがある。

（21）同作品は二〇〇五年第一回シネマラヤにおいて『Anino（影）』とともに特別上映されたが、主人公となった二人の少年は服役後も非行は続き、シネマラヤでの上映前に麻薬中毒と交通事故で二人とも死亡した。

（22）Nestor O. Jardin, The Cinemalaya Philippine Independent Film Festival, *A Reader in Philippine Film: History and Criticism*, Quezon City, The University of the Philippine Press, 2014, pp.149-176.

（23）エントリー作品はここ数年、第一次募集で一五〇～二〇〇の応募がある。

（24）恋愛、アクション、サスペンス、ホラーなどジャンルによる分類のしやすいような型にはまった作品のこと。

（25）（1）参照、二六二頁。

（26）本書巻末の付属資料を参照。

（27）一九八四年設立で二〇〇七年まで続いた商業主義的な映画製作会社。特に一九九〇年代にはアクションもの、それ以降はセクシー路線で多くの映画を製作した。

（28）二〇一九年五月現在、同財団理事長は映画監督のローリス・ギリエン、フェティバル・ディレクターは演出家でＣＣＰ芸術監督のクリス・ミリアドが務めている。

（29）筆者によるインタビュー（二〇一五年八月一〇日、マニラ市内ソリート監督の自宅で実施）。

（30）実際の撮影はセットで行われたと、ディオクノ監督はインタビュー（二〇一八年九月二一日、マンダルーヨン市で実施）で語っていた。

（31）佐藤真『ドキュメンタリーの修辞学』みすず書房、二〇〇六年、一〇八頁。

（32）「過激な中庸に向かって――ジャ・ジャンクーが見つめる人、都市、社会、歴史、そして故郷」、『STUDIO VOICE』二〇一八年三月号（Vol.412）、三〇―三九頁。

（33）同右、二一頁。

（34）（1）参照、一三一頁。

（35）（1）参照、一三三頁。

（36）情報の送り手と受け手が固定され、送り手から受け手への一方的な流れであった状態が、送り手と受け手が流動化し、誰でもがウェブを通して情報を発信できるように変化した状況を意味する。

（37）シド・フィールドは米国の脚本家。20世紀フォックス、ウォルト・ディズニー、ユニバーサル・ピクチャーズなどハリウッドのメジャー映画製作会社の脚本コンサルタントを務め、その脚本術は世界中に影響を与えた。

（38）「Maynila（マイニラ）」は英語名「Manila（マニラ）」のタガログ語表記。フィリピンの固有なアイデンティティを強調する際に使われることが多い。

（39）保険制度の未発達なフィリピンでは、病院で検査、治療をするためには、まず代金の支払いを要求される。

（40）フィリピン国内津々浦々の庶民街にある小さな小売店。日常雑貨や飲食品の購入、携帯電話のチャージなどができる。

（41）日下渉『反市民の政治学』法政大学出版局、二〇一三年、一二頁。

（42）Tilman Baumgartel, An inexpensive film should start with an inexpensive story, Interview with Brillante Mendoza and Armando Bing Lao, *Southeast Asian Independent Cinema*, Hong Kong, Hong Kong University Press, 2012, p.168.

（43）シネマラヤが創設された年と重なる。

（44）川田洋平「繊細なフィリピーノ――アイドレスが再び音楽へ向かうとき」『STUDIO VOICE Vol. 413　いまアジアから生まれる音楽』、二〇一八年、八八―一〇一頁。
（45）アウラエウス・ソリートは、一九九六年にカリスマ的人気を誇ったパンクロック・バンドのイレイザーヘッドのミュージックビデオを製作してMTVアワードを受賞している。
（46）一九七二年生。映画製作集団「空族」を二〇〇三年に立ち上げ、『雲の上』（二〇〇三年）、『国道20号線』（二〇〇七年）、『サウダーヂ』（二〇一一年）などを監督。『サウダーヂ』は、世界四大映画祭の一つ、ロカルノ国際映画祭のメイン・コンペティションに正式出品された。
（47）富田克也「トンド、イチミヤ、クゾク、ヒップホップ、エイガ　オーバーラップするマニラと山梨のストリート」『をちこち』国際交流基金WEBサイト、二〇一一年八月。
（48）『まにら新聞』二〇一三年一月二日。
（49）（47）に同じ。
（50）『オルタナティヴス　アジアのアートスペースガイド二〇〇五』国際交流基金、二〇〇四年、一八六―一八七頁。
（51）江上賢一郎「余白の時間を共有すること」『ART BRIDG 04 Autumn 2016』アーツカウンシル東京、一四頁。

第二章　映画と風景

一　北部ルソン

映画にはその誕生以来、一つの大きな使命がある。それは魅力の一つでもあるのだが、異なる空間と時間の疑似体験を可能にするということである。特に空間については、移動手段が今のように発達していない時代から世界中の無数の人々にいわば空想旅行の体験を提供してきたと言える。スクリーンに描かれる風景は、時空を超えて私たちをその場所へ連れて行ってくれる。

本書はシネマラヤが創設された二〇〇五年をフィリピン・インディペンデント映画隆盛の起点と考えているが、その「前夜」に製作されていた映画、特に大手映画製作会社の製作する映画の多くはマニラで撮影され、そこで描かれる内容もマニラで生活する都市住民の世界が中心であった。インディペンデント映画にしてもその主流は前述のニュー・アーバン・リアリズムであり、やはりマニラなど大都市のスラムや庶民街が中心的な舞台であった。それは社会経済的にはグローバリゼーションによるマニラ首都圏への富の偏在と人口の一極集中現象と比例しているが、インディペンデント映画の創り手たちは富や情報が集中する方向とは異なるベクトルに注視しはじめた。それはインディペンデント映画が持つ自己内省的な特徴から自ずと導き出されるものであり、担い手たちは必然的に自分たちのアイデンティティ探しのため、フィリピンの基層となっている伝統文化や自分自身のルーツと向き合うために地方、ローカルな世界へと目を向けるようになった。そしてシネマラヤのような自己表現のチャンスを与えられ、満を持してビデオカメラを片手にマニラを脱出し、地方文化を描く作品を続々と製作しはじめた。

フィリピンは一〇の主要言語（ただし国語として指定されているのはタガログ語を基礎としたフィリピノ語のみ）の他に、一〇〇以上もの少数言語がある多言語国家である。最北端のバタネス諸島から最南端のスールー諸島まで、七一〇九の島々で成り立っており、民族的にも約二万年前に渡来したと言われるネグリート系先住民族から、現在の主要民族であるオーストロネシア語族、さらには中国やスペインはじめ欧米、そして日本などからの移民とその混血によって極めて多様な文化を形成している。そこでこの章以降では、フィリピンという島国の多様性を知ることも兼ねて、北限の島から南の国境地帯まで、特に地理的な魅力や特異性、そして民族や言語的な多様性、時に観光情報などを交えて、映画に描かれた姿を通してフィリピン旅行をしてみたい。

1　最北端の島バタネス

『山羊』『バタネス』（アドルフォ・アリックス・ジュニア監督）

マニラのあるルソン島と台湾にはさまれた海域はいくつかの島々でつながっているが、台湾まで一九〇キロ、晴れた日にはその南端も見晴らすことができる小島の集合、それがバタン諸島（バタネス州）だ。二〇〇七年はちょっとした「バタネス・ブーム」で、バタネスを舞台にした映画が立て続けに二本公開された。その一本目はインディペンデント映画の『Kadin（山羊）』（アドルフォ・アリックス・ジュニア監督）で、その年のシネマラヤ・コンペティション長編部門に出品された。主人公は山羊の世話をして家族を助けていた幼い兄妹だが、ある日その山羊が行方不明になり、島中を探し回るというロードムービーである。全篇に挿入される美しい島の風景と昔ながらの人々の暮らしが印象に残る秀作である。そして二本目は大手GMA映画が製作し劇場公開された、その名も『Batanes（バタネス）』。台湾の人気ポップス・グループF4[1]のケン・チュウが主演して話題となった。監督は同じくアドルフォ・アリックス・ジュニアである。台湾から漂着したわけあり風の男（ケン・チュウ）と、地元の美しい女性（イサ・カルザド）とのラブストーリー。極めてシンプルなストーリーだが、やはり島の美しさが際立った作品だ。

バタン諸島のすぐ脇には黒潮海流が流れていて、台湾の蘭嶼島を経て、沖縄諸島の琉球弧をかすめ、日本列島に到達する「海上の道[2]」に位置する。黒潮海流で日本とつながっているために、歴史的に日本からの漂流民が漂着することもあったようで、それについては『バタン漂流記――神力丸巴丹漂流記を追って[3]』に詳細が記述されている。文政三年（一八二〇年）八月に備前（現在の岡山県南東部）を出航した後に遭難して二か月余り漂流し、奇

写真 40 『山羊』

写真 41 『バタン漂流記――神力丸巴丹漂流記を追って』

跡的にもバタン島に漂着した乗組員の内の一四人が、その二年後に日本に無事帰国。藩による取調べの記録が『巴丹漂流記』として岡山の池田藩の末裔のもとなどに残されていて、当時のバタン島の詳細を今に伝えている。この本は、著書がその『巴丹漂流記』に触発されて現代のバタネスを訪れ、そこに記された風土、文物、人々と今の様子を比較し、さらには同じフィリピン国内で太古の文化を今に伝えるミンドロ島のハヌノオ・マンギャン族の文化などとも比較し、黒潮文化の中での日本とのつながりを俯瞰するという内容である。

バタネス州はフィリピン最北の州でマニラから飛行機で一時間半ほど、ルソン島の北端からは二八〇キロ離れている。南シナ海と太平洋双方から荒波を受け、全体に断崖絶壁が多い風光明媚な島々だ。四月から六月は東からの

写真42　バタン島

季節風が吹くため、かつてはその季節風を利用して貿易船が多く訪れた。バタネス州の州都はバスコと呼ばれているが、バタネスがスペインに領有された後の初代知事の名前にちなんだものである。緑の絨毯となった丘が幾重にも連なり、真っ青な海を背景に牛や山羊が放牧されている。州都のあるバタネス島の北側は最大の島イトバヤット、その先に無人のヤミ島、そしてその北は台湾で、南シナ海と太平洋が交わる大海の壮大な眺めが堪能できる。バタネスの歴史は、一七世紀後半に英国人が漂着したところから記録されている。スペイン統治時代になっても、正式にスペイン領に編入されたのはようやく一七八三年のことである。スペインのフィリピン遠征総司令官で、初代フィリピン総督となるミゲル・ロペス・デ・レガスピによってマニラが占領された二〇〇年以上後のことだ。スペインとの独立戦争の際には、一八九八年にイバナという町に独立派カティプナン(4)のメンバーがやっ

て来て、スペイン人司祭を捕らえたという記録がある。こんな小さな離れ小島にもカティプナンがやって来ていたことには驚かされる。いかに当時の独立戦争が国内で広範に展開していたかがわかる。そして一九四一年一二月八日、つまり真珠湾攻撃の日に日本軍はこのバタン島に上陸している。そのイバナ町では一六人の住民がゲリラの容疑で処刑されたとある。

バタネスはその美しい景観以外にも、イバタン族の伝統文化がよく残っていることでも知られている。特に石の壁とコゴン草[5]の屋根が特徴的なストーン・ハウスが有名である。石は珊瑚の死骸からできたライムストーンで、古いものでは一八世紀の建造物で現在でも使われている。台風の激しい風雨に耐えるため屋根が極端に低い位置まで降りていて、入り口の間口は七〇~八〇センチ程度である。サブタン島ではウユガン町のバランガイ・イトブッドが最も伝統的ストーン・ハウスの残る美しい町並みとして知られるが、『Kadin（山羊）』ではバランガイ・サビドゥッグにある伝統的ストーン・ハウスが兄妹の家族の住居として使われた。物語の中で失踪した山羊は実は何者かによって盗まれて既に売られてしまった事実が判明するが、終盤では幼い兄妹の健気さに心を打たれた市会議員が新たに別の山羊をプレゼントするという展開になる。幼い二人の小旅行はこうして苦い経験と心温まる結末によって終わるが、美しい島の自然や文化を余すところなく紹介する本作品にふさわしい物語と言える。一面に広がる緑の絨毯に覆われた島と真っ青な海の色といった息を飲むほどの見事な対比を映し出すロングショットの映像が印象的である。バタン島の住民以外、この映画を観て生まれて初めてバタネスの存在、そしてその魅力を知った人はかなり多いのではないだろうか。まさに

写真 43　サブタン島のストーンハウス

インディペンデント映画が開拓してゆく新時代の〝ディスカバー・フィリピン〟のプロトタイプとも言える作品であった。

2　『海燕ジョーの奇跡』と越境文化論

ところでこのバタネスを挟み沖縄から台湾、そしてフィリピンへとつながる、民俗学の泰斗である柳田国男が名付けた「海上の道」をたどる越境をモチーフにした日本映画が存在する。『海燕ジョーの奇跡』(藤田敏八監督、一九八四年)である。少々古い映画であるが、当時の(そして今も)日本人がフィリピンへ向ける眼差しの一端がよく表れているということもあるので紹介しておく。主人公の南風ジョー(時任三郎)は、フィリピン人の父と沖縄人の母を持つ。映画の中で明示的に説明されてはいないが、おそらく父親は沖縄に出稼ぎに来ていた米国占領時代の米軍の軍属という設定であろう。物語は沖縄を舞台にしたやくざの抗争の中で、ジョーが沖縄極道のトップを殺害。母親からフィリピンへの逃亡を「半分はおまえのぶんだから遠慮することない」と諭されて決意する。これからいよいよ密航の旅が始まるという沖縄本島南部糸満の海岸で、海燕を見ながらジョーと逃亡を助ける友人の上勢頭(かみせと)(田中邦衛)が会話する場面がある。

『海燕ジョーの奇跡』(藤田敏八監督)

ジョー「いいね、こいつら。どこでも海の上行き来できて」

上勢頭「おんなじさ、今のジョーと。国境や国籍なんてあってないようなもんさ」

糸満から小さなサバニ(漁船)で出航し、与那国島で台湾の中型漁船に乗り換え、台湾南部の蘭嶼島からはタオ(別名：ヤミ）族のチヌリクラン（トビウオ漁で用いる伝統的小舟）でバタン島へ。因みにバタネスのイバタン族もやはり同じようにトビウオ漁を得意としていて、そのための小舟を造る船大工の技術も発達している。さて、ジョーはその後ヒッチハイクを繰り返してマニラにたどり着く。逃亡先のフィリピンでは、裏社会で生きるアントニオ・S・与那嶺（原田芳雄）の世話になるが、最終的にはボス暗殺の復讐のためにやってきた沖縄やくざと銃撃戦となり、最後はフィリピン軍へ車ごと体当たりする自害で終わる。

この映画の肝であるジョーの軌跡の面白さは、沖縄本島から宮古、与那国、蘭嶼島（台湾）、バタネスを経てフィリピンと「海上の道」を北から南へ、ローカルな手段を用いて法の隙間をかいくぐって乗り継いで越境してゆくというところにあるが、単に物理的に越境するということとは別に、この当時、日本、特に沖縄とフィリピンとの間に横たわっていた、物理的距離をはるかに超えた心理的・社会的な距離を表している映画でもある[6]。

沖縄とフィリピンの現代史は相似した関係にある。沖縄は太平洋戦争において日本軍のいわば捨て石となり二〇万人もの犠牲者（軍人、軍属、民間人の合計）を出し、さらには戦後も米国の施政下から基地の島へと特に米国との関係に翻弄されてきた。他方フィリピンも四五年にわたる米国植民地時代を経験し、日本に占領された後も太平洋戦争で一〇〇万人と言われる多大な被害者を生み出し[7]、終戦を経て独立した後も米軍の重要な戦略基地が置かれていた。ジョーをフィリピンへ逃がすべく逃亡の手引きをした活動家崩れの上勢頭が「誰もどんづまりの南に向かうとは思わんだろう」と言う場面があるが、一九八〇年代半ばの沖縄から見れば、フィリピンは「どんづまり」であった。そこには、日本（沖縄からすれば「やまと」）や米国という他者によって侵入・介入されることに起因する不幸な歴史は共有されていない。さらにジョーが自分の実の父親を捜しに、本作品が製作された当時アジア最大のスラムと言われたマニラのトンド地区に入る場面がある。この映画全体の中で、この場面だけはまるで日本の撮影隊が急にスラム街にロケに入ったような生々しいセミ・ドキュメンタリー風の映像で、この世の末を思わせる劣悪な環境や殺伐とした人間の様子も映り込み、まさに「どんづまり」と表現されていた世界を明示的に証明している。

3　ルソン山地民族の故郷と世界遺産

『バタッド――稲穂の足』（ベンジー・ガルシア監督）

『Batad: Sa Paang Palay（バタッド――稲穂の足）』（ベンジー・ガルシア監督、二〇〇六年）は、世界遺産であるライステラで有名なバナウエを舞台にしたイフガオ青年の夢と恋と現実を描いた作品で、第二回シネマラヤに出品された。ルソン島北部の山地地方コルディリエラは山地民族の故郷だ。彼らは低地タガログ人とは出自の異なる先住民で、顔立ちは我々日本人と似通っていてどこか懐かしい感じすら覚える。かつてはヨーロッパからやって来た宣教師などから「首狩族」と言われ、その勇猛さから恐れられた人々だが、別の視点から見れば、スペイン植民地軍に対して頑強に抵抗して一九世紀後半まで独立を貫いた誇り高き民族である。コルディリエラ地方は古くから豊かな金の産地として知られ、一六世紀以来その金の魅力に惹きつけられた西洋の探検家や宣教師、そして植民地政府軍と山地民族との接触、その抵抗と帰順の歴史はスコットの *The Discovery of the Igorots*(8) に詳細に描かれている。

民族的には大きく六つのサブグループに分かれているが、なかでも独自の文化で有名なのがイフガオ族で、彼らの故郷がイフガオ州、そしてそのいくつかの村に棚田は散在する。マニラから夜行バスに乗って一〇時間でバナウエという町に着き、そこからまたトライシクル（三輪オート・サイドカー）で未舗装の荒れた道路をがたがたと一時間。標高平均一三〇〇メートルの急峻な山中に忽然と現れる棚田は、まさに「新・世界七不思議自然版」の一つとも言われるほどの驚きである。山中の急斜面に作られたダイナミックな成り立ちと同時に、棚田を守るために丁寧に築かれた砂岩の石垣や、丘の上から下の棚田に向かってよどみなく流れるように張り巡らされた水路

写真 45　イフガオ州の棚田

写真 44　『バタッド』

など、意外なほど繊細な魅力にあふれていて、それらがえもいわれぬ美しい景観を作り出している。

一九九五年にはユネスコの世界遺産に登録されたが、その保全が危ぶまれ、二〇〇一年には消滅の危機にある世界遺産（危機遺産）として再登録された。ちなみにフィリピンではこの棚田を含めて文化遺産が三件、そして自然遺産が三件登録されている。またこのイフガオの棚田に育まれた文化の中に、もう一つの世界遺産がある。フドゥフドゥといわる民衆詠唱で、二〇〇一年に無形文化遺産に登録された。フドゥフドゥはイフガオ族に代々伝わる恋の物語や戦いの叙事詩で、田植えや稲刈りなど農作業の節目に、また葬式や洗骨（通常は死後一年）などの儀式の際に謡い継がれてきたものだ。しかし伝統文化の変容や若者の儀式離れで、一時はかなりその存続が危ぶまれたという。特にフドゥフドゥの成り立ちに欠かせない伝統的儀式の中でも、洗骨の儀式などは西欧からやって来た宣教師たちから後進的で野蛮な文化と忌み嫌われて、フドゥフドゥそのものも誤解を受けてきた。

このイフガオなどコルディリエラ地方の人々の文化表象を巡る問題は実に複雑で、それだけに活発な議論が行われてきた。地方の「風景」を描くこと。それは自ずとその土地の神話や伝説、歴史、固有民族の言語や日常生活など、つまり文化全体を表象するということだ。この『Batad: Sa Paang Palay（バタッド――稲穂の足）』の主人公はイフガオ族の農家で暮らす一四歳の少年アグ・アップである。彼の日常は棚田での農作業を手伝い、そして時にそれを売るために町にもでかける。ある日彼は外国人の履いているスニーカーに惹き付けられ物語は展開してゆく。これまでの人生で靴など持ったことがなかった彼は、泥だらけの自分の足に気づいて恥ずかしくなり、どうしてもその靴が欲しくなる。靴は彼にとって未知の世界への入り口となった。彼は金を貯めようと村で様々なことを手伝うようになるが、村の

写真 46　イフガオ族の男性

大人たちがくれるのはバナナなどの現物で現金ではない。この村では労働の対価は必ずしも貨幣ではなく、アグ・アップの父親などは時にハパオ村に出かけて棚田の修復などの労働を無償で提供するなど、貨幣経済とは異なる価値観の中で生きていることが描かれる。どうしても靴が欲しかったアグ・アップは、イフガオ族の伝統的民族衣装であるふんどし[9]を着けて観光客の写真モデルとなるアルバイトを始めた。しかし彼自身イフガオ族のフォーマル衣装で観光客の被写体になることには抵抗感があった。やがて彼は観光ガイドをするようになり、ついにある外国人観光客から靴をもらうことができた。自分の物欲をかなえた彼はいつしか農作業を手伝うことを止め、あげくのはてには父親を見下すようになってしまう。しかし物語の終盤で、それまで大切にしていた靴を放り出して身の危険に晒された妹を裸足で救う場面がある。ここにきて物語は伝統と現代の価値観の狭間でゆれた少年が、色々な経験を重ねて自分の頭で考えることによって、一度は失いかけた親の世代が守り続けている伝統や文化や価値観といったものを、改めて自らのものとして受け入れてゆく姿が描かれている。

映画はこうして典型的な心温まる結末で幕を閉じるが、エンドロールではこのイフガオ族の誇る世界遺産であ

る棚田が「危機に瀕した世界遺産」としてユネスコから勧告を受けたことが知らされる。棚田は山の斜面を用いて段々の水田が天に向かって駆け上がるがごとく美しく配置された人間と自然の調和を示す素晴らしい遺産であるが、急峻な斜面で土と水を制御するために極めて精巧な石垣や水路が縦横無尽に作られていて、その維持管理には非常に労力が必要とされる。最近では村の人口減少、特に若者の流出によって人手が不足し、棚田のあちこちで石垣の崩落や荒れ果てた耕作地が放棄されて放置されたままの状態でみかけるようになっている。この作品に描かれたようにイフガオの若者が伝統文化やその価値観に目覚めてゆくことは現実にはそれほど簡単なことではないのは当然だが、伝統と現代の価値観にはさまれたゆらぎの中で日々の暮らしが続いているという事実を見るものに提示することは可能だ。昨今の観光、ツーリズムは単に風光明媚な場所を訪れて土地の名産を食べるといった典型的な観光のかたちから、地元のローカルな文化を知り、時には伝統的な日常生活を体験するなど「コト・ツーリズム」の時代である。本作品には、観光名所としての棚田へ向ける観光客の眼差しにも影響を与えるような可能性が内包されているだろう。

4　コルディリエラを舞台にした日比合作映画

『アボン 小さい家』（今泉光司監督）

ところでこうしたコルディリエラの山の民の生活に魅せられて、バギオの町を愛してやまない今泉光司という日本人映画監督がいる。小栗康平の助監督などを努めていた今泉は、バギオの町を訪れて以来この町の独特な雰囲気と山の民の懐の深い文化に癒され、訪問を繰り返しては自ら資金を集め、当時のフィリピン情報省などからも協力を得て、七年の歳月を費やして『アボン 小さい家』という映画を製作し二〇〇三年にマニラで公開した。「アボン」は土地の言葉で小さい家の意味。コルディリエラ地方の伝統的家屋の中でも、母屋とは別に普請さ

写真47 『アボン 小さい家』

れた離れ小屋のことだ。この映画の主人公はコルディリエラに暮らす日系人家族だが、その日系人問題以外にも、貧困と出稼ぎ問題、環境破壊と自然な生活、伝統的な精霊信仰など、たくさんのテーマが盛り込まれている。コルディリエラの山の中からバギオに出てきた日系フィリピン人三世の家族は、父親の仕事が見つからず、母親の出稼ぎにも失敗し、やがて不法居住者として住んでいた家も破壊されて生まれ故郷の村に舞い戻ることになる。しかしそこで再発見したものは、都会の生活には無い自然の恵みと精霊に守られた豊かな生活だったという物語である。

> 人がただ生きるのに高いコストがかかり、常に収入がなければ生きて行けません。日本人の価値観がお金だけになってしまうのも当然なのかもしれません。そんな日本での自分の生活に嫌気がさして日本を飛び出しました。フィリピンの山の中にたどり着いたとき、電気も水道もない山中に家を建て、水を引き先祖や自然界の霊を敬いながら生きている人々の生活を見ました。米があり野菜があり、水と木がある。子供たちにはお母さんがいて、お父さんがいて、小さい家がある。仕事は家畜のめんどうを見て、食べ物を取ってくること。村人と遊んだり儀式をすること。地球で人間が生きるってこれだ。これでいいんだと思いました[10]

決して声高に主張するわけでもなく、淡々と自然体で語られる。この作品も手法的には「スローシネマ」に分類されるのであろうが、そこで描かれる自然の営みはさらに悠久なものである。山深いイフガオ族の村が舞台で美しい自然や伝統文化が描かれているのだが、この映画を観ていて強烈な違和感を持つのはほとんどの会話が英語で行われていることだ。イフガオ族をはじめコルディリエラの先住民族はイロカノと総称される土地の言葉を話し、その上で学校ではタガログ語をもとに作られたフィリピノ語、そして学年があがるごとに英語力も要求されるようになる。この作品の主人公のように日系人である場合は、さらにその周縁に日本語という世界が現れる。つまり四層の言語空間から成り立つ、極めて複雑な環境下にあるということだ。そして本作品にはイロカノを母語とする人々以外にもイロカノを解さないバギオを拠点とするキリスト教徒、さらにはスタッフが日本人ということもあり、映画で話される言語として結果的に英語を選択したという。言語を巡るコスモロジーは外見ではなかなかわかりづらい複雑な世界であるが、この『アボン 小さい家』においてもそれが作品解釈の一つの鍵を提供していたように思われる。なお今泉は二〇〇一年に「サルボン」というNPO法人を設立してこの映画の自主上映を日本とフィリピン各地で実施している。

二　南部ルソンからビサヤ諸島まで

『ブルートゥス』（タラ・アイレンベルガー監督）

二〇〇八年第四回シネマラヤの長編コンペティションに出品された『Brutus（ブルートゥス）』（タラ・アイレンベルガー監督）は、ルソン島の南に位置するミンドロ島を舞台にしたマンギャン族という少数民族の子供のカップルの物語である。マンギャン族はいまでもミンドロ島の山中で伝統的な暮らしをしており、独特の伝統文化を持った民族である。マンギャン族は大きく七つの部族に分かれる。中でもハヌノオ・マンギャンは比較的よく知られていて、日本語の本では宮本勝『ハヌノオ・マンヤン族——フィリピン山地民の社会・宗教・法[11]』がある。イン

写真48　『ブルートゥス』

ド起源の文字と、「アンバハン」と呼ばれる美しい韻をふむ七音節の詩、それにユニークな幾何学的文様をあしらった織物や工芸品が特産である。マンギャン族の生活の様子は、オランダ人の神父で一九六〇年代初頭よりこの島の南部山中に住み着いたアントゥーン・ポストマの著書 *Mangyan Treasures*[12] などいくつかの著作で知ることができる。

物語はそのマンギャン族の少女の家族を襲った悲劇から始まる。伝統的焼畑で生計を維持していたところに都会から来た移住者に土地を奪われて家を焼かれ、父親は失意のうちにマラリヤで命を落とす。この物語の主人公である少女の兄は、違法伐採による木材を筏で川下の町まで運ぶ運び人（ブルートゥス（Brutus）と呼ばれる）となったが行方不明。その兄を求めて、同じくブルートゥスとなった幼なじみの少年との二人連れの川旅が始まる。二人は旅の途中でお尋ね者の共産ゲリラのリーダーや、彼を追って密林を捜索する政府軍兵士などと出会うことになる。やがて両者の戦いに巻き込まれるが、最終的には共産ゲリラが捕まって二人は政府軍兵士に保護される。少女がそのゲリラに心を惹かれたことで少年との間に微妙な隙間が生じたが、様々な冒険の果てに故郷の家にたどりついた二人は、再び仲直りするというストーリー。この作品でシネマラヤの審査員賞、助演男優賞、音楽賞、撮影賞を受賞した。マンギャン族の伝統文化の問題と環境破壊が縦軸のテーマだが、そこにこの国がいまだ苦しみ続けている共産ゲリラと政府軍との争いが横軸で挿入されている。なかなか重厚な社会的テーマをいくつも織り込まれているが物語の破綻もなく、それでいてみずみずしく描かれているのは、幼いカップルが筏で川を下るに従って物語が展開するという冒険譚のような虚構の世界だからか。

Mangyan Survival Strategies(13)の著者によれば、ミンドロ島のマンギャン族は北部コルディリエラの山地民族やミンダナオのムスリムなどと異なり、フィリピンで最も平和を愛する、言い方をかえれば臆病な民族であるという。フィリピンで七番目に大きな島には二五〇〇メートル級の山が迫っていて急峻な渓谷で分断されており、今でも島内をくまなくつなぐ道路は無く、人の往来が困難な場所だ。そんな土地でも先住民たちはスペイン植民地時代からキリスト教化を迫られ、二〇世紀になってからはアメリカからの独立戦争や日本軍占領時代を通して攻撃は繰り返された。さらにそれと平行してルソン島やビサヤ地方からの移民がやって来て、一九六〇年代以降になるとそれが大勢になり、法律に無知なマンギャン族は土地を奪われていった。しかし彼らはそのたびに紛争を避け、ある者はより生活環境の厳しい山に逃れた。そして結果的に山に入った人々の間に伝統的価値観や文化を保った生活が残されたという。争いを避け、臆病と言われても、それが結果として種族と文化を存続させる究極の知恵であったということにはおそらく大きな意味があるのだろう。

写真 49　『ブルートゥス』の川下りのシーン

写真 50　マンギャン族の民芸品

フィリピンでは「先住民族権法」(Indigenous Peoples Right Act)が一九九七年に施行され、先住民族国家委員会(National Commission on Indigenous Peoples)という政府機関も設立された。この法律は非常によくできていて、先祖伝来の土地に関する権利や、文化や言語、慣習法を保護する権利など、先住民の権利保護を包括的に保障している。先祖伝来の土地をどう定義するのかといった問題については、原則として先住民自らの申告制をとっていて、その根拠は先祖より伝えられてきた神話や、物理的な標しである境界石や古い村などからどれか一つを選択するという規程になっている。

詳細に権利が規定された素晴らしい法律に守られ、広大な土地を与えられているといっても、マンギャンの人々の現実はかなり酷い状況のようである。筆者も訪問したことのあるカリパナンという村は、イラヤ族というマンギャンの一氏族が、もともと住んでいた居住地を離れて低地人との混血が進む中で新しく作った村だが、主な収入源は伝統的なラタン（籐）のバスケットと出稼ぎで、極めて不安定だ。完成まで五日間くらいかかるものが五〇〇ペソ（約一一〇〇円）程度で収入は低く、極めて不安定であり、粗末な掘っ立て小屋の不衛生な環境に暮らしていた。[14] 村を離れて都市部にやってくるマンギャン族の人々も多いが、その身体的特徴[15]と貧しい身なりから、タガログやビサヤの移民からは疎まれ差別を受け続けているのが現実である。『Brutus（ブルートゥス）』のアイレンベルガー監督は二〇〇四年にマンギャン族のドキュメンタリーフィルムを手がけた後、移民から土地を奪われ森林伐採で森が失われる現状に対して、何とかしなくてはいけないと今回の映画製作を思い立ったという。

1　海域ビサヤ地方の世界

『契り』（デリック・カブリド監督）

マンギャン族の故郷ミンドロ島から南下すると、七〇〇〇以上の島国であるフィリピンでも、多くの美しい島々に彩られる本格的な海洋世界が広がってゆく。中部ビサヤ地方である。その中にいくつかある主要な島の中でも、特に先住民族のアイデンティティの問い直しで新たな動きがあるのがパナイ島である。二〇一六年のシネマラヤ長編コンペティション参加作品である『Tuos〈The Pact〉（契り）』（デリック・カブリド監督）は、パナイ島西部アンティケ州の先住民族であるキナライア族の伝統的文化や価値観を真正面から描いた美しい作品である。映像の要所に挿入されているアニメーションは「スギダノン」と呼ばれている伝統的叙事詩を表現したもので、民族音楽シンガーとして活躍するバヤン・バリオスの切々とした美しい詠唱とともに本作品の骨格をなしている。

物語はノラ・オノール演じる先住民族の女性シャーマンであるピナログとその後継者として育てられている一五歳の孫娘ドゥォカンとの確執と情愛がテーマである。ピナログは祖先との契約に基づいて自分の後継者として選ばれたドゥォカンに伝統的価値観や部族の誇り、そしてそれを象徴する詠唱や踊りを教えようとするが、ドゥォカンは彼女の意に反してシャーマンとなることに反発し、村の男性への恋心を抑えることができない。そんな二人の確執はしばらく続くがやがてピナログが病に冒されることとなり、ドゥォカンはそれを自らの心の迷いが原因と自分を責めるようになる。物語ではこのドゥォカンが最終的にシャーマンとなることを受け入れたかどうかは示さない。終盤のシーンでは恋人との関係を断ち切ることができないドゥォカンのラブシーンが挿入され、それを隠れて目撃するピナログの煩悶をアニメーションの精霊との交信を通して幻想的に描き、クライマックスへと進んでゆく。

写真 51　『契り』

ところでこの作品の重要な核をなす「スギダノン」という叙事詩だが、この地方のダトゥー（部族長）が魔力を持った犬の道案内で森へ狩猟に行った際、聖なる竹を切り落としてしまったことで森の魔物の怒りを買い、それが幾多の試練を与えるという物語である。世界中にある叙事詩と同様に人間が自然界と交歓したり、超自然的な力と闘うことをテーマにした物語であるが、映画では終盤にこの魔物がアニメーションの世界からピナログのもとに実際に出現し、ピナログを強姦したりするのだが、最後はピナログ自身がこの魔物と闘って殺してしまう。後の章で触れるが、ビサヤ地方の映画には超自然的な世界観が描かれることがしばしあると指摘されているが、本作品はまさにそうした神秘的な世界観が基調を成している。そして最後に示唆されるのは、ピナログ自身がその伝統的世界観の継承をあきらめて、魔物を殺すことによって自ら葬りさろうとしたことである。

2　叙事詩「スギダノン」とリビー・リモソ

パナイ島のキナライア族は、先のマンギャン族と同様にスペインやそれに続くアメリカによる植民地支配を拒絶し山岳にこもり、伝統的文化を維持した先住民族である。本作品にも彼らの母語であるキナライア語[16]が使われており、伝統に対して誇り高い民族である。『Tuos〈The Pact〉（契り）』を彩っている「スギダノン」という叙事詩の世界に魅かれて、筆者は二〇一九年四月にパナイ島の中心都市、イロイロを訪れた。「スギダノン」を核にパナイ島の先住民族の世界観を若い感覚で復興しようと奮闘しているリビー・リモソを訪ねた。

リビーは一九八一年生まれの三八歳。「スギダノン」を受け継ぐ一族が暮らすカリノグという村に隣接する町の出身だが、少年時代から精神世界に魅かれてアートを志すようになった。高校を卒業してマニラに出てUPディリマン校で油絵を専攻。卒業後は故郷に帰るつもりはなかったが、二〇〇四年に全国ネットの大手テレビ局であるGMAのドキュメンタリー番組製作にアシスタントとして参加した。カリノグ村の「スギダノン」を取材した際に、長老の語る「スギダノン」の言葉が全く理解できず、自らのアイデンティティの探求を決意して地元に戻り「スギダノン」のリサーチに没頭するようになった。そして彼の得意とする油絵はもとより、「スギダノン」の世界観をインスタレーション、パフォーマンス、アニメーション、ファッションなどジャンルを超えて若い感性で次々と作品化して発表するようになった。現在は失われつつある「スギダノン」の詠い手を記録するドキュ

写真 53　『スギダノン』をモチーフにしたリビーの作品

写真 52　リビー・リモソ

メンタリー映像を製作中である。その過程で一九五〇年代に当時セントラル・フィリピン大学のホカノ教授によって録音された貴重な「スギダノン」の録音音源を発見した。同音源はいまはマニラにあるUPが管理しているが、二〇一八年より全音源のデジタル化と資料作成が始まっている。

「スギダノン」は全篇詠い続ければ三日から四日ほどもかかる長大なものだが、最も有名なストーリーは先に紹介したものである。その世界観は壮大だ。基本的に世界は天界、地上界、地下界の三層に分かれ、天界はさらに七層のレイヤーからなる。地上界には人間の他にも野獣、魔物が婚姻関係を結びつつ共存していて、さらに精霊も存在する。野獣や魔物は時に邪悪だが善性や人間のような弱さも共存し、清濁併せ持つ存在である。リビーがこの叙事詩の中で特に注目しているのが「黄金の男」の存在だ。フマダプヌンと呼ばれる部族長だが、身体を黄金の衣装に包み黄金の船に乗ってやってくる。その黄金がどこからもたらされたのか、何を象徴しているのかは今後のリサーチにゆだねられるが、(17) パナイ島北部カピス州のポテンヴェドラ河の河口に到達した異邦人、来訪神とも解釈できる。そしてこの「スギダノン」が描く世界には、パナイ島のイロイロやカピス、アンティケはもとより、バコロドを含むネグロス島の地名も登場し、西ビサヤ地方一帯を含んでいる。さらにこれも今後の研究に委ねられるが、「スギダノン」の中で使われるキナライヤ古語のいくつかはマレー語との類似も指摘されており、西ビサヤの島々からスールー海を経てブルネイにつながる海洋世界への無限の広がりをイメージさせる。

ところでこの「スギダノン」であるが、現在はイロイロから車で一時間、そこからオートバイで一時間のカリノグという村で、それを守り伝える一族によって詠われているのみである。ホカノ教授が一九五〇年代に録音した名人と同じカバレロ家の系統の人々だが、現在は七〇代の老人たちが詠い継いでいる。当代最高の名人と言われ国から重要無形文化財保持者[18]に指定されたフェデリコ・カバレロは、二〇一八年に心臓発作に見舞われてかつての記憶を失ってしまった。彼の弟や妹が後継者となっているが、バナナ農家で生活も安定せず高齢化が進んで将来が危ぶまれている。

生身の人間に委ねられた太古からの知恵は、ある意味長編の書物のような貴重な価値あるものだが、有限な生命の前にはそうした人類の文化遺産も風前の灯となる。彼らが後継者に恵まれず、そして正確な記録も残されない時、この地上から豊穣極まりない世界観が失われることになる。パナイの人々が、そして私たち自身がロストビジョン（世界観の喪失）による損失を被らないよう、リビーが今後も粘り強い活動を続け、その成果が広く世に認められるようになることを祈るばかりである。

3 「飢餓の島」と言われたネグロス

『美味』（ジェイ・アベロ監督）

パナイ島の南に位置するネグロス島は、一九八〇年代「飢餓の島」として世界中に知られていた。島の多くの農民は一握りの大土地所有者の砂糖プランテーションで生計を立てていたが、砂糖の国際価格の暴落によって末端の契約農民の収入は途絶え、多くは飢餓にあえいでいた。極限状態の農民は地主に対して待遇の改善を訴えてストライキを繰り返し、反発する地主側が銃を発砲して死者も出た。混乱に乗じて反政府ゲリラや共産党の武装組織である新人民軍[19]も多く島内に潜入し、ネグロスは一触即発の危険な状況に置かれていた[20]。

かつてはこのように世界中に「飢餓の島」として不名誉な理由で知れわたった島であるが、もともとは豊かな伝統料理の宝庫である。西ネグロス州の州都バコロド発祥のチキンバーベキューは、今やフィリピンを代表するB級グルメとなっている。そんなバコロドを舞台にした作品『Namets（美味）』（ジェイ・アベロ監督）が二〇〇八年第四回シネマラヤに出品された。ネグロスの伝統料理をベースにした創作料理に挑戦するカップルのラブストーリーで、せりふも地元のイロンゴ語で書かれたローカル色豊かな作品である。また同じバコロドを舞台にした映画で二〇〇五年第一回シネマラヤの短編部門に出品された作品に『Kultado（凝り固まる）』がある。監督のローレンス・ファハルドは同市の出身で、バコロドの市場を舞台にした野菜行商人と肉行商人との抗争の物語である。本作で審査員特別賞を受賞し、その後ファハルド監督はシネマラヤで長短三本の作品を発表している[21]。

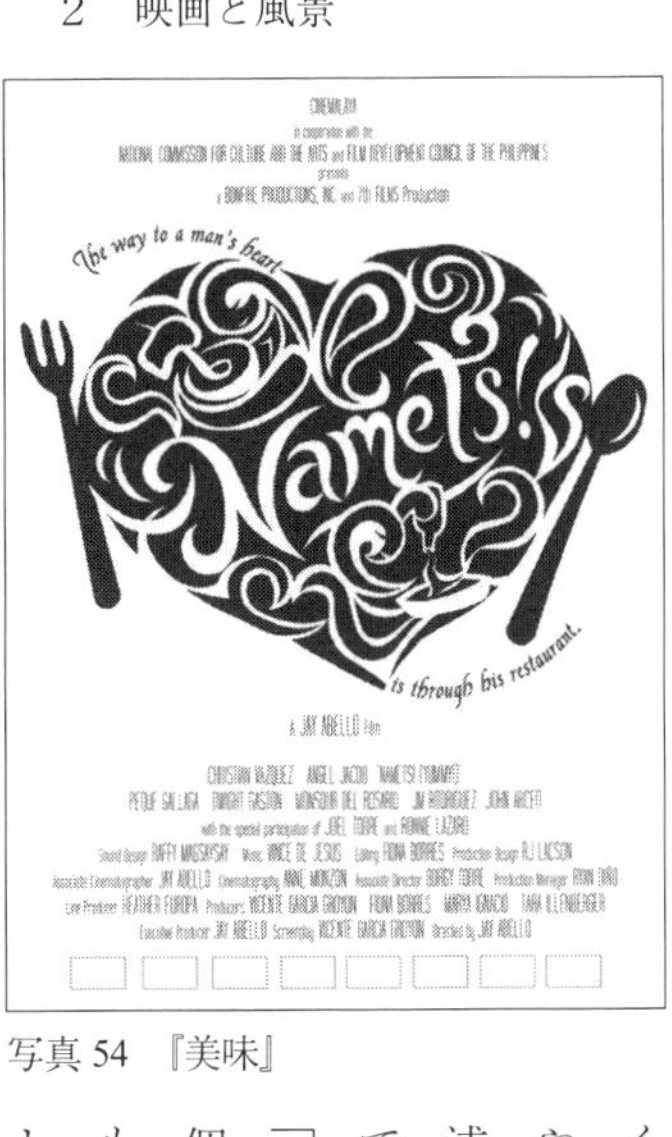

写真54　『美味』

バコロドとその周辺地域は、ビサヤ地方の中で特に文化芸術の分野において中心的な役割を果たしており、多くの優れた映画人を輩出しているほか、パフォーミングアーツや美術の分野でも異彩を放っている。フィリピンでは国内津々浦々に様々なフィエスタ[22]が存在するが、ネグロス島のバコロドで行われる「マスカラ」というフィエスタは非常に有名である。「マス」は英語でたくさん、「カラ」はスペイン語で顔の意味。個性的なマスクに原色中心のカラフルな衣装をまとったいくつもの集団が、軽快な音楽にあわせて激しく踊りながらストリートをパレードする。それを熱狂的な地元市民はもとより、フィ

写真 55　マスカラ・フェスティバル

写真 56　シライのアンセストラル・ハウス

リピン全国、そして海外から集まった多くの観衆が取り巻く。このマスカラ・フェスティバルは一九七九年に始まったとされるが、それから数年してサトウキビの国際価格が暴落して多くの農民が飢餓に苦しむこととなる。そうした危機の最中でもこのフィエスタは途絶えることなく、疲弊した人々の心を鼓舞する意味も加わって回を重ねてきた。「飢餓の島」で苦悩してきた民衆が、年にたった一度だけ熱狂できる祭りとして大切に育ててきたのだろう。そんな人々の心意気の感じられる祭典である。人は何故踊るのか、踊らずにはいられないのか。ある種の祈りや陶酔、そして蕩尽といったものが祭りを発生させる源だとすれば、「飢饉の島」で苦悩する民衆をして年に一回熱狂に駆り立て、エネルギーを蕩尽させるこのイベントは、まさに祭りの根源や本質を垣間見せてくれる。

民衆から支持される祭りが存在するのと同時に、このバコロドには現代美術の拠点、それを支えるアーティストのコミュニティが存在する。華人系のチャーリー・コーという作家がそのコミュニティの中心にいて二〇〇五年にオープンしたオレンジ・ギャラリーを拠点として中部ビザヤ地方のアートの活性化に貢献している。さらにバコロドの近郊には、この地域の文化的な成熟度を示す重要な町がある。バコロドから北に二〇キロの距離に位置するシライである。スペイン時代の富を象徴し、今もその遺風を色濃く残している。アンセストラル・ハウス（先祖の家）と呼ばれる一九世紀後半以降の歴史的建築物が三〇軒以上も残されていて、その内の二軒が博物館となって公開されている。いずれもシュガー・バロン（砂糖貴族）として財を成した一家の邸宅で、現代に連綿と続く名家をいくつも生み出している。蓄えた財力の多くを子供の教育に投資したため、その名家からは優秀な法律家、政治家、そしてアーティストが輩出された。フィリピンで初めて欧米の歌劇場で『カルメン』のタイトルロールで成功したメゾ・ソプラノのコンチータ・ガストンや、フィリピンで最も著名な建築家でナショナル・アーティスト[23]でありCCPやマンダリン・オリエンタルなど数々のホテルを設計したレアンドロ・ロクシンもこの町の出身である。今もロクシン家は町の中心部にあるいくつかのビンテージハウスを所有している。偏在する富によって生み出された知や芸術が、この国の根幹を支えていることはまぎれもない事実だ。

4　フィリピン国産映画発祥の町セブ

ビサヤ地方を巡る旅の最後は、日本でもリゾート地として有名なセブ島についてである。セブはかつてセブアノ語[24]による映画製作が盛んだった地域である。フィリピンで映画上映が開始されたころからマニラに次いで映画産業が栄えていた地域で、セブやイロイロにはマニラとほぼ時を同じくして映画館が開かれた。その中でも、現在はシネ・オリエンテと呼ばれているが、一八九五年にセブのダウンタウンの中心に開設されたテアトロ・フンクエラは、第二次大戦中に破壊されたが戦後再建され、二〇一三年のリノベーションで新たに蘇り今もセブ市民に親しまれている。もともと映画館が開設された場所にそのまま映画館として遺っている例としては、フィリピンで最古である。また、一九一八年に国産初のドキュメンタリー映画が製作され上映されたのもセブであった。以来、セブやイロイロを中心にビサヤ地方の言葉であるセブアノ語によって多くの映画が製作されて独自の上映ネット

写真 57　シネ・オリエンテ

写真 58　サント・ニーニョ

ワークによってマニラ首都圏を中心とするタガログ語映画の世界とは異なるセブアノ映画のコミュニティを作り出していた。

セブは既述のバコロドとは異なる文脈でフィリピンにおける文化の中心地である。それはキリスト教が伝来した聖地であることに由来する。フィリピンで有数のリゾート地であるセブ島にはフィリピンを代表するフィエスタ、「シヌログ」があり、その日はフィリピン全土、そして海外から集まった観光客で町は熱気であふれかえる。「シヌログ」は、サント・ニーニョ（聖なる子供＝幼子イエス）を祝福するために毎年行われているフィエスタである。セブはマゼラン遠征隊に同行していた修道士によって、一五二一年にフィリピンで初めてキリスト教が布教された土地であり、この国の人口の八五％を占めると言われているカトリック教徒にとっては特別な場所だ。その際にフィリピン人に与えられたと言われるサント・ニーニョの聖像は、現在でもセブのアウグスティヌス教会に祭られている。ちなみに「シヌログ」以外にも一月下旬の日曜日には全国でこのサント・ニーニョを祝うフィエスタが行われていて、マニラ首都圏でもトンド教会のそれが有名である。

ところでこのフィエスタに合わせて、各地で上演されてきた演劇がある。映画について語る際に、演劇や舞踊のように「身体」そのものに注目して語られることは多くはないが、フィリピンにおける身体性、それも演じる身体というものを考える際に重要な視点を与えてくれると思われるので紹介しておこう。コメディアといわれる歌舞劇で、これもスペインからもたらされた。文献によれば一五九八年にセブで書かれた脚本が最古であり、現在まで続いているので四〇〇年を越える歴史である。[25] もともとは民衆に対するキリスト教布教を目的に行われた演劇で、テーマは主としてキリスト教徒がイスラム教徒を戦いで破る話か、イエス・キリストや聖人の生涯についての物語だった。コメディアは一年に一度フィエスタの時にのみ演じられるもので、いまだにコミュニティ演劇として生き続けている。コメディアを主宰する中心的な家族が存在し、脚本や演技のスタイルは代々その家系に伝えられてはいるが、他のメンバーはその都度同じ町内の近所の人たちから募り、制作のための資金集めも自ら行う。このコメディアは地方によっては「モロモロ」などとも呼ばれるが、フィリピン全土に広がっており、フィリピンにおける演劇の原型として民衆に親しまれてきた。フィリピン人にとっての演劇は、まずはスペイン人がもたらしたキリスト教にまつわるキャラクターを演じること、つまり他者の世界観を導入する道具でありメディアであった。四〇〇年前のセブは他者を移す身体、その実験が行われた最先端地域であったと言える。一五九八年に脚本が書かれた三二〇年後にこのセブの地で、生身の身体、それもキリスト教、カトリック式の葬儀の模様がフィリピンで初めてドキュメンタリー映画として記録されたのは大変興味深い。

三　ミンダナオの「再発見」

フィリピンの国家的アイデンティティを考える上で決定的に重要な課題であり、内戦によって分離の可能性があるという危機的状況のもと、国家としての最周縁に位置するがゆえに中心のアイデンティティを激しく揺さぶり続けるミンダナオ問題。本稿は国家、民主主義、資本主義といった近代の社会システムの不完全性や脆弱性に対して、フィリピンのアーティストたちが映画というメディアを通して、どのような反骨精神を示しているかを考える一助にしたいというのが主なテーマの一つであるが、国民国家の矛盾を最も先鋭かつ深刻に反映しているのがミンダナオ問題であると筆者は考えている。その意味で映画の中でミンダナオがどのように語られるか、フィリピンの映画人たちが内省を通してミンダナオをいかに再発見してゆくかが、フィリピンのインディペンデント映画の存在理由に決定的な役割を与えると考えている。そして実際のところ、ミンダナオを舞台にした作品、さらにはミンダナオ出身の監督自らが描く作品も登場し、シネマラヤやそれに続く映画祭を舞台にミンダナオの再発見は確実に深みを増していると思われる。これまで「他者」として語られることの多かった状況から、自らを語るという状況への脱却でもある。本項ではミンダナオを巡る作品について焦点を当てて紹介してゆこう。

ミンダナオは一五二一年にマゼランがフィリピンを〝発見〟するはるか前から香料の中継貿易などで繁栄を謳歌し、イスラム教徒による王国が存在していた先進地域である。その後スペイン統治の間は一度も征服されることがなかったが、スペイン人から「モロ」[26]と呼ばれ、カトリック教徒との分断統治が行われた。それを継いだ米国統治、さらには第二次大戦後のフィリピン政府もキリスト教徒のミンダナオ移住政策を進めた結果、「キリスト教徒による政治的支配の押し付け」、「父祖伝来の土地の収奪」というイスラム教徒側の不満は高まり紛争が絶えなかった。そして今世紀、テロが世の中を覆う時代となり、イスラム過激派の出現で危険視されるようになり、文明の衝突論にもあおられてミンダナオ問題はイスラム教対キリスト教という問題としてクローズアップされるようになった。しかしミンダナオはテロリストの巣窟などではなく、本来は文化的に奥深い実に豊かな土地である。

具体的な作品解説に入る前に、二〇〇〇年代に入りミンダナオにおけるムスリムのアイデンティティについて追及し続け、自ら映画製作に携わる以外にも、中堅・若手を中心としたムスリム文化人のネットワーク形成で中心的な役割を果たし、映画製作ワークショップの実施やムスリムに焦点を当てた映画祭[27]の開催などで活躍しているグチェレス・マンガンサカン二世の言葉を引用する。

バンサ・モロ[28]、すなわちミンダナオ島に古くから住むムスリムは、八〇年以上にわたってフィリピン映画の中で主題として扱われてきた。（中略）ミンダナオから三〇〇マイル離れた首都マニラに映画スタジオが開設され、そのスタジオの中でメインストリームの映画におけるモロのイメージがつくられた。そこでは政治・歴史・社会における一般的な風潮を反映して、モロの文化や伝統に対する無関心、宗教的偏見や差別が満ちていた。映画は、ガヤトリ・スピヴァク[29]が指摘するように、植民地言説の中で覇権を求める一つの営利事業と化し、モロは語ることのできない、声なきサバルタン（従属的社会集団）に追いやられた。

しかし、デジタルテクノロジーが優勢になり、ミンダナオを含む地方での映画製作が可能となった。（中略）今日では、地方のニューウェーブが牽引力となって「国民映画」の概念を拡張している。そしてフィリピンにおける「国民映画」の本質は、映画の中で描かれる人々や文化、そしてアイデンティティが複雑で多層であるということであり、それは古きスタジオ・システムから自立するものであり、かつて映画が表象したものへの挑戦でもある[30]。

1　ミンダナオを描いたシネマラヤ作品

それではマンガンサカンも指摘する新しい「国民映画」の重要な一端を担う、ミンダナオに関連する映画について、まずはシネマラヤ作品から具体的な作品を取り上げていこう。シネマラヤにおいて、以下に示す通りミンダナオを舞台にした作品は年を追うごとに増加している。

『雲』（エマヌエル・デラ・クルーズ監督）

『Gabon（雲）』（短編、エマヌエル・デラ・クルーズ監督、二〇〇七年）シネマラヤにおいて初めてミンダナオを取り上げた短編作品。南西部の敬虔なイスラム教徒として知られるマラナオ族の神話をモチーフにした母子愛の物語。監督はルソン島北部の出身である。

『Angan-Angan（夢）』（短編、シェロン・ダヨク監督、二〇〇八年、二六三頁参照）

『Limbunan〈The Bridar Quarter〉』（グチェレス・マンガンサカン二世、二〇一〇年、二六〇頁参照）はマラナオ族と同様ミンダナオのムスリム主要民族であるマギンダナオ族の伝統的婚姻制度に揺れる少女の物語を、美しいリガワサン湿原の村を舞台に静謐の中で叙情的に描いた作品。

『Halaw《海の道》』（シェロン・ダヨク監督、二〇一〇年、一一八頁参照）はフィリピン最南端、スールー諸島のタウィタウィが舞台。

『クロコダイル』（フランシス・ザビエル・パション監督）

『Bwaya《クロコダイル》』（フランシス・ザビエル・パション監督、二〇一四年）は北東部アグサン州を舞台にワニに襲われた娘の遺体を捜す母の姿を描いた実話に基づいた物語。本作はシネマラヤで最優秀作品賞他を受賞し、日本でも第一五回東京フィルメックスで最優秀作品賞に輝いた。

『カナ、夢を織る人』（イルダ・アニタ・デルムンド監督）

『K'na The Dreamweaver《カナ、夢を織る人》』（イルダ・アニタ・デルムンド監督、二〇一四年）は南部のセブ湖畔に住

写真 59 『Gabon』

写真 60 『クロコダイル』

写真 61 『カナ　夢を織る人』

む先住民族であるチボリ族の物語。沖縄の芭蕉と同種のアバカという植物の繊維で織るティナラクという織物が有名で、チボリの女性はそのティナラクを織ることができて一人前とされる。物語はダトゥー（部族長）の娘のカナ（夢を意味する）の成長の話。カナには同じ村に恋人がいたが、敵対する部族との和解のための政略結構を選択する。そして嫁ぎ先で彼女は美しいティナラクを織る「ドリームウィーバー」としての誇りを伝えてゆく。美しいセブ湖の様子が映像化されているが、数年前まではフィリピン政府とミンダナオの反政府勢力との戦闘地域に近く、ロケなどとても考えられなかった地域である。監督兼脚本家や主な出演者はマニラ出身だが、敢えてチボリ語で作られている。

2　ミンダナオ映画祭

以上、シネマラヤを舞台にしたミンダナオ関連映画の展開を見てきたが、シネマラヤに先立って、ミンダナオ文化を牽引する第一の都市ダバオで始まり、二〇一八年時点で一六年間継続して開催されている映画祭を紹介する。「ミンダナオ映画祭」は二〇〇三年にビデオ製作会社を経営するルー・ラファエル・カニェドらによって創設された。もとともは「ゲリラ・フィルムメーカー・ワークショップ」という学生対象の事業から始まった。当時も今もミンダナオの山岳部で活動している共産党ゲリラの「ゲリラ」という言葉をもじったワークショップで、最小限のリソースと予算で映画を製作する教育プログラム。それが発端となり第一回の映画祭はワークショップの作品発表の場としてわずか四作品からスタートした。二〇〇五年には学生の作品に加えて一般公募も行い、年々出品作の数や製作チームの出身都市が増加してきた。現在ではミンダナオ・フィルム・テレビ開発財団という運営資金の受け皿となる組織を持ち、NCCAやFDCPからも支援されるようになった。二〇一八年の第一六回では、短編を中心に一〇七本の出品作が集まり、参加都市も映画祭が開催されるダバオを中心に、カガヤン・デ・オロ、ジェネラル・サントス、そしてザンボアンガやイリガンなどムスリムの多い地域からも出品された。ただし低予算映画の方針は不変で、全体予算は六〇万円ほどの質素さである。

二〇一八年一二月に開催された映画祭において上映された作品は招待作品以外に、一般部門の「ミンダナオ・フォーカス」（合計一七作品）と学生部門の「リージョナル・スクリーン・フェスト」（合計七一作品）に分かれており、特に学生部門作品の上映の際にはダバオの中心地にあるショッピングモールのシネマは関係者の声援に包まれて、まるで学園祭のようであった。ただし作品のテーマは殺人、自殺など死と関連して血をイメージさせるものや、狂気や異常心理などサイコ・スリラー風のものが多く、若者の心の根っこに暴力がはびこるミンダナオの暗い世相が強く影響しているという解釈もできる。また一般部門は、貧困と社会格差、少女売春と性暴力、児童労働、ＬＧＢＴ、失業問題など社会的テーマを扱った作品が中心で、ミンダナオにおいてもインディペンデント映画が担っている社会的役割は首都マニラなどと同じのようだ。しかし作品の中にはミンダナオならではのテーマもある。『Rufyla（ルファイラ）』（コリーン・タンコ監督）[31]は、ミンダナオ西南部のチボリ族の伝統文化に対する誇りを描き、それを失うことに対する警鐘を鳴らした。また『Mountain to Cry For（嘆きの山）』（クルシッド・カニャス・カラブッド監督）は、スールー諸島のホロ島からミンダナオ島南部の都市ジェネラル・サントス市を経てシンガポールに移住した一家のドキュメンタリー映画。作品を通してホロ島の映像はなく、ただシンガポールの町の映像が投影される。その背後で父親と母親のインタビュー音声が空疎感とぬくもりを漂わせながら流れる。語られるのみで、決して映像には結びつかない、その実在から遠く離れた疎外感が印象的な作品である。「映画であり、アートであり、民族誌的な記述でもあるような『映像の境域』のなかに、これまでにないかたちで、異文化や文化的他者やアイデンティティへの考察が詰め込まれているのをわたしたちは見る」という序論で始まる『映像の境域』の中で著者の金子遊は、クリス・マルケル監督による『北京の日曜日』（一九五六年）という旅行記風のドキュメンタリー作品で描かれた重要な一節を、「場所の記憶はその場所自体よりも美しいという箴言をコメンタリーの声がつぶやく」と紹介している。[32]しかし『Mountain to Cry For』では、そうした甘美な記憶を語ることはなく、次のように淡々と語られる。

写真 62　ミンダナオ映画祭

これからもホロで何が起こるかわからない。だから機会を求めて家族で移住を決意した。（中略）あそこには水もないし電気もない。戻りたいとは思わない。

本来の自分たちの居場所であった居心地のよいはずの故郷が、不在による慈しみや美化としての回顧の対象としてではなく決別宣言のように描かれる。そこにあるのは喪失からくる空虚感である。

『殺人の権利』（アーネル・バルバロナ監督）

同映画祭ディレクターであるルドルフ・イアン・アラマによれば、映画祭への出品条件は、ミンダナオに在住するフィルムメーカーによる作品、または（それに加えて）ミンダナオに関する映画で、この一年間に完成された作品とのことである。[33] 学生部門の作品は完成度からいえば粗削りだが、アラマは「この映画祭の目的は、第一に学生が映画製作を始めるためのプラットフォームを目指すこと、そしてミンダナオに映画コミュニティを作り産業としての映画振興をすること」だと語った。実際にこの映画祭を出発点に国際舞台にはばたいた若者もいる。アーネル・バルバロナは、母親がミンダナオ島の先住民族であるマノボ族で生粋のミンダナオ人であるが、二〇〇六年にこの映画祭に参加した。この映画祭がきっかけとなって二〇一七年に自ら『Tu Pug Imatuy〈The Right of Kill〉《殺人の権利》』を製作。反政府共産ゲリラを追ってやってきたフィリピン国軍によって、平和につつましく暮らしていたマノボの村の住民が危機にさらされることとなり、主人公のマノボ族の若い夫婦が国軍兵士を相手に闘うことを決意するという物語であるが、これはダバオ・デル・ノルテ州のタランゴッド村で起こった実際の事件に基づいている。本作品で同年のシナーグ・マイニラ映画祭で作品賞と監督賞に輝き、東京国際映画祭アジアの未来部門でも上映されて来日も果たした。

このバルバロナの歩んだ道は、ミンダナオの片田舎からいかにして東京へ、そして世界へ羽ばたいたのか象徴的なサクセス・ストーリーであるとも言えるので、詳しく紹介する。

バルバロナの母親の属するマノボ族はミンダナオ島の先住民族であり、メディアでもよく取り上げられるムスリム・ミンダナオを構成する人々が移住する以前からミンダナオに住んでいる人々である。しかしながら世界中の他の先住民族と同様に国の最貧層を構成し、迫害を受けるなど人権問題に苦悩している。彼らは自らを「ルマド」と称してアイデンティティを保ち、政治的勢力を形成して権利回復運動を展開しているが、たびたび迫害を受けている。そうした苦難の先住民族の血を受けているわけだが、子供の頃から家にあったテレビでフェルディナンド・ポー・ジュニア[34]主演のアクション映画などを観て育ち、いつしか映画監督を夢見る少年となった。二〇〇一年に家計を支えるためＯＦＷ（海外移住労働者）として台湾に渡った彼は、そこで写真に目覚めることになる。

ミンダナオに戻った二〇〇八年に既述の第五回ゲリラ・フィルムメーカー・ワークショップに参加したことを契機に、デジタル・スチル・カメラからデジタル・フィルム・カメラに持ちかえて本格的に映画を学ぶことになる。ワークショップで製作した短編はミンダナオ映画祭で上映されることになるが、そうした活動を通して偉大な先達、ペケ・ガリャガやキドラット・タヒミックらと出会う。さらにちょうど同じ年に第三章で述べる「Cinema Rehiyon（地域映画祭）」の第一回がＣＣＰで開催されて彼の作品が上映される運びとなり、意気揚々とマニラに上京することとなった。そして当時マニラを中心に盛り上がり始めていたインディペンデント映画界のコミュニティに参画するようになり、グチェレス・マンガンサカン二世やアウレアウス・ソリートを指導者としたワークショップに参加し、二〇一〇年には映画撮影に対する関心が高まった。彼の名前がインディペンデント映画界で徐々に認知され始めたのは、ザンボアンガ出身のシェロン・ダヨクに見いだされて『Halaw（海の道）』で写真監督としてチームに加わった頃からであろう。同作品はシネマラヤで高い評価を受け、海外でもたびたび上映され、成功を収めた。それまで彼はミンダナオ出身の映画人との仕事を中心に活動していたが、二〇一四年には母親の出身地であるミンダナオ島東部のコンポステラヴァレー州の町ナブントゥランで自らワークショップを主宰し、とうとうナビフィルメックス・フェスティバル（Nabifilmex Festival）[35]という映画祭を開催するまでになった。その後ミンダナオを中心に映画による啓発活動を続けていたが、二〇一七年に製作した『Tu Pug Imatuy《殺人の権利》』がシナーグ・マイニラ映画祭で評価され、東京国際映画祭に招待されることになったのである。こうした動きから見えてくることは、マニラ中心に活況を呈しているかに見えるインディペンデント映画であるが、実はその裾野を広げ、人材の層の厚さを支えているのは、こうした地方における新たな動きなのである。

3　映画が描いたミンダナオの深部

『嘆きの河の女たち』（シェロン・ダヨク監督）

こうして現代のインディペンデント映画に関わる者たちは果敢にミンダナオ問題に取り組んできたが、「他者」からの脱却という文脈である意味画期的な作品が二〇一八年に登場した。シェロン・ダヨク監督の『Women of the Weeping River《嘆きの河の女たち》』（以下、『嘆きの河の女たち』）である。ダヨク監督は、ミンダナオ島最西端のザンボアンガの出身でシネマラヤに見いだされて国際的に活躍するようになった監督である（第八章参照）。ザンボアンガは、フィリピンという国家の裂け目でもあるミンダナオ西部の、さらに国家という中央集権型システムがイスラム教を信じる少数の諸民族やその社会と緊張感の中で接する、いわば最前線の町である。

ミンダナオ島の南西部やスールー諸島が広範にイスラム化されたのは、それほど古い話ではなく一六世紀半ばと言われている。そしてその約一〇〇年後にはスペイン人キリスト教徒（イエズス会士）がやって来て、一六三五年にザンボアンガに要塞を築いた。以来、スールー海やインドネシアのスラウェシやマルク諸島に連なる広大な海域を舞台に、スペインなどの植民地軍と、地元のイスラム教徒との抗争が続いた。その背景には、当時ここが貿易で繁栄していた先進地域だったということがある。そんな歴史を背負い、どこか趣のある美しい町だ。ところが現在のザンボアンガといえば、テロリストとの関連で思い出される危険な町というイメージが定着してしまった。特にこの町にはテロリスト掃討の拠点となっているフィリピン国軍ミンダナオ軍管区の本部があり、アンドルーズ空軍基地にはフィリピン軍との共同作戦（表向きは訓練）のため沖縄から米軍海兵隊もやってきている。

一九九一年にこのザンボアンガから高速船で四〇分の位置にあるバシラン島という小さな島で、イスラム神学生であるアブドラガク・ジャンジャラーニによって急進的なイスラム分離独立グループであるアブ・サヤフ（アラビア語で「父なる剣士」の意味）が結成された。アブ・サヤフは、当初はイスラム原理主義の団体であったが、創設者の死後、安易な誘拐や人質事件などを繰り返すことで変質し、テロリスト集団とみなされるようになってしまった。数々の誘拐事件やテロを実行しているが、二〇〇一年に外国人観光客を誘拐してこのバシラン島に連行した事件で国際的にも知られるようになった。二〇〇六年、創設者の弟であり当時の最高指導者であったカダフィ・ジャンジャラーニがフィリピン軍によって殺害されたが（殺害の現場はザンボアンガから船で八時間のホロ島）、彼はアメリカの情報提供により居場所を探知された。そして密告者のフィリピン人には、米国政府から五〇〇万ドル（約五億四〇〇〇万円）の懸賞金が与えられた。またアブ・サヤフ以外にも、マレーシアのサラワクに連なるスールー諸島には、米国などがテロリストと名指しして神経を尖らせているグループの拠点がある。バリでの自爆テロをはじめ、インドネシアで再三にわたってテロを起

写真 63　『嘆きの河の女たち』

こしているジェマア・イスラミア（JI）やイスラム国とつながるテロリストの存在も多数確認されている。ダヨク監督はそんないわば「バトルフィールド」の最前線の出身であるが、自分を「シネマラヤの申し子」と規定するほど、シネマラヤの成長とともに自らのキャリアを蓄積させ、シネマラヤを離れて製作したのが本作品である。

この『嘆きの河の女たち』は、これまでミンダナオ問題を語る上でいわばタブーとされてきた非常にセンシティブなテーマを真正面から扱った作品である。ミンダナオ島とスールー島一帯は一般的には「Rido（抗争）」（以下、リド）と言われるが、その土地ごとに呼び方が異なる氏族間の抗争が存在する。最近の研究では、ミンダナオ島西部やスールー諸島一帯で、一九三〇年代から二〇〇五年の間データに残っているだけでも一二六六件のリドがあり、

写真 64　ザンボアンガの中心部

五五〇〇人以上の死者と数千人にのぼる行方不明者を記録している。[12] リドの原因は、単なるいざこざから土地などの所有権争いなど様々だが、根本的には士族の名誉と尊厳を最重要と考える文化的風土の中で、その名誉を守り士族を存続させようとする集団的安全保障ともいえる。文化的な風土に根ざしているがゆえ、なかなか根本から解決しない。リドの原因が犠牲者の家族にも不明な場合も多い。このリドを巡る問題の本質は、おそらく多くの当事者が本来はこうした残酷な復讐を望んでいないことにある。しかし小さな社会を維持する上で既に長い間慣行となっていて、それがいわば文化的な組織論、メカニズムとして認知されていることだ。そしてそれを支えるのが、コミュニティ内の沈黙である。沈黙することがこの復讐の連鎖を支持する。しかしその沈黙がさらなる悲劇を生み出す。リドによる家族の崩壊、そして連鎖する暴力とガラス細工のような壊れやすい秩序維持システ

ムに対する潜在的な恐怖。それがこの映画の主題である。

物語ではサトラという若い女主人公が属するムスタファ家と隣人であるイスマエル家の長い確執が描かれる。冒頭でサトラが夫の死を嘆く。そしてその背後には二つの家族の終わらない抗争が存在する。その抗争の由来は土地を巡るものであるが、サトラの父でありムスタファ家の長老であるハシュムラによって復讐の重要性と氏族の誇りが語られる。次のシーンではムスタファ家の者たちが復讐のためにイスマイル家の子供を殺害するのだが、そうして復讐の連鎖がつながってゆくことになる。ムスタファ家の小屋が何者かによって焼き討ちされ、突然の襲撃を受け、とうとうサトラの息子であるハシムも犠牲となり、サトラは全てを失ってしまうことになる。茫然自失となり大地に刃物を突き立てるサトラ。そして当初は復讐を誓っていた彼女もこのままでは父も母も兄弟も失ってしまうという恐怖にさいなまれ、やがてイスマイル家との和解を望むようになる。物語の終盤、サトラは母に、「いつも恐怖とともにいた。私たちにも何かができるはず」と話すようになる。この物語の冒頭、そして要所にはある老婆が登場する。現在彼女は町にメイドとともに淋しく暮らしているが、調度品や写真から高貴な家、おそらくスルタンの家系につらなる者と推測されるが、金策の援助に訪れるサトラに次のように話す。「どんな悲運も自分さえ強ければ受け止められる。例え一人取り残されても思い出があれば生きてゆくことができる」と。しかし彼女にしても一人になればうつろな瞳が描かれ、時に感情を抑えることができなくなる。さらに多くの人が亡くなり、イスラム式弔いの中でコーランが何度も詠唱されるが「偉大なるアッラー」からは無論何ら回答はなく、空しく響くだけである。

写真 65　『嘆きの河の女たち』のサトラ

原題の「Weeping River」にある通り、この作品では河が様々な象徴的な意味を担っている。河が争う氏族間の境界を示していると同時に、河を渡る行為が、死や救済の象徴ともなっている。そこでは愛する者の死を嘆く女だけが無傷で河を渡ることができる。河は恐ろしい抗争をする家族を分かつ象徴でもあり、またその抗争を終結させる交渉のためのスペースも暗示しているのだ。この映画のロケは、監督の出身地であるザンボアンガと、物語の架空の舞台となっているホロ島で行われた。スールー諸島の主要ムスリムの言語であるタウスグ語が使われ、役者もザンボアンガとスールーのタウスグ族出身者が多く占めている。

このタウスグ族をキャスティングし、タウスグ語で描くということについては、その正統性について賛否両論があった。本作品もミンダナオのムスリムから見るとまた違って見えてくる。フィリピンのムスリム若手知識人たちのネットワーク組織であるヤング・モロ・プロフェッショナルズ・ネットワークのロヘリオ・ブラガは、本作品を一〇〇年間続いている低地キリスト教徒（フィリピーノ）によるムスリム・ミンダナオ（バンサモロ）についての語り口の定型を踏襲しているだけとして批判している。そもそもこの映画の主題となっているリドの本質は司法システムの欠陥、ないしは法制度の未成熟ということであるが、それはフィリピーノによる長年にわたるムスリム・ミンダナオからの収奪、国家による圧制に起因する。少数者としてのムスリムの人々が銃を所有するのはフィリピン国軍の攻撃に対抗するためのものだし、土地問題などで紛糾する元凶となっている貧困問題はフィリピーノによる富の収奪に由来する。従って本作品は、「タウスグの文化、言語、繊細性、世界観、経験などを巧みに描き、モロ自身の自決権やフィリピーノによる収奪に対する闘いには口をつぐみ、フィリピーノの国家主義的アジェンダを陰湿に挿入して」、フィリピーノがムスリム・ミンダナオを自分たちに都合がよいように解釈していると批判されるのである。(37)

『嘆きの河の女たち』の物語の中で、本来は内戦とは無縁である氏族間の抗争と政府軍対反体制派ムスリム民兵との内戦が結びつくシーンがある。隣村の人々への復讐を成し遂げるためにハシュムラはサトラの金の宝飾品と交換でマシンガンを手に入れる場面がある。金の宝飾品は期待したほどの対価をもたらすものではなかったが、武器商人たちに「政府軍と闘う時に参加することが条件である」と言い渡されてようやくハシュムラたちの手に渡る。そして本編の最後のシーンでは国軍兵士のジープが襲撃されて四人の兵士が殺害される。まるでハシュムラたちが殺害したことを暗示するようなラストである。こうしてフィリピン国家を不安定にさせているミンダナオの内戦問題の、その一端が氏族間の抗争とそれを扇動する銃の流通といった問題とつながっていることを描いている。本作品で二〇一八年のケソン市国際映画祭（QCinema International Film Festival）で最優秀作品賞を受賞したダヨク監督は、さらに次回作として「マラウィ占領事件[38]」をテーマにした作品に取り組んでいる。様々な批判的見解もあるとはいえ、ダヨク監督はミンダナオ出身のキリスト教徒としてミンダナオにおける「他者」の声に耳を傾け、自分なりの果敢な挑戦をしていることは間違いないであろう。

ここでバンサモロの「当事者」グチェレス・マンガンサカン二世による真摯な言葉を、長くなるが引用したい。

フィリピン映画の中でバンサモロを表象するためには、オリジナルであれコピーであれ、何が原因でサバルタン（従属社会集団）と化してしまったのか、その理解が不可欠である。そしてこのサバルタン的アイデンティティを倒置するにせよ、維持するにせよ、映画がいかに利用されてきたかを理解する必要がある。自覚ある大人として映画を通してものを考える者は、映画というメディアに本来備わるイメージの政治的特性を認識しなくてはならない。政治的な力の源泉はどこにあるのか。特定の規範に従わない者たちを絶滅に導く覇権主義とは何か。そして歴史的、社会的、創造的、文化的、美学的資源を収奪して、『唯一のフィリピン人のアイデンティティ』として人工的なアイデンティティに強制的に統一しようとする。そこでは一つの国旗の下に、数多くのバンサ（民族）が歩んできたそれぞれの道を拒否し、自分たちの政治や経済を維持することだけが関心事なのである。

真に国民を表象する『国民映画』を創造するためには、バンサモロの政治的諸権利を受け入れなくてはならない。それはバンサモロ自身が、自らのイメージの創造を自分たちで決める権利を含んでいる(39)。

4　スールー諸島――フィリピンの南限の物語

『海の道』（シェロン・ダヨク監督）

さて映画を通してフィリピンの国土を北から南へと旅してきたわけだが、その旅の最後にフィリピンという国家の「南の最果て」についての物語を紹介しておこう。上述の『嘆きの河の女たち』と同じシェロン・ダヨク監督による『Halaw《海の道》』（二〇一〇年）は、フィリピン最南端、スールー諸島のタウィタウィを舞台に、対岸のマレーシア・サバ州へ危険を冒して不法入国する人々を描いている。主人公であるバジャウ族(40)でタガログ語の話せない兄と九歳の女の子の兄妹が住み慣れたタウィタウィ島を離れてマレーシア領のサバへ行こうとしているところから物語は始まる。そこへ人身売買のブローカーが現れ、二人の女性を騙して同じ船に乗せようとするが失敗する。同じ船にはそのブローカーの姪で純真そうな若い女性と水商売を生業としていると思われる密航の常連でもある中年女性、着の身着のままで仕事を求めて密航する男達らが乗り込む。バジャウの兄妹はサバにいるはずの母親を探しに行くのである。そして日暮れを待って古びた小さな発動機船は人々の淡い期待を乗せて出航する。途中休憩した小島ではブローカーの姪が借金のかたにブローカーの仲間からレイプされるという事件も起こる。淡い希望を乗せた船旅の始まりだったが、それもすぐに幻影となって消えた。そしていよいよ船はマレーシアの領海に入り、消灯すると乗客の間に緊張が走る。やがて国境警備隊に発見され、映画は乗客が逃亡するところで終わりとなり、以下のキャプションが続く。

フィリピンからマレーシアに渡る人間の数は記録がないので不明。しかし密航するために支払う仲介手数料で結局不法労働者は高いつけを払うことになる。女性の一部は監禁状態で売春を強要され、年間数千人のフィリピン人が強制送還される。国に帰っても彼らには何の保障もない。

ところで、映画の中でバジャウ族の少女がダンスをする場面がある。スールー諸島の支配民族であるタウスグ族を中心に伝えられてきた伝統的舞踊「パンガライ」である。ミンダナオ島西部とスールー諸島に広がるムスリム・ミンダナオの地域には豊かな伝統文化が継承されているが、なかでも伝統舞踊が有名である。ここではこのパンガライを少し紹介しておこう。

写真 66　『海の道』

写真 67　バジャウ族の水上集落

「アルンアルン・ダンス・サークル」は、パンガライの正統的なスタイルを継承し発展させている数少ないグループである(41)。腰をかがめたままで独特の摺り足で移動し、手は複雑に波打って、その指先は極限まで反らされ、激しく揺れる。バックに流れている音楽は、クリンタンガンという簡素な真鍮製打楽器の音だ。「アルンアルン・ダンス・サークル」創設者のリガヤ・フェルナンド・アミルバンサの経歴はとてもユ

写真68　リガヤ・フェルディナンド・アミルバンサとアルンアルン・ダンス・サークル

ニークである。生まれはマニラで父親はマニラ首都圏の元マリキナ市長、弟も元マニラ首都圏知事という政治一家の娘で、いわば生粋の低地キリスト教徒で、母語はタガログ語だ。大学時代にスールー海の盟主であるタウィタウィのスルタンの弟と知り合い、恋に落ちて結婚。その後一九六九年にパンガライの踊りに出会ったことが、その後の彼女の人生を決定的にした。スールーに住んでパンガライの研究を進める一方、スルタン家の一員として地元の伝統文化の保存と振興に取り組んだ。一九八三年には長年の研究成果をまとめて *Pangalay: Traditional Dances and Related Folk Artistic Impressions* を出版して、同年のナショナル・ブック・アワードを受賞している[42]。夫の死後一九九九年にマニラに移住し、アルンアルン・ダンス・サークルを設立して現在に至っている。

また、この国の人間国宝ともいえる「ナショナル・アーティスト」に映画監督として初めて指定（一九七六年）されたランベルト・アヴェリャーナ（一九一五年～一九九一年）の代表作に『Badjao: The Sea Gypsies（バジャウ――海のジプシー）』（一九五七年）という作品が存在する。映画はスールー諸島のホロ島を舞台に、バジャウ族の若きリーダーと、その宿敵タウスグ族の娘とのラブストーリーを、両部族の抗争を織り交ぜて描いた作品である。最後は部族間の争いを乗り越えて、若きリーダーがバジャウの後継者に選ばれる。バジャウ族といえば未開や貧困という偏見に満ちている中で、おそらく伝統的な固有文化の表象という意味では問題を抱えていたにせよ、六〇年前にバジャウのヒーローを描いて立派に娯楽映画を作っていたのだから、当時のフィリピン映画界の豊かさが想像される。

『海の道』に話を戻せば、同作品で特徴的なことは、フィリピノ語、英語、ビサヤ語、チャバカノ語（ザンボアンガ地方の方言でダヨク監督自身の母語でもある）、そしてバジャウ族の言葉が用いられており、古来より様々な民族が行き来をして混交した独特の多言語空間を有する海洋世界を巧みに表象していることである。フィリピンという近代国民国家の周縁で、境界線をノマド（遊牧民）のように行き来をする人々の存在、その流動性あふれる南限の海域の様子が活写されていて私たちの想像力をかきたてるのである。そしてさらにその先の南にはボルネオ島、そして同じく多様なインドネシアの多島海世界へと広がっている。

注

（1）二〇〇一年にデビューした台湾の男性アイドルユニット。日本のアニメ実写版『流星花園（原題：花より男子）』に出演してブレイク。

（2）『海上の道』は一九六一年の柳田国男の著作。日本文化の源を南方に求め、黒潮海流にのって北上し沖縄列島にたどり着いたと説く。

（3）臼井洋輔『バタン漂流記、神力丸巴丹漂流記を追って』叢文社、二〇〇一年。

（4）革命運動家アンドレス・ボニファシオが一八八二年に結成した武力革命勢力。

（5）イネ科の雑草。日本では一般的には茅（チガヤ）と総称され茅葺屋根の材料などになる。

（6）地理的に近い沖縄とフィリピンは歴史的に太い関係にあると言える。戦前に日本からフィリピンへ渡った移民の中で沖縄からの移民の占める割合が圧倒的に多かった。一九四〇年当時の資料によれば、フィリピン在住の一万九二八八人の日本人の内、沖縄県人が九八九九人と半数を超えていた。例えば漁業の世界では、フィリピンの複雑な海岸線と遠浅の海は、追込漁を得意とした糸満の漁師にとっては格好の漁場だったらしく、マニラにおける漁業の実権は沖縄の人々が握っていた。また戦後は米軍キャンプのある沖縄で多くのフィリピン人が働いていた。

（7）フィリピンにおける太平洋戦争の被害については第五章で詳述する。

（8）William Henry Scott, *The Discovery of the Igorots*, Quezon City, New Day Publishers, 1974.

（9）このイフガオ族の文化表象と「ふんどし」の問題はフィリピンにおいてもたびたび論争となってきた。映画関係で述べるなら、本稿でも紹介しているキドラット・タヒミックは、日常的にも、また彼の映像作品やパフォーマンス作品においても、意識的に頻繁にふんどしを着用して積極的にその伝統文化を表現している。しかしタヒミック自身はもともと低地タガログ族でイフガオ族ではない。そんなタヒミックが行っている行動に対して、しばしば先住民族側から批判、攻撃がなされる時がある。典型的な批判の語り口は、先住民族自身がふんどしを恥ずかしい文化の象徴と見なしていて、それをあえて外部の者が揶揄するようなかたちで公の場で使わないで欲しいというものである。

(10) 今泉光司『アボン 小さい家』パンフレット、アルゴ・ピクチャーズ、二〇〇七年。

(11) 宮本勝『ハヌノオ・マンヤン族：フィリピン山地民の社会・宗教・法』第一書房、一九八六年。

(12) Antoon Postma, *Mangyan Treasures*, Mangyan Heritage Center, 2005.

(13) Jurg Helbling and Volker Schult, *Mangyan Survival Strategies*, Quezon City, New Day Publishers 2004.

(14) 二〇〇八年当時に訪問した時の情報である。

(15) ネグリト系の少数民族。身長は低く、暗褐色の皮膚と巻き毛などが特徴的。「ネグリト」はスペイン語で小柄で黒い人の意味。

(16) パナイ島西部一帯で話されているオーストロネシア語族に属する言葉で、推定一〇〇万人ほどの話者が存在する。

(17) フィリピンは古代アジア最大の金の産地であった。ミンダナオのスリガオで発見された24Kの金の装飾品は一〇世紀から一三世紀に遡るとされ、スペインによる植民地化のはるか以前から先住民族の富の象徴であった。中国の歴史書『大明一統志』(一四六一年完成)には、永楽三年(一四〇五年)に呂宋(ルソン)から「土産黄金」が朝貢されたとある。これら古代フィリピンの金装飾の第一級品はマニラのメトロポリタン美術館やアヤラ博物館に展示されている。

(18) Gawad sa Manlilikha ng Bayan(The National Living Treasure Award)は、極めて重要かつ優れた伝統文化・先住民族文化(伝統建築、染織・工芸・装飾、伝統舞踊、口承伝承等)の継承者に贈る顕彰事業で、個人指定については日本の人間国宝に相当する。一九九三年の創設以来二〇一八年までに一六人が指定されている。

(19) 一九六九年に活動を開始しピーク時の一九八七年頃には二万五八〇〇人の兵士を擁した(ウィキペディアより)。非合法の組織であるが現在も活動を継続している。

(20) 現在でも大規模地主と小作農民や契約農民との抗争は絶えない。二〇一八年一〇月には全国サトウキビ農家連合会の組合員九名が何者かによって殺害される事件が起きた。「農民の窮状はずっと続いてきており……砂糖労働者については週に五〇〇〜七五〇ペソ(一一〇〇円〜一六〇〇円)というわずかな賃金で過酷な労働をしている」(『まにら新聞』二〇一八年一〇月二八日)。

(21)『Liwanag sa Dilim〈暗闇の中の光〉』(短編、二〇〇七年)、『Amok〈突然の錯乱〉』(二〇一一年)、『Posas〈Shackled〉《果て

しなき鎖》』（二〇一二年）。

(22) スペイン人の到来以前にも土着の祭祀や儀式といった祭りはあったが、フィリピンのフィエスタ文化がいまのように華やかになったのは、スペインとキリスト教の影響が大きい。現在ではフィリピン国内各地のコミュニティにおけるアイデンティティの維持発展にとって最も重要なイベントである。著名な作家であるアレハンドロ・ローゼスの著書 *Fiesta*（Quezon City, Vera-Reyes, Inc. 1980）は、生き生きとした写真とともにフィリピン人のフィエスタ文化を様々な角度から紹介していて、フィリピン文化の枠を理解する良い教材である。

(23) ナショナル・アーティスト（人間国宝または国家芸術家賞）は一九七二年に創設された。音楽、舞踊、演劇、美術、文学、映画、建築の七分野から選ばれる。二〇一八年までに合計七一三人が受賞している。映画部門では、ランベルト・アヴェリャーナ、ヘラルド・デ・レオン、リノ・ブロッカ、イシュマール・ベルナール、エディ・ロメロ、フェルナンド・ポー・ジュニア、マヌエル・コンデ、キドラット・タヒミックの八人。

(24) ビサヤ諸島のセブ州、ボホール州、ネグロス・オリエンタル州、レイテ州西部及びミンダナオ島西北部などで使われている言葉。タガログ語と文法は似ているが語彙はかなり異なる。

(25) Doreen G. Fernandez, *Palabas: Essays on Philippine Theater History*, Quezon City, Ateneo de Manila University Press, 1886, p. 6.

(26) 八世紀北西アフリカからイベリア半島に侵入したイスラム教徒に対する蔑称。しかしミンダナオのイスラム教徒は、その蔑称をあえて自らの民族の誇りを示す自称として採用している。

(27) サラ・ミンダナオ国際映画祭（Salamindanaw International Film Festival）は二〇一三年に第一回が開催された。

(28)「バンサ」は人民、国などの意味。「バンサ・モロ」でミンダナオ在住のムスリム、もしくはムスリムの国を意味する。

(29) ガヤトリ・スピヴァクはインド出身で現在は米国コロンビア大学教授。ポストコロニアル批評などで世界的に活躍している思想家。

(30) Guiterrez Mangansakan II, The Moro in Philippine Cinema, *New Durian Cinema　A Journal of Southeast Asian Cinema*, Salamindanaw Asian Film Festival, 2018, pp.40-41.

(31) 二〇一六年から開催されている Cinephilipino 映画祭（マニラ首都圏を拠点とするケーブルテレビ会社等が主催）に二〇一八年に出品された作品。

(32) 金子遊『映像の境域　アートフィルム／ワールドシネマ』森話社、二〇一七年、四二頁。

(33) 二〇一八年一二月九日にダバオの情報省事務所にてインタビュー。

(34) 俳優（一九三九〜二〇〇四）。「フィリピン映画界の王」とも称される。二〇〇四年には大統領選挙にも出馬したが次点で落選し直後に死去した。

（35）Nabifilmex は、ナブントゥラン・インディペンデント・フィルム・エキシビションの略。

（36）Wilfredo Magno Torres III, *RIDO Clan Feuding and Conflict Management in Mindanao*, Quezon City, Ateneo de Manila University Press, 2014, p.8.

（37）Rogelio Braga, Reading Women of the Weeping River: The Filipino Narratives of the Bangsamoro, *Tingug*（ザンボアンガのオンライン・マガジン）、二〇一八年四月二四日。

（38）ミンダナオの南ラナオ州マラウィ市で起きたフィリピン軍とイスラム国関連の過激派組織との戦闘。二〇一七年五月に勃発して戦闘は一〇月に収束した。この戦闘の影響で民間人一一〇万人が国内避難民となり、ミンダナオ全域に戒厳令が布告され、二〇一九年五月現在でも継続している。

（39）（30）参照、四九頁。

（40）バジャウ族はインドネシアの島々からフィリピンに広がる海洋民で、古くから「家船」を居住空間にする漂海民で知られている。現在では「海のジプシー」と呼ばれ、社会の最底辺を生きる先住民族である。映画の中でも差別されている様子が描かれている。

（41）パンガライは大衆にも人気があるため現代的にアレンジされ、電気楽器が用いられたり歌謡が伴ったり大きく変容している。地元の結婚式などの特別なイベントの余興として踊られる場合が多い。

（42）Ligaya Fernando Amilbangsa, *Pangalay: Traditional Dances and Related Folk Artistic Impressions*, Makati City, Ayala Museum, 1993.

第三章　地域映画（シネマ・レヒヨン）の創生

一　シネマ・レヒヨン

　これまで見てきたように、映画製作を通して地方文化のローカル・アイデンティティを再発見してゆくことはいまやある種の文化運動のようになっているが、そうした動きを新たに生み出し、また直接に後押ししてきたのが「シネマ・レヒヨン（Cinema Rehiyon）」という映画祭である。シネマラヤ創設三年後の二〇〇八年に映画祭事務局が立ち上がり二〇〇九年に第一回映画祭が開催されて以来、二〇一九年で一一回目を迎えた。先住民族文化の再評価を核に地方の固有文化振興の動きが高まっていたさなかに、シネマラヤの成功によるデジタルシネマの可能性が高まり、それを受けてＮＣＣＡ（国家文化・芸術委員会）のナショナル・コミッション映画部会議長であるマイク・ラパタンと副議長のテディ・コーを中心に、クロッシング・ネグロス文化財団を率いていたペケ・ギャラガなどを巻き込んでプロジェクトが開始された。「Rehiyon」は「地域」を意味するが[1]、フィリピンの国土行政区分で使われている。現在は国土全体を三つのブロックに分け、さらに一七の地域（Rehiyon）に区分している。本映画祭は作品のエントリーにおいてもこの地域区分法を用いており、地域のローカル・アイデンティティの発信という考えを明確に打ち出している。

二〇〇九年二月の第一回映画祭をCCP（国立フィリピン文化センター）でスタートさせたが、長編六本、短編四六本、そして会場も「ドリームシアター」という映画館というより映写室と言ってもいいほどの一〇〇席足らずの小さなスペースであった。しかし参加資格は地域文化振興という意味で厳格に規定されており、監督など中心的アーティストはその地域出身もしくはそこで育った者に限定され、地域の文化や地理自然を反映させた作品のみがエントリーできた。初回の六本はバコロド、ダバオ、ミンドロ、イロイロからの作品となり、マニラで上映された後、バコロド、ダバオ、ナーガ[2]、バギオ、カガヤン・デ・オロ、セブ、イロイロで上映された。第一回の開催時に謳われた宣言からは、関係者の並々ならぬ意欲が伝わってくる。

写真 69　シネマ・レヒヨン．

シネマ・レヒヨンは、フィリピン国内の全ての映画が一堂に会する初めての映画祭である。そこには新しい発見、可能性、多様性が現出している。そしてその多様性の中からフィリピンにおける『ナショナルシネマ（国民映画）』が生まれるであろう。[3]

フィリピンにおける「ナショナルシネマ」というコンセプトの実践的な展開は、このシネマ・レヒヨンというNCCAが実施する国策イベントを核にして展開されてきたが、そのムーブメントを胚胎させた草分け的な活動に「シネ・クラブ」というものがあった。シネマラヤ創設メンバーの一人で、CCP職員として映画部門を長年にわたって率いていきたエドワード・カバグノットは「シネマラヤへの道（The Road to Cinemalaya）」というエッセイの中で当時の様子を回顧している[4]。シネ・クラブは当初映画関係者やコアな映画ファンの非公式な集会として始まり、CCPの中にあるマニュエル・コンデの名前を冠した部屋に毎週土曜日に集まっては映画にまつわる様々なトピックを語り合っていた。エドサ革命後は「マルコスがハワイへ逃亡した後、エリート主義のイメージを壊し、新たなCCPのマネジメントを打ち立て」、マニラ中心のハイアート重視主義から地域のローカル文化を見直す動きへと舵を切っていった。そしてその活動をマニラ首都圏から離れて地方に広げることとなる。CCPには国立の交響楽団やバレエ団、民族舞踊団や劇団が所属してCCPを舞台に様々な活動を行っているが、それと同時に「アウトリーチ事業」と称して地域における文化事業の振興にも力を入れており、地方巡回派遣型の様々な事業を展開している。このシネ・クラブもそうしたCCPにおける地域重視の方針の中で活動範囲を広げてゆき、地域の映画人に刺激を与え続けて「ナショナルシネマ」創生へ向けての土台を作っていったものと考えられる。

シネマ・レヒヨンに戻るが、初年度と次年度はマニラで開催されたが、もともと映画業界のマニラ一極集中とそれに伴う覇権主義に対抗する目的で生まれた映画祭なので地方での開催を期していたが、ついに第三回からはマニラを離れミンダナオ島のダバオ、第四回はネグロス島のバコロドと地方開催が定着した。そしてその後のシネマラヤの発展、フィリピンのインディペンデント映画の隆盛と時を経るに従い、この映画祭もシネマラヤやそこから派生した多くの映画祭と並走するように回を重ねるごとに拡大して、二〇一九年の第一一回大会では長編・短編合わせて九八作品が上映されるほどの盛況ぶりであった。この映画祭を観察していると、現在国際的にも認知度を高めているフィリピンのインディペンデント映画が、既にマニラ首都圏の一極集中を克服し、フィリピン全土に「リージョナル・シネマ（地域映画）」、そして「国民映画」創成の動きとして広がり、その裾野の広さが映画の物語の豊富さと多様性、そして質の高さを支えていることがよく理解できる。シネマ・レヒヨンの合言葉である「ワン・カントリー、ワン・シネマ、ワン・フューチャー（国は一つ、映画は一つ、そして未来も一つ）」が示すように、国民映画が創生されている現場に立ち会っているような感覚を覚えるのだ。そんな二〇一九年の大会の様子を少し紹介しておこう。

会場となったのは、サトウキビ・プランテーションが有名なネグロス島だが、八〇年代に「飢餓の島」として激しい労働争議が繰り広げられたネグロス・オクシデンタル（西ネグロス）州ではなく、その反対側のネグロス・オリエンタル（東ネグロス）州の州都であるドゥマゲッティ市である。同市には開設以来一〇〇年以上の歴史を誇りアジア各国からの留学生も多いシリマン大学があり、同大学の講堂が上映会場となった。フィリピン全土から約二〇〇名の映画関係者、すなわちプロデューサー、監督、ジャーナリスト、プログラマー、映画専攻学生とその教師、そして主催者であるNCCAや支援者であるFDCPの幹部らが集結し、映画上映のみならず、各種セミナーやワークショップ、そしてネットワーキングのためのパーティーが五日間にわたって開催され、二四時間ノン・ストップの映画談義、映画三昧の日々が出現した。

短編作品は長編と比較して手軽に製作できるため、より実験的な作品や長編への導入となる作品など、今後の新しい傾向を占う意味でより参考になるので、短編作品に限定して紹介する。北部ルソン地域、中部ビサヤ地域、南部ミンダナオ地域と三つの地域ごとのセクションに分類されて紹介されたが、いずれの地域もそれぞれ映画コミュニティが存在しており、ルソンの場合は北ルソン・シネマ・ギルド、ビサヤの場合は西ビサヤ・フィルムメーカー・ネットワークなどが存在しているが、ミンダナオ映画祭やサラ・ミンダナオ国際映画祭に出品された作品の独創性、社会性、そして芸術性の高さが際立っていたように思えた。また前述のアーネル・バルバロナが創設したナビフィルメックス・フェスティバル（Nabifilmex Festival）からは三本もエントリーされており、ミンダナオ島の僻地ともいえる地方都市で、バルバロナに続けとばかりに映画に夢を託す若者たちの息吹が感じられた。

作品のテーマは多岐にわたる。マルコス時代戒厳令下の人権侵害、女性への暴力、国内内戦と避難民キャンプ、テロによるPTSD（心的外傷後ストレス障害）、麻薬戦争など暴力に関連するもの。そして自閉症青年のドキュメンタリーなど障がいをテーマにしたものやムスリム差別など社会課題を扱った作品。さらにはビサヤ地域に特有の超自然現象、シャーマン、人身供養や呪い、アスワン（吸血鬼）など超現実主義的様式の映像も多かった。特に新しい傾向を示す意味で興味深かった作品を二本だけ紹介しておこう。

『絆』（シャイラ・アドヴィンキューラ監督）

写真70　ティナラク織

『Tembong（絆）〈Connecting〉』（シャイラ・アドヴィンキューラ監督）は、サラ・ミンダナオ国際映画祭を経て出品された作品だが、先住民族のジェンダー問題を扱う意欲作。主人公はチボリ族の青年だが、性同一性障害に悩み、男ばかりの集まりを避けて女性専業とされる伝統的織物であるティナラク織にいそしむ。このチボリ族にとってのティナラク織の意味をモチーフにした映画『K'na the Dreamweaver《カナ、夢を織る人》』は前章で紹介したが、この作品の中では男性が織物をするという行為自体が呪いを招くと周囲から忌避される。しかし彼は亡くなった母親をしのんで織り続ける。途中、映像の画面が中央の水平線を境にして上半分が逆さに倒置されるシーンが何回かある。実験的な試みであるが、おそらく男と女が逆転した性の倒置を暗示しているのだろう。いずれにしても本作品は、先住少数民族ということだけでも差別される社会的状況の中で、同じ共同体の中でもLGBT問題によってさらに差別を受ける運命にあるダブルバインド（二重拘束）の存在を描いている。

『川』（バガネ・フィオラ監督）

もう一本は『Pulangui（川）』（バガネ・フィオラ監督）で、ミンダナオ映画祭を経て出品された作品である。冒頭のモスクと美しいアザーン[5]から始まり、プランギ（川）の滔々とした流れが映し出される。この作品のテーマは、『嘆きの川の女たち』で扱った隣接する部族間抗争の「リド」である（一一四―一一六頁参照）。主人公のイスマイル少年は母親と避難家屋で生活しており、もとの家に戻りたいが戻れない。他方、一筋の川を隔てて対岸には兄のアブドルが祖父と暮らす。この兄弟は何かの理由で隔てられてしまったのだが、祖父の言葉からはかつて部族間の激しい血の抗争があったことが明示される。そしてイスラム教の断食明けの大祭である犠牲祭の当日、イスマイルは川を渡って兄と久しぶりの再会を果たす。スローシネマ・スタイルによるゆったりとした白黒の画面と静謐な空気に包まれた美しい映像であるが、そんな静けさゆえに、過去に起こった血の抗争の過酷さがなおさら想像力を刺激し、さらにはその抗争がもはや日常と化しているという異常な現実の姿を淡々と描いているのが印象的である。ところでこの作品でさらに驚いたのは、エンドロールで流れるクレジットの中で、かつて内戦を闘った敵同士であるモロ・イスラム解放戦線とフィリピン国軍が並んで表記されていた点である。ほんの数年前までは泥沼化した内戦の中心地として混迷を極め、酷いときには空爆も行われていた土地で、一時は五〇万人もの国内避難民が発生。一七〇か所以上の難民キャンプで多くの人々が非常時の生活を強いられていた時もあった。しかし時代は移ろい、二〇一八年に同解放戦線とフィリピン政府の和平合意が成立し、二〇二二年にはイスラム自治政府が樹立されるという新たな政治状況・環境の中でこの映画が製作されたことがうかがえた。

この作品の舞台となっているのはミンダナオ島西部マギンダナオ州のカブンタランという村であるが、ここはミンダナオ西部をえぐるように内湾を形成するイリャナ湾に流れ込む川をいただくリガワサン湿地のど真ん中であり、ここを拠点とするミンダナオのムスリム主要民族の一つであるマギンダナオ族の故郷である。ところで筆者はかつてこのリガワサン湿地にある別のパイドゥー・プランギ村で「イパット」というマギンダナオ族のシャーマンによる伝統的な儀式に参加したことがある。主宰したのは本書でもたびたび登場するグチェレス・マンガンサカン二世。マギンダナオ王族の末裔である気品あふれる映画人・文化人である。彼はマギンダナオ族の伝統文化、特に祖先の記憶をいかに次の世代に伝えてゆくかということを考え尽力していた。ミンダナオは文化的に豊かで奥の深い島である。フィリピンにキリスト教が入って来る前からイスラム教徒によるスルタンが統治する王国が形成されており、さらにその前はアニミズムの世界が覆っていた。一九七〇年代から始まった治安の不安定化や開発の遅れは社会の荒廃を招き、フィリピンの支配的階層である低地キリスト教徒からは文化的にも後進地域と差別されるようになる。本来は豊かであるはずなのだが、特にイスラム教が支配的な村々ではイスラム原理主義の徹底した影響などで、伝統的な価値観がゆらいで文化体系が失われつつある。イスラム以前からマギンダナオ族に伝わる伝統的儀式である「イパット」は五年に一度行われる家族の祖先との交霊の儀式で、王家のそれは一週間から二週間続くこともある。シャーマンによって執り行われ、音楽やダンス、詠唱を伴う。音楽はクリンタンと呼ばれる銅製の打楽器を使用し、

写真 71　イパット

写真 72　ミンダナオ地方の川

憑依に至る激しい踊りが特徴である。七〇年代よりイスラム原理主義が浸透するに伴って、イスラムの教義と相容れない伝統的信仰や儀式はタブーとして封印された。敢えて儀式を行う者に対しては、イスラム分離主義者やその武装勢力、特にＭＩＬＦの司令官などが攻撃を加えるまでエスカレートするようになった。攻撃を恐れる一般住民は儀式を行うことを避け、やがて儀式そのものから人心が離れていったという。今その儀式を行える数人のシャーマンは皆高齢で、後継者はほんの数名のみとなってしまった。

そんな「イパット」において、塩水は欠かせない。シャーマン自身や参列者、そしてお供え物に塩水をかける。シャーマンの一人が語っていた。

我々の祖先は海からやって来た。今はその海から遠く離れてしまったけれど、こうして海の水を作って、はるかな昔を思い出す。

マギンダナオ族の神話によれば、彼らの祖先はかつて海の向こうからやって来た。集団のアイデンティティにつながる核心的な記憶は、こうした儀式を通して次の世代に引き継がれてゆくのであろう。この『Pulangui（川）』のテーマビジュアルとして挿入されるとうとうたる川の流れを見ていると、この川に沿ってやって来た遠い時代の民族の記憶が呼び起こされるように思えた。

『バレンジーガ――荒野の咆哮』（カウン・デ・ラ・クルーズ監督）

映画祭のオープニングを飾った『Balangiga: Howling Wilderness（バレンジーガ――荒野の咆哮）』（カヴン・デ・ラ・クルーズ監督）は、リージョナル・シネマ（地域映画）という概念をよく表している作品であると思われるので詳しく紹介しておきたい。そもそも本作は、やや権威主義化、商業化の傾向がみられ始めたシネマラヤに対抗する意味も込めて創設されたQシネマ・インターナショナル・フィルム・フェスティバルに出品されて、二〇一八年度に数多くの国内映画賞を受賞して話題となった作品である。

物語の舞台となったのはビサヤ地方東部のサマール島の町バレンジーガで、年代設定は一九〇一年。[6] 同年に実際に起こった「バレンジーガの虐殺」がメインテーマである。一八九八年に米国がフィリピンの主権をスペインから買い取って以来、国内各所で米国軍と米国支配に反対するフィリピン人抵抗勢力が戦闘をくりひろげることになるが、サマール島においても農村部におけるゲリラ闘争が激しく、当時の米国将校が自軍の犠牲者への報復として無差別虐殺を犯すという事件が起きた。この行為は二〇世紀に入って初めての米軍による虐殺、そして戦争犯罪として長く記憶に残ることになる。本作品は、その虐殺が行われたバレンジーガから逃れて旅をする八歳の少年クラスを主人公とする「ロードムービー」であるが、まずは本作品の背景にあるフィリピン人の米国への抵抗について記憶しておきたい。

写真 73 『バレンジーガ』

その上で本作に豊かな奥行きを与えているのは、ビサヤ地方特有の神秘的な世界観や土着信仰である。クラス少年は祖父と二人で母親のいる村を目指すが、その逃避行の過程で様々なできごとに遭遇する。そこに登場するのは森の精や謎のシャーマン、豚を犠牲にする儀式など神秘的イメージにあふれ、それをサマールの粗削りな手つかずの自然が包み込んでいる。さらに二人の旅に付き添って支えるのはフィリピンの農村を象徴する動物カラバオ（水牛）で、少年とカラバオとの微笑ましい交流も描かれる。旅の途中で遭遇した米兵によってそのカラバオは無残にも殺され、食べられてしまうのだが、体の肉をえぐられ、皮だけになったカラバオの体内に入って愛おしむ少年の姿が印象的である。こうした神秘主義的世界観を描く、ないしはそれを背景とする映画はビサヤ地方に特有の傾向で、第一〇回シネマ・レヒヨン映画祭のカタログに寄せたエッセイの中で、セブ出身の映画監督であるアラ・チョードゥリーは、「ビサヤの人々と彼らの超自然的な力への熱狂には、確かに何かがある。この国で最も激しい台風の嵐が通過するという許しのない過酷な自然現象、または宗教的な迷信や脱植民地主義への応答かどうかはわからないが、ビサヤ映画からマジックやミステリーといった要素が枯渇することはないであろう」と述べている。[7]

さらに本作品は、想像力の翼を大きく広げるような様々な超現実主義的な映像美にあふれている。特に冒頭と最後には、本作品のもうひとりの主人公と言ってもよいカラバオが、空を飛びながらその眼で地上を俯瞰するというシーンがある。動物を寓意的に、しかも神秘的に起用して寓話を作り出す手法は旧ユーゴスラビア出身でカンヌ国際映画祭の最高賞パルム・ドールを二度も受賞したエミール・クリストリッツァの世界を彷彿とさせる創造性である。またフィリピン実験映画とアート・アニメーションの先達であるロックスリーを起用して、実写にアニメを加えて色彩豊かな世界を描く実験的な手法も高く評価できる。とにかくクラス少年の旅の中に挿入される数々のエピソードが次から次へと想像を超える展開で、次のシーンにどんなことが起こるのかわくわくの連続である。

ところで本作品は前述のようにフィリピン国内の映画賞で高く評価されたのだが、その一方で、映画評価評議会[8]（Cinema Evaluation Board）が行った評価で例外的な「ゼロ」評価を受けて、一時メディアでも話題となった。よい機会であるので、この評議会による評価システムについて触れておくが、評価は芸術的価値の高いＡからＤに分かれていて、通常はＣかＤの評価を受けるのだが、特に芸術的価値に優れていて同評議会としてぜひとも鑑賞を薦める作品にはAが付けられる。そしてAの評価を受けた作品については、遊興税[9]として徴取された金額が作品の製作者に全額還元されるといったインセンティブが与えられることになっている。

本作品に対するゼロ評価を受けて、著名な映画批評家のノエル・ヴェラはオンライン新聞紙上で同評議会を批判した。特に先住民族と思われる人々がキリスト教と遭遇するシーンや、シャーマンが自慰をしたり、山羊を獣姦するシーンなどグロテスクな表現に対して、評議会側はカトリックや宗教を批判しているとその評価が低い理由を説明しているが、それに対して「なぜ政府機関である評議会が、キリスト教会を批判的に描く映画を非難するのか。そこには表現の自由はないのか。国家と教会は分離されているという憲法の原則は機能しているのだろうか」と根本的な異議申し立てを行った[10]。

こうして『Balangiga: Howling Wilderness（バレンジーガ――荒野の咆哮）』は、マニラ拠点の中央集権的な映画評価システムに根本的な疑問を投げかける契機となった。しかもそもそものテーマが反米・反植民地闘争における地方での反乱と虐殺であり、神秘主義といったビサヤ地方に特有な世界観を内包し、自然や人間以外の生きものを超現実主義的なスタイルで描いている。その自由で固有文化にこだわった映画スタイルから、様々な意味でメインストリームの映画スタイル、さらにはマニラの人々による支配的な映画界そのものに反抗する、極めて地域的なインディペンデント映画であり、シネマ・レヒヨンのオープニングを飾るにふさわしい作品であったと言える。

二　映画とツーリズム

昨今世界各地で映画と観光や地域おこしが結びつきを強めている。特色ある映画祭を開催したり、ロケ地としての利便を提供したり、地方の都市や村を舞台に映画を製作して外に向かって情報発信を行うことで、国内はもとより海外からの観光客を増やすなど様々な試みが行われている。カナダのケベック州モントリオールではニューヨークやパリのロケ地の代替として市政府あげて免税などの優遇策を推進。また東南アジアでは例えば、二〇一四年にマレーシアのジョホール州イスカンダル市に九三〇〇平方メートルの映画スタジオを備えた巨大複合施設がオープンした。日本でも内閣府知的財産戦略本部が推進している「知的財産推進計画二〇一七」の中で映画産業振興のためにロケ支援の強化が謳われている。例えば佐賀県はタイ映画のロケ地として実績をあげている。「四十七都道府県魅力度ランキング」ワースト二位の佐賀県であったが、二〇一三年に三七〇人だったタイ人観光客が二〇一五年には五一九〇人に急増して話題となった。

フィリピンでもこうした世界的潮流と歩調を合わせるように映画と観光とのタイアップが進んでおり、二〇一六年には「フィリピン映画テレビ観光決議（Philippine Film and Television Tourism Act）」が議決されてフィリピン映画テレビ観光局（Philippine Film and Television Tourism Authority）が設置された。地方で行われるロケにかかる経費についての免税措置や海外から来訪する映画製作者のビザ要件の緩和など、映画による観光振興を動機付ける数々の政策が施行された。またフィリピン観光局の主催による懸賞（アワード）事業も開始されており、二〇一八年三月には地方を舞台にした一〇本の作品に「映画ツーリズム（Cine Turismo）」賞が授与された。受賞作とロケ地は以下の通りである。

『Apocalypse Child（黙示録の子供）』（マリオ・コルネホ監督、二〇一五年）：バレア（ルソン島東海岸）

『Camp Sawi（キャンプ・サウィ）』（イレーネ・ヴィラモール監督、二〇一六年）：バンタヤン島（ビサヤ諸島）

『Sakaling Hindi Makarating（もし到着しなかったら）〈In Case They Don't Arrive〉』（アイス・イダナン監督、二〇一六年）：バタネス島（フィリピン最北端）

『I Found My Heart in Santa Fe（サンタ・フェで見つけた愛）』（ボナ・ファハルド監督、二〇一七年）：バンタヤン島（ビサヤ諸島）

『Kiko Boksingero（キコ――ボクサー）〈Kiko the Boxer〉』（トップ・ナザレノ監督、二〇一七年）：バギオ（ルソン島北部山岳地帯）

『Siargao（シアルガオ）』（ポール・ソリアノ監督、二〇一七年）：シアルガオ島（ミンダナオ北東部）

『Requited（報われる）』（ネリッサ・ピカディーゾ監督、二〇一七年）：ピナトゥボ山（ルソン島中部）

『Lakbay2Love（愛への旅路）』（エレン・オンケコ－マルフィル監督、二〇一六年）：サン・マテオ（マニラ首都圏郊外）

『Paglipay（慰め）』（ズィッグ・デュライ監督、二〇一六年）：ザンバレス（ルソン島北東部）

『Patay na si Hesus（神は死んだ）〈Jesus Is Dead〉』（ヴィクトール・ヴィラヌエバ監督、二〇一七年）：セブ～ドゥマゲッティ（ビサヤ諸島）

『シアルガオ』（ポール・ソリアノ監督）

これら映画の中で映画とツーリズムの問題を考える上で理解しやすい例として『Siargao（シアルガオ）』という作品を紹介したい。ミンダナオを描いた作品についてシネマラヤ出品作品を中心に、アイデンティティの再発見というテーマにそって前述の通り紹介したが、本作品は同じミンダナオを舞台にしているものの全く異なる文脈や趣向を有する。舞台となっているのはミンダナオ島の北東部にあるシアルガオ島で、そこはサーファーの憧れる「クラウド９」という中空のできる巻波が発生することで知られており、「クラウド９」はそのまま町の名前となって世界中からサーファーを惹きつけている。

写真74　『シアルガオ』

物語はそこを訪れる一人旅の女性が、久しぶりに帰省していたマニラで活躍する地元出身のミュージシャンの男性に遭遇して関係が生じたところから始まる。そこにその男性の元恋人が現れ、彼を中心とした三角関係が基軸になるが、最終的には彼は元彼女を選び、女性は別れた男のもとに戻ることとなり、さわやかな結末で終わる典型的なラブロマンスである。全編にわたってシアルガオ島の素晴らしい自然描写が強調されている。冒頭は空撮による海と沿岸の美しい光景から始まり、サーフィンのシーンが要所要所に挿入される。マニラなど大都会や海外から集まる若者が夜になるとパーティーで盛り上がる映像もあり、リゾートとしての魅力も満載である。そこには地元の生活が描かれることはなく、ほぼ完璧なまでにマニラによくいるスノッブたちの目線、美意識で描ききっている。本作品もテン17プロダクションというインディペンデント系製作会社で製作され、シナーグ・マイニラ映画祭を共同実施しているソーラー・エンターテインメント・コーポレーションによって配給された。

三　可能性を秘めた映画の町

『ある肖像画』（ロイ・アルセニャス監督）

映画に描かれた地方文化をたどってきた旅の最後に、フィリピンにおいて「映画の町」としての潜在的可能性を秘めた美しい町を紹介する。二〇一七年に開催された第三〇回東京国際映画祭のアジアの未来部門で上映された『Ang Larawan〈The Portrait〉』（以下、『ある肖像画』）（ロイ・アルセニャス監督、二〇一七年）は、フィリピンにおけるクラシック映画のロケ地への想像を喚起させる秀作である。一九四一年太平洋戦争開戦直前のマニラが舞台。偉大な画家であり父の最後の作品となった絵を巡り、没落してゆく家族とその絆の物語が、やがて日本軍に蹂躙されて破壊され尽すイントラムロス[11]へのオマージュを伴って展開する哀愁漂う作品である。原作はナショナル・アーティストのニック・ホアキンで、一九六五年にランベルト・アヴェリャーナによって一度映画化されているが、二度目の映画化でリバイバル作品として話題となった。

この映画で家族の物語を紡ぐ舞台となった実際の邸宅は、イントラムロスに存在する邸宅ではなく、タールという街に残るコロニアル（植民地）スタイルの邸宅である。タールは、火山観光で有名なルソン島南部のタール湖の南西にあるバタンガス州の古都。スペイン統治時代の一五七〇年代にマニラに次ぐ第二の拠点として開発が始まり、一七五四年のタール火山の噴火で一度壊滅した後、現在の高台の地に移転された。バタンガス州の州都として栄え、かつてアジア最大といわれたバロック調のタール大聖堂（一七五五年）や、バロン・タガログなどピーニャ[12]に施すきめ細かい刺繍で有名な古都である。街の中心の教会の前にある公園には、二〇世紀末の独立運動の際に初めてフィリピン国旗を縫ったと言われているマルセラ・アゴンシーリョの像が置かれている。この街は一九六九年に現在のバタンガス市に州都の地位を譲って以来斜陽期に入ったが、急激な開発がなされなかったため、街の中心部には多くのコロニアルスタイルの建築が残され、その内の何棟かは修復されて一般公開されている。『ある肖像画』のロケ舞台となった邸宅もその内の一軒である。同映画では、街路の撮影はイントラムロスで行ったが、完全なコロニアルスタイルの邸宅はすでにマニラに残されていないため、邸宅の外観と屋内の撮影は全てこのタールで行われた。

写真 75　タール大聖堂

タールはフィリピン人の統合の象徴であるタガログ語の故郷であり、街の中心には由緒正しいバロック大聖堂が鎮座し、それに見守られている。コロニアルスタイルの伝統的建造物群があり、古風かつユニークなフィエスタが存続し、伝統工芸（刺繍）やローカルフード（ニンニク醤油に付け込んだ豚肉の「タパン」が有名）に恵まれている。マニラから二時間半という中途半端な遠さも、グローバリゼーションの波に完全に飲み込まれていないという意味で、いまでは積極的に評価できるかもしれない。しかしこの町で外国人観光客はほとんど見かけない。今後フィリピンが順調に経済発展を遂げ、中産階級の層がさらに厚くなり、自らのルーツを振り返る余裕がもっとでてきた時に、このタールはさらに注目されるかもしれない。地元以外のフィリピン人ももっと多く訪れて欲しい街であるし、たくさんの外国人も誘致できるだろう。そのための施策は色々とあるだろうが、『ある肖像画』で麗しき良きコロニアル時代の邸宅を提供したように、映画産業への積極的アプローチ、ロケ撮影に対する様々なサービスや特典など、「映画の街」としての可能性を探ることもできるかもしれない。

注

（1）本書ではマニラ首都圏以外の場所を「地方」と記載する場合もあるが、「地方」には元来「都市と地方」といった対立概念的な意味や、「田舎っぽい」などのニュアンスを含む場合がある。「Cinema Rehiyon」にはそもそもそうしたヒエラルキーを克服してゆくという目的があるため、その日本語訳には「地方」ではなくより中立的な言葉である「地域」を用いる。

（2）ルソン島南部ビコール地域にある南カマリネス州の中核都市。同市には有力な私立大学アテネオ・デ・マニラ大学のナーガ校があり、同校にはフィリピンで唯一のアニメーション学科が設置されており、アニメーターをはじめとした映像分野のクリエーターを養成している。

（3）Teddie Co, *One Country. One Cinema. One Future. Cinema Rehiyon 10* カタログ、一三頁。

（4）Edward Cabagnot, The Road to Cinemalaya. Some Random Rants On Pinoy Indie Cinema, Culture 360 ASEF org.（オンライン・マガジン、二〇〇八年八月二九日）

（5）ムスリムに礼拝を呼びかける詠唱。多くの場合、拡声器を使い大音量で流される。一日に五回行われる。

（6）オープニング上映の会場となったシリマン大学が開設されたのも同じ一九〇一年であり、本映画上映のプログラマーの意図がそこに隠されている。

（7）Ara Chawdhury, *Mysticism and Visayan Cinema*, Cinema Rehiyon 10 カタログ、二二―二五頁。

（8）ＦＤＣＰ（フィリピン映画開発評議会）の傘下で評価を担当する。二〇〇三年に創設。

（9）通常はチケット代の上限三〇%が遊興税として地方政府に徴取される。

（10）Noel Vera, This is Not an Open Letter to the Cinema Evaluation Board, *BusinessWorld,* 2018.8.17.

（11）一六世紀にスペイン人たちによって建設されたフィリピンの首都マニラの最古の地区。

（12）「バロン・タガログ」はタガログ語を母語とする低地キリスト教徒タガログ族が着用するスペイン風の伝統的衣装。「ピーニャ」はパイナップルの葉脈繊維による伝統的織物。

第四章　フィリピン映画に描かれたポストコロニアルな風景やLGBT

一　映画に描かれたアメリカ植民地時代の残滓

『彼女の名前はガンダ』（P・J・ラヴァル監督）

インディペンデント映画を通して「わたしたちが本来あるべき姿」、「失われた自己」を求める声を探求することが本書のメインテーマの一つである。本章では「失われた自己」という認識を生み出す主因となった他者による植民地支配、特にアメリカによる植民地支配の歴史とその後遺症、さらにはそこから脱却しようともがき続けるフィリピン社会を描く映画をいくつか紹介する。

まずは現在進行形の未解決事件から話を始めたい。昨今ではシネマラヤなどのプラットフォームを中心にして続々と優れたインディペンデント映画が製作されている中で、良質なドキュメンタリー映画も登場するようになってきている。二〇一八年で一四回目を迎えたシネマラヤは、さらなる発展を期していくつかの新たな試みを始めたが、その一つがドキュメンタリー部門の創設である。その中でひときわ上映前に話題となっていた作品があった。『Call Her Ganda（彼女の名前はガンダ）』は、二〇一四年に起きた米国海軍の軍人によるトランスジェンダー

写真 76 『彼女の名前はガンダ』

女性殺害事件をテーマにした作品である。監督は米国生まれのフィリピン系アメリカ人のＰ・Ｊ・ラヴァル。二〇一八年ニューヨークで開催されたトライベッカ映画祭で初公開された。

ジェニファー・ロード、愛称ガンダ（フィリピノ語の〝マガンダ〟（美しい）を省略した自称）は、オロンガポ市のディスコバーで米国軍人にホテルに誘われ、その部屋のトイレの中で殺害死体となって発見された。オロンガポ市にはかつて米国の海軍基地があり、フィリピンへの返還後も「訪問米軍に関する地位協定」[1]（ＶＦＡ）によって米国海軍の寄港地としてにぎわっている。目撃情報やホテルの監視カメラからすぐに犯人が確認されて起訴された。その後様々な理由や妨害で裁判が延期され続けたが、二年後の二〇一六年に一審が結審。被疑者自身殺害を認めたが、不慮の殺害ということで懲役六年が言い渡された。不思議なのはその後の展開で、判決が下りてすぐに国家警察に身柄が引き渡されるはずが事態はそこで膠着し、結局犯人の身柄は警察（刑務所での拘留）に渡らずに、マニラ首都圏のフィリピン国軍キャンプ・アギナルドに搬送され、そこで米軍の監視下に置かれた。そしてそれから二年以上が経過し、二〇一九年五月時点でも同キャンプに留め置かれた状態で未解決が続いている。

本作品の主題は、フィリピンの裁判所が判決を下したにもかかわらず、米国軍人の保護を無条件にごり押しすることよって判決を無視するアメリカ政府、そして国家の司法システムそのものに挑戦するアメリカの言いなりになるフィリピン政府の不正義に対する告発である。しかし物語を複雑にしているのは、本件の犠牲者がトランスジェンダー女性であり、この事件をきっかけにＬＧＢＴ差別と闘うコミュニティと、ＬＧＢＴフォービア（嫌悪）の勢力が真っ二つに分かれて対立したことにある。本件発覚当初は、被害者の死体が便器の中に顔を突っ込まれた状態で発見され、生々しい写真とともに報道されてセンセーショナルな扱いであったが、やがてＬＧＢＴフォービア側からＳＮＳなどで「神は二種類のジェンダーを創った。それに背くものの報いだ」などの攻撃が激しくなる。それに対してフィリピンの、そして世界中のＬＧＢＴが立ち上がって反論、「All of Me」[2]のプラカードを掲げて多くの市民がデモ行進した。米国による植民地支配への怒りにＬＧＢＴ差別への闘いが加わり、やがて大衆による街頭行進など反対運動が盛り上がりを見せた。映画ではトランスジェンダー女性で活動家のナオミ・フォンタノスが運動の先頭に立つ姿を追う。彼女はインタビューの中で、トランスジェンダーは太古より死者の魂の仲介者、シャーマンとしてフィリピン社会の中で重要な役割を果たしていたが、キリスト教が支配するようになると異教をひろめる魔女と断罪されて迫害され、結果フィリピン社会から抹殺されたというトランスジェンダーを被害者という観点から見た歴史を説く。西欧植民地支配によるトランスジェンダー女性の被害は、はるか昔にさかのぼる負の歴史の連鎖の中にあるという主張だ。

そしてこのドキュメンタリーを単なるセンセーショナルな事件ものとしてだけではなく、奥行きのある物語にしているのは、そこに登場する様々な女性の姿にある。最愛の娘を失った母親の怒りと告訴に踏み切り何年かかってもあきらめずに闘うことを誓った強い思い。その母親を支えるガンダの姉には、中学生にして既にカミングアウトしたゲイの息子がいる。また裁判を支える女性弁護士は、貧しい家庭に生まれて親からは教育の必要を否定されたにもかかわらず自らの努力ではいあがって弁護士にまでなった。さらにこの作品世界に広がりを与えているのが、米国在住のトランスジェンダー女性ジャー

写真 77　P. J. ラヴァル

ナリスト、メレディスの存在である。彼女は偶然ＳＮＳでこの事件を知り、ラヴァル監督と連絡をとりあってフィリピンへ赴きインタビュアーとして本作品の中で重要な役割を担った。米国生まれの監督、米国在住のトランスジェンダー女性が中心となり、アメリカ社会から支援金を募り、米国支配による現代社会にも影を与えている植民地遺制をフィリピン社会に、そして世界に向けて告発している。[2]

ところでフィリピン人はアメリカに対して本音ではどのような思いを抱いているのであろうか。少し古い作品であるが、その複雑な思いを生き生きと描いた小説で日本語に訳されたものがある。『我が心のアメリカ』という本で、一九三〇年代にアメリカに移住して同地の人種差別と闘い人権運動と創作活動に打ち込んだ作者自身の経験に基づく物語である。その中で主人公は徹底的な人種差別に苦しみながらも「自由の国アメリカ」で理想を求めることをあきらめない。アメリカへ移住するフィリピン人の原体験の思いを示すものとして貴重な言葉である。

この信念は敗北と成功から生まれ育ってきたものであった。それは悪戦苦闘の毎日、この広い土地に落ち着く場所を求め、豊かな土をあちこちで掘り、貨物列車に乗って北へ南へと飛び歩き、汚い賭博場で食物を恵んでもらい、読書をして英雄の思想の世界に目を開いた、あの日々の中から形づくられたものであった。それはまた、アメリカにいる友達や兄弟、それにフィリピンにいる家族の、犠牲と孤独から生まれたものであった。アメリカを知ろうという願いから、生れ育って来たものであった。我々の抱負から生まれ出た「善なるアメリカ」に対する信念は、何がどうあろうとも、もはやゆらぐことはないだろう。[3]

アメリカの植民地になってから多くのフィリピン人が移住を果たし、在米フィリピン人の人口は約四〇〇万人と推定されている。現在も海の向こうの親類縁者を頼ってぞくぞくとフィリピン人が訪米するか、移住をしている。そしてアメリカこそが、出稼ぎ大国フィリピンから見た「約束の土地」であるのだ。『我が心のアメリカ』では、人種差別で散々な目に会わされてもなおかつ善なるアメリカを信奉し、そうした苦難の日々さえノスタルジックに回想する作者自身の心の葛藤がよく表されている。

しかしフィリピンは九〇年代の初め、植民地支配の面影を引きずったアメリカとの特殊な関係にけじめをつける歴史的な岐路に立たされた。第二次世界大戦後、それまでアメリカに対してアジアで最大規模の米軍基地を提供し続けてきたが、一九九一年にクラーク空軍基地を、そして一九九二年にはスービック海軍基地を相次いで奪還した。無論基地返還に対する反対派も多くいたが、多くの国民に支持されて、ときのラモス政権によって思い切った政策転換が行われた。それ以来、アメリカ崇拝一辺倒といわれた文化的嗜好にも徐々に変化が現れて、自分たちの国の伝統文化に対する関心も高まっていった。ちなみに現在二つの基地の跡地は、自由貿易港や経済特区として、この国の経済を支える大動脈として新たな役割を担うようになっている。今フィリピン人がアメリカを見つめる眼差しは、『我が心のアメリカ』でも描かれた憧れの移住の地か、はたまた憎悪すべき帝国主義の元宗主国かという単純な二律背反的なものではなく、その両方が複雑にからみあったモザイクのようなものになっている。

1 旧植民地のアメリカへの思い

『I America』(アイヴァン・アンドリュー・パヤワル監督)

映画の中でもその複雑な心境は色々なかたちで描かれてきた。米軍基地の撤退後に起きた、もしくは今も続いている課題をテーマにした作品を紹介する。二〇一六年のシネマラヤに出品され、同年の第二九回東京国際映画祭でも上映された『I America(私——アメリカ)』(アイヴァン・アンドリュー・パヤワル監督)は、米軍兵が残したいわゆるアメラシアン（アメリカ人とアジア人の混血）の物語で、舞台となっているのはまさに前述の元基地の町である。CMモデルなどをしてマニラで働いているエリカは海軍基地のあったオロンガポ市生まれ。父親がアメリカ人、母親はかつて娼婦で現在は自らストリップクラブを経営しているが、エリカはその母を憎んでいて帰省しても実家には寄り付かない。エリカが実の母のように慕っている女性もかつては娼婦をしており、現在は多くの身寄りのないアメラシアンを養子にして集団生活している。

写真 78　『I America』

そんなエリカの元に父親と名乗る米国人がやって来て、彼女をアメリカに連れて帰りたいと名乗り出る。しかしエリカがパスポートを取得する過程で彼が実の父親ではないことが判明。それでもエリカは娘を装ってアメリカに渡りたいと泣いて男にすがる。しかし男には実はもう一人のフィリピン人の娘がいることが判明し、さらにはエリカの実の姉との性行為で妊娠したことが発覚し、実の娘、偽の娘（エリカ本人）、妊娠した姉らがその男を責め立てる悲喜劇の様相となる。しかし結局エリカは長年の夢であった渡米をあきらめて気持ちを新たにする。最後のコマーシャル撮影のシーンでは、名前を尋ねられたエリカが「I Am Erica（アイ・アム・エリカ）」と笑顔で答える。これはタイトルの「I America」に隠されていた「I Am Erica」（私はエリカ）が明らかになる瞬間であり、半分アメリカ人であるというアイデンティティよりも、自分自身であることに誇りを持って生きてゆくのだという宣言に見て取れる。

米国による植民地支配の遺制という重い社会的テーマに切り込んで、それでいてところどころコメディ仕立てにして誰もが楽しめる内容の作品にはなっているが、この作品全体を覆う諦念のようなものに違和感を覚えずにはいられない。まず、エリカを連れにやってきた米国人男性がエリカを捨てることについて謝罪をするが、エリカは「私はあなたを憎んではいない」と言って決してその男性を責めない。それどころか、ここが本作品の一つのクライマックスだと思われるが、実の娘ではないと判明した後、もともと彼女が偽装して男性を騙そうとしたわけではないのに、エリカのほうから泣いて詫び、「偽の娘でも構わない、自分はあなたの世話なら何でもするからどうかアメリカに連れて行ってくれ」と懇願する。フィリピン社会のアウトローである娼婦を母親に持ち、圧倒的強者である米国軍人がことのはずみで父親になったという状況について、当事者であるエリカはただただそれを受け入れる以外にはなく、そうした不公正な状況自体をどうすることもできない哀しさ、空しさが本作品の通奏低音となっている。

2　独立とは何かを問う映画

『独立』（ラヤ・マーチン監督）

次にアメリカによる植民地問題を、時代をさかのぼって独立戦争の時代について描き、その独特なスタイルから、植民地主義からの精神的脱却を多元的な方法で訴えた作品を紹介する。ラヤ・マーチンは二一歳の時に短編映画を発表して以来、自分自身にとって映画製作とは自らのアイデンティティを再定義する表現の模索の連続であったと言える。幸運にも恵まれて二五歳の二〇〇九年には早くもカンヌ国際映画祭の「ある視点部門」に出品する機会が巡ってきて、『Independencia（独立）』を発表した。タイトルの文字通りの意味は「独立」であるが、本作品は内容的にはアメリカとの独立戦争時代を描いていると同時に、製作方法そのものがある意味現代におけるアイデンティティの再解釈、それによる西洋的な世界観からの精神の独立を目指しているものと解釈できてとても興味深い作品である。

二〇世紀初頭、アメリカの植民地支配が本格化してフィリピン国内各所にアメリカ軍の兵士が深く入り込み始めた時代のとある母と子の物語から始まる。二人は米兵から被る恐れのある危険を回避するために森の中に疎開する。そしてある日その森の中で息子が米兵にレイプされて傷を負った女性を救い出し家へ連れ帰り、そのまま同居するようになる。やがて母親は亡くなり、息子はその女性と結ばれるが、女性はレイプの結果、身ごもってアメリカ人との混血の男の子をもうけることとなる。その後も米兵が近づく恐怖のもとで暮らしていたが、ある日、男の子は嵐によって両親と家を失ってしまう。森の中を彷徨う男の子は米兵につかまるが、父親から米兵はモンスター(ハリマオ)と諭されていたため、恐怖心から逃げ出して最後は岩の上から身投げをする。アメリカ人の血を受けついでいながら、もちろん男の子はそんなことは自覚していないだろうが、フィリピン人の父と母のあとを追うという結末である。

この作品ではフィリピン人によるアメリカへの抵抗の様子はいっさい描かれておらず、森へ疎開してひっそりと暮らす家族の様子のみが描かれているのだが、物語の中盤あたりに突然反米独立運動を映した古い実写映像の断片が映し出され、本作品の物語構造を相対化してパロディーであることを示唆する。この作品の背景には米兵に対する恐怖心があるが、史実では、一八九九年から一九〇二年の三年間だけでも、フィリピン独立軍との戦闘や〝反乱軍〟鎮圧、さらには虐殺によってルソンとビサヤ地域で二万二〇〇〇人のフィリピン軍人と推定約五〇万人の民間人、ミンダナオのムスリム一〇万人が殺害されたという。[4] その数は三〇〇年以上にわたるスペイン植民地時代において反乱鎮圧のために殺害された犠牲者数をはるかに上回っており、当時のアメリカ軍の攻撃がいかに過酷であったか想像にかたくない。フィリピンとアメリカの関係の源泉、その根っこにはこの大規模な殺戮、そしてその犠牲者の総数が不確定であるという事実が横たわっている。しかしアメリカにとって初めての海外植民地であったフィリピンは、いわばアメリカ人による植民地経営の実験場であり、自らの支配を正当化する意味においても、占領後はフィリピン国内の教育制度の整備を進めたが、そこで教えられた〝歴史〟には上述の侵略の生々しい史実は消し去られ、その影響もあって大量殺害の事実や恐怖心というものがいつしかフィリピン人の記憶から失われていった。[5]

さらにこの作品がユニークなのはその製作スタイルにある。全編白黒モノトーンであるが、森でのシーンなど全てスタジオ内のセットで撮影された。木々に覆われたジャングルやそこを流れる川は全て作り物で、鳥や水牛はそのスタジオに運び込まれた。アメリカ文化を象徴するハリウッド式のスタジオ・システムは戦後フィリピンにも導入されて多くの作品が製作されて一世を風靡することになるが、そうした映画そのものが実は西洋から非西洋を見るときのエキゾチックな視点にあふれており、文明社会が非文明社会を啓蒙してゆく道具として機能していたとも言える。マーチンがここで試そうとしたことは、そうした映画が与えられてきた役割そのものを批判的精神でパロディー化する試みであった。ハリウッド・システムに対する批判については、映画研究家で自身も監督としてシネマラヤにも出品したクロデュアルド・デル・ムンドの言葉に耳を傾けてみよう。

フィリピン映画の歴史は、幾世代にも渡るフィリピン映画人の闘いの歴史である。それは商業主義に基づいたシステムと、圧倒的な外国の影響力、特に『国民映画』の創生に破壊的影響を与えたハリウッドに対する闘いであった。[6]

『Independencia（独立）』は、アメリカとの独立戦争という西洋世界に抗った時代をテーマにすると同時に、それと並行して、ハリウッド式スタジオ・システムによる映画という西洋文明がつくり出したメディアを無批判に受け入れてきてしまった自らの歴史を相対化し、多少揶揄し、そうした行為によって批判的精神を示すという二重構造の上に成り立っている。

二　映画に描かれたＬＧＢＴ

1　主人公としてのＬＧＢＴ

フィリピン映画にはよくゲイが登場する。その多くはコメディ映画であるが、もはやフィリピンのコメディ映画にはゲイは欠かせない。シネマラヤ以前にも多くのゲイを主役にした映画はあるが、シネマラヤがスタートして最初の年に幸運をつかんだのはやはりゲイを主人公とする映画だった。二〇〇五年第一回コンペティション参加作品の中から国際的に高い評価を受けた作品が生まれたのだ。『Ang Pagdadalaga ni Maximo Oliveros《マキシモは花ざかり》』（アウラエウス・ソリート監督）はスラムで暮らすゲイ少年の淡くほろ苦い初恋の話である。

フィリピンではゲイはコミュニティにおいて欠かせない一要員としての居場所が存在し、笑いやペーソスを提供する貴重な社会の潤滑油である。主人公のマキシモ君は一〇歳に満たないお洒落なゲイ少年だが、スリで生計を立てる一家には不可欠の世話役。そんな彼がハンサムな警察官に恋をした。彼との出会いがマキシモの未来を変えるかにも思われたが、泥棒一家は警察とは対立関係にある。やがて自分の父親が、恋した警官の上司に目の前で殺されて自らの立場を悟り、彼の元を離れてゆくという物語。基本的には貧困と不条理という厳しい現実が横たわってはいるが、ソリート監督のカメラはマキシモの世界に自然に密着していて叙情性にあふれている。雑然さと混濁に包まれたスラムの環境と、清純さと洒落たセンスに包まれたマキシモとの対比がなんとも鮮烈な映画である。この映画はその後数々の映画祭で上映され、国際映画祭での受賞だけでも、モントリオール国際映画祭の Golden Zenith for First Fiction Feature Film（二〇〇五年）、ロッテルダム国際映画祭批評家賞（二〇〇六年）、ベルリン国際映画祭・テディアワード（ゲイ・レズビアン部門）作品賞（同年）。そして世界中のインディーズ映画人憧れの的、サンダンス映画祭（同

写真 79　『マキシモは花ざかり』

年）にも公式招待され、これまでに一〇〇か国以上で上映されている。

『ダイ・ビューティフル』（ジュン・ロブレス・ラナ監督）

それから約一〇年が経過し、二〇一六年第二九回東京国際映画祭のコンペティションに出品されて最優秀男優賞と観客賞を受賞した『Die Beautiful《ダイ・ビューティフル》』（ジュン・ロブレス・ラナ監督）も、ゲイを主人公にした良質なコメディ映画である。主人公であるトランスジェンダーのトリシャ・エチェバリアは、家族から絶縁されるが身寄りのない娘を引き取って育てつつ、念願のミスコンで優勝する。しかし喜びもつかの間、授賞式の途中で倒れてそのまま突然死してしまう。そんなトリシャの遺言は、埋葬前七日間にわたって行われる儀式で、毎日、ビヨンセ、ジュリア・ロバーツ、レディー・ガガなど海外セレブに似せた死化粧をしてほしいということだった。友人たちは彼女の遺言を叶えるべく日替わりでメイクをしてゆく中で、彼女が生きた差別や偏見に立ち向かった誇り高い人生を思い起こしてゆくという物語である。

写真 80　『ダイ・ビューティフル』

ラナ監督によれば、本作の製作を思い立ったのは前項でも紹介したジェニファー・ロード事件がきっかけであったという。映画祭で来日した際のインタビューで、「私が悲しかったのは、この事件後ＳＮＳ等で、『トランスジェンダーは殺されて当たり前だ』などの差別的な発言が多くあったことです。ジェニファーさんのようなトランスジェンダーを含め、性的マイナリティでも、みんな同じ一人の人間なんだということを伝えたいと思いました」と語っている。[7]

フィリピンではゲイのことを「バクラ」と呼んでいるが、バクラは『Ang Pagdadalaga ni Maximo Oliveros《マキシモは花ざかり》』が描く庶民階級から、『Die Beautiful《ダイ・ビューティフル》』が描く華やかな芸能の世界を含め社会の隅々にまで広く存在している。そこでは多くが愛らしく気配りのきくコミュニティの潤滑油といった役割を与えられ、映画や演劇の世界では主にコメディの主役級で活躍している。ただし、何故ゲイによるコメディ映画がこれほどまでに一般的に受けるのかについて、批判的な見解も多く存在する。文芸批評家のエマヌエル・レイエスがエッセイの中で書いているが、基本的に少数者への差別や偏見といった問題を抱えるゲイが社会に受け入れてもらうためには、自らその居場所や存在する意義を社会から承認される必要があり、そのため、ゲイは進んで社会の潤滑油になるべく自らを愛らしく偽装したり適応したりしなくてはならない。「社会にとって真に有益なゲイは、デザイナーや、美容専門家や、華やかなエンターテイナーといった典型的役割を担っている」のである。では、何故コメディなのか。それはフィリピンの社会において最も受け入れられやすいゲイのイメージが、ショービジネスで働き、活躍しているゲイであるからだ。それは裏を返せば、ショービジネスにおいては、彼らの外見や言動が〝普通〟の環境の中に放り込まれたらいかに滑稽かということをいわば売り物にしているのであり、例えばゲイである彼らがある状況に対して怒りを露わにすればするほど、それは笑いの中に回収されてしまって、同情や哀れみを誘うことはない。結果として、

フィリピン映画においてはホモセクシュアルを過剰と見なし、社会の逸脱として描き、抑圧されるべき非順応者と見なしてきたのである。[8]

社会からの承認という意味では、歴史をさかのぼれば、東南アジアにはトランスジェンダーのシャーマンが存在した伝統がある。既にフィリピンではその伝統は失われてしまったが、フィリピンのほぼ真南に位置するインドネシアのスラウェシ島の中心都市マカッサルから北に数キロのシゲリという村にはその伝統が今も残っている。女装した男性シャーマンはそこでは「ビス」と呼ばれており、彼は常に女装をしていて、つまり外見的にはオカマであるが、儀式になるとシャーマンとなり憑依状態になって真剣を振りかざして身体に突き立てる勇壮な祈りを司る。もともと女性が神聖な儀式を執り行う社会では、男性は女性の神聖性や、時に魔性というものを求めて自らすすんで女装をしたという。そしてジェンダーとしての性を越えた人々は神と人間との仲介者となったり、社会的弱者である女性の相談役や男女の仲介者となったりして、コミュニティの中で重要な社会的機能を持つようになったと考えられている。

『ペーパー・ドールズ』（トメル・ヘイマン監督）

こうしたフィリピン人のゲイ、ないしバクラは、フィリピン国内はもとより海外でも活躍している。ここで参考までにフィリピン映画ではないが、海外で活躍するバクラを主人公とした作品を紹介しておこう。埼玉県川口市にあるＳＫＩＰシティーは映像を中心とした総合文化施設だが、二〇〇四年に始まった国際Ｄシネマ映画祭は、デジタル映画の可能性にいち早く着目した映画祭である。海外からも多くの作品がエントリーしているが、二〇〇七年コンペティション部門に出品されて話題となり、二〇〇八年になってマニラでも公開された『Paper Dolls（ペーパー・ドールズ）』（トメル・ヘイマン監督）はイスラエル映画であるが、バクラが主人公の秀作映画である。イスラエルに出稼ぎに行きユダヤ人の老人介護をしながら生活するフィリピン人のバクラ四人組が、「ペーパー・ドールズ」というダンスグループを結成して助け合って生活していたという実話に基づいた異色のドキュメンタリー映画だ。世界の出稼ぎ大国フィリピンならではの実話だが、国際問題で非難の集中するイスラエルにも国内には深刻な高齢化問題があり、これからの日本を髣髴とさせるようにフィリピン人介護士がそれを支えていて、しかもそれがとても心優しいバクラたちなのである。

『ジェイ』（フランシス・ザビエル・パション監督）

ゲイを主人公とした物語は、『マキシモは花ざかり』以外にもシネマラヤのコンペティション参加作品の中に数多く存在する。シネマラヤの比較的初期の作品で評価の高かった『Jay（ジェイ）』（フランシス・ザビエル・パション監督、二〇〇八年）を紹介する。主人公のジェイは、テレビ局のディレクターでドキュメンタリー番組を制作しているが、同じ名前のジェイというゲイの英語教師がマニラの自宅でナイフによって殺害された事件を取り上げて番組を作ることになった。パンパンガの町にある彼の実家を訪れ悲嘆に暮れた母親と家族を取材して番組制作に取り掛かったが、映画では途中からその取材が真のドキュメンタリーではなく、ディレクターの演出、つまりやらせによる偽りの番組作りであることが暴かれてゆく。「お母さん、想像してみてください。あなたの息子ジェイは、アメリカにあなたを連れて行ってくれたかもしれない。あなたをこの貧困から救い出してくれる人だったのです。それが全て失われた。いまがあなたのチャンスです。心の中にある怒りを全て吐き出してみましょう。オーケイ？　撮影。アクション！」いわゆる劇中劇の手法である。殺害されたジェイは男性マッサージ師を自室に呼んでトラブルの末に殺されるのだが、実はディレクターのジェイも同様にゲイであり、殺されたジェイを悲劇のヒーローに仕立てるべく、彼の元恋人の男性にまでインタビューを迫り、ジェイという人間の虚像を作りあげてゲイの尊厳を訴えようとする。犠牲者の母親もまたしたたかで、ディレクター・ジェイのやらせの言葉にいいように乗せられつつも、自分を支援してくれる地元市長のインタビューを番組で取り上げること、つまり事件を政治利用することをジェイにね

じ込むなど見返りも忘れてはいない。悲嘆に暮れるジェイの葬儀の裏では、その市長からの差し入れであるレチョン[9]を参列者みなで楽しく食べるシーンも挿入される。

フィリピンのテレビニュースやドキュメンタリー番組では当時も今も犯罪者が逮捕直後にメディアの直接取材を受けたり、被害者の家族が顔出しでインタビューに応じるなど、日本と比較して被疑者や被害者、その家族のプライバシー保護の意識はあまり強くはなく、確かに露出する度合いが高い。しかしそれが演出であったり、真実を曲げて作られることも実際にはあるようで、そうしたジャーナリズムの倫理にはずれる行為が横行していると言われている。その意味で本作品はインディペンデント映画界からテレビ業界に向けられた異議申し立てとも言える。フィリピンに限らず世界的にもテレビの隆盛が映画産業の斜陽化を招いた大きな要因であるのだが、そうしたテレビの繁栄にはこのような倫理の欠如といった問題が常に横たわっている。物語の最後のシーンで、ディレクターのジェイが番組を完成させ自宅に戻る場面がある。その寝室には「ジャーナリストの倫理規則」と題した額が置かれており、主人公のジェイもまた理想と現実との間のアイロニーに翻弄されている弱い人間であることが示唆される。本作品は国内ではシネマラヤで最優秀作品賞、男優賞、編集賞などを受賞した他、海外でも評価が高く、バンコク国際映画祭やメキシコ国際現代映画祭などで受賞している。ちなみにジェイの恋人役で出演しているココ・マーチンは後に出てくるブリリアンテ・メンドーサ監督作品の常連俳優で、『ジェイ』に出演する前にも特にゲイ役として『Masahista（マニラ・デイドリーム）』（二〇〇五年）や『Serbis（サービス）』（二〇〇八年）に主演しているゲイ役のアイコンでもある。

写真81　『ジェイ』

『Babae』（シーグリッド・アンドレア・ベルナード監督）

映画の中のLGBTといえばゲイものばかりが注目を集めるが、シネマラヤでは、レズビアンをテーマにした秀作もしっかり生み出している。記念すべき二〇〇五年第一回シネマラヤにおける短編コンペティション部門では合計一〇本の出品作品の内、『Babae（女）〈Woman〉』（シーグリッド・アンドレア・ベルナード監督）が圧倒的に優れていた。マニラに敷設されている鉄道の線路脇に広がるスラムが舞台で、二人の幼馴染の女の子が一緒に暮らしながら成長してゆく過程でやがて愛しあうようになり、レイプで身ごもった一方の子供を二人で育ててゆくという物語だが、二〇分足らずの時間の中で完成度の高い作品を作りあげた。二人が愛情を育んでゆく姿がペーソスとユーモアに包まれて描かれ、そのバックに流れる民族楽器を使って現代風に軽妙な演奏をするマキリン・アンサンブルの音楽もいい。貧困、レズ、犯罪はフィリピン社会の底辺ではありふれすぎた素材でしかないが、ただそれを描くだけではなく、醜い現実から一片の真実を掬い取る方法を確かに獲得している作品である。

写真 82　『Babae』

『ロームとジュリエット』（コニー・マカトゥーノ監督）

またシネマ・ワン・オリジナルに出品された作品で、『Babae（女）〈Woman〉』と同時代に製作されたレズビアンに対する偏見や社会的圧力を描いた長編劇映画に『Rome and Juliet（ロームとジュリエット）』（コニー・マカトゥーノ監督、二〇〇六年）がある。物語はタイトルの通りシェークスピアの『ロミオとジュリエット』をなぞるがごとく、社会的要因によって果たされぬ恋の物語が、ここではLGBT差別に置き換えられている。主人公のジュリエットは貧しい家庭の長女。半身不随で話すこともできない父親を抱えて一家の大黒柱として保母をして働いているが、裕福な政治一家で彼自身議員になることが約束されたフィアンセがいる。他方ロームのほうは奔放な性格で若いボーイフレンドがいるが、どこか満足しない生活。そんな二人が出会い、やがて愛し合うようになる。ここからが本作品の核心だが、ジュリエットの心は、真の愛に不安を抱えたまま計画通りフィアンセと結婚して社会的地位を手に入れるか、心から愛を感じるロームに自分をゆだねるかといった二者択一の中で揺れる。しかし一度は後者を選んだものの、レズビアンに対する社会的偏見が二人を苦しめ、特にジュリエットの場合、保母は子供たちに見本を見せる立場であるという理由で仕事を失い、近所から「異常な」家族と蔑まれると母親にも激しく非難され、父親もショックによる心臓麻痺で失い、失意の中で交通事故にあって瀕死の状態を彷徨う。しかし最後は原作同様に生き返り、真実の愛を獲得するという物語である。誰もが知っている原作を翻案することによって、極めてわかりやすいプロットでレズビアンに対する社会的偏見の強さを描いている。なお本作はシネマ・ワン・オリジナル映画祭で主演女優賞（マイリーン・ディゾン）を受賞するなど国内映画祭で多くの賞を獲得して話題となった。

写真 83　*The Women of Malolos*

ただしゲイを描く映画に比べてレズビアンを取り上げている映画は圧倒的に少ないと言ってよい。その理由がレズビアン人口が少ないという事実があってそれに起因するのか、またはゲイに比べてレズビアンのほうがより社会的認知度が低く、偏見が大きいために表面に出にくいのか、今のところ筆者にはその回答の用意がない。レズビアンの問題に関連してフィリピンにおけるフェミニズム運動についても少し触れておこう。東南アジアでは一般的に女性の社会的進出が比較的進んでいると言われているが、フィリピンのフェミニズムの歴史について、その揺籃の物語について紹介する。「マロロスの女性たち」という物語だ。

一九世紀末のスペイン植民地時代末期、マニラの北にあるマロロスという町のフィリピン人、特に中国人との混血を中心とした有産階級の中から女性に対する教育への欲求が目覚め、一八八八年、二〇人の女性たちが女性のための夜間学校の開設を訴える嘆願状を当時の州知事に提出した。ちなみに日本初の女性職業作家である樋口一葉はこの年一六歳。このマロロスという町はその後一八九八年にフィリピン独立宣言後に初めての議会が召集された歴史上の町で、一九〇五年にはフィリピン・フェミニスト・アソシエーションも旗揚げされた。マロロスはいわばこの国のフェミニズムの聖地だ。なおこの物語については二〇〇四年に*The Women of Malolos*という本が出版されている。[10]

2　LGBT映画の牽引者

『オリバー』（ニック・デオカンポ監督）

自身もゲイであるニック・デオカンポは、「ホモセクシュアリティは政治的にも社会的にも様々な課題に直面しているが、本物のゲイ映画はそうした社会に新しい地平を開くものでなくてはならない」と説く。[11] 一九八三年に公開されたドキュメンタリー作品の『Oliver』[12]（オリバー）』は、一九八〇年代前半のマルコス政権の戒厳令時代にゲイ・バーで働いて家族を支えるオリバーが主人公の作品である。彼は一五歳で主に成人映画館で客を取る男娼となり、[13] やがて五〇〇ペソ（約一一〇〇円）の出演料でポルノ映画にも出演するようになる。そして撮影時にはゲイ・バーでストリップダンサーとなって、特に「スパイダーマン・ショー」で人気を博す。それは尻の穴にワセリンを塗って糸を入れ、ショーではそこから糸を吐き出しながら舞台を縦横無尽に動くことで体中に糸が絡まりつくというもの。

このショーにはリノ・ブロッカも熱狂して外国人の友人を伴って連夜来場したという。彼はそうやってパヤタス地区のゴミ集積場近くにつつましく住み、妻や子供、母親を養っていた。映画の中でオリバーは独白する。

いかに人生が厳しくても、僕の人生がこんなでも、僕より貧しい人たちがいる。

自分自身をホモセクシュアルともバイセクシュアルとも呼ぶが、自分の人生を生き抜くためにジェンダーのバリアーを超え、それでもどこかほほえましいユーモアのセンスを持つその語り口に、生命力の強さに圧倒されるのだ。そんな彼の独白は胸の底にずしりと響く。

写真 84　『オリバー』

『Oliver（オリバー）』に続く一九八七年公開の『Revolution Happen like Refrains in a Song（歌のリフレインのように繰り返し起こる革命）』においてデオカンポは、実際に世の中で起きた革命の記録と個人的なゲイの告白を重ね合わせることで、ＬＧＢＴというテーマが極めて社会的・政治的な課題であるということを世に問うた。その後も彼のライフワークの一つとして、映画におけるＬＧＢＴ表現の可能性を追求すると同時に、社会に対するＬＧＢＴ問題の告発者・啓蒙家として活動をしてきた。その啓蒙活動として代表的なイベントが「ピンク映画祭」であり、毎年継続して開催しＬＧＢＴについての社会啓発の中心的活動家としてアジアでも大きな足跡を残してきた。同映画祭の第一回は一九九四年、マニラ首都圏ビジネスの中心地であるマカティ市の核として毎

日多くの市民を集めるショッピングセンター「グロリエッタ」において、アヤラ財閥の支援のもとに開催された。(14)

一九九〇年代中頃はフィリピンにおいてもようやくLGBT問題が公に議論されて新しい光が当てられ始めた頃で、上記ピンク映画祭の始まりと時を同じくし、一九九四年にANVIL出版というフィリピンにおいて人文社会科学・文化芸術分野の出版界をリードする出版社から *Ladlad: An Anthology of Philippines Gay Writing*（ラドラド：フィリピン・ゲイ作品集）という本が出版された。「Ladlad」は曝け出すという意味のゲイ仲間によるタガログ語の隠語である。その序文の中で、編集者のダントン・レモトは以下のように書いている。

写真 85　ピンク映画祭

写真 86　*Ladlad: An Anthology of Philippines Gay Writing*

暗闇の後から光が訪れて、窒息するほどの小部屋から出てきた後は、その暗闇が単なる影であったことを悟るのだ。〝カミングアウト〟することとは、それぞれの性の嗜好を受け入れること。（中略）そう、何度神に祈ろうとも、何人の女性と交わろうとも、本当の私を変えることはできない。(15)

この序文によって編集者のレモトは、当時おそらく自らゲイであることをカミングアウトしたように、ゲイ文学とゲイカルチャーを世間に向かってカミングアウトしたのだろう。その後この本は予想外の反響を得て、一九九六年に同じ出版社から *Ladlad 2* が出版された。そして、いまやゲイ文学は国立フィリピン大学などでも教えられるような〝メジャー〟な存在になり、さらに二〇〇七年には *Ladlad 3* が出版されている。

『シャシャ・ザトゥーナ』（ジョエル・ラマンガン監督）

そんなゲイカルチャーに対する世間の視線の変化を決定的に象徴づけたのが、二〇〇六年に国立タンハーラン・ピリピーノ劇団によって制作されたスーパー・オカマ・ヒローを主人公にしたＳＦミュージカル・コメディ、『Zsazsa Zaturnnah（シャシャ・ザトゥーナ）』であろう。原作はアメリカ風のコミック・ブック[16]（カルロ・ベルガラ作）。主人公のゲイの美容師が、ある日突然空から降ってきた「ザトゥーナ」という石を飲み込んだところ、強大な力をもつ絶世の美貌のスーパー・ヒロイン「シャシャ・ザトゥーナ」に変身。「自由と真実と正義と沢山の素晴らしいヘアカラー剤を求め、彼女は新天地を守るべく、巨大ガエルや殺気立ったゾンビたち、ひいては男性を憎悪する女王フェミーナに率いられたＸ星のアマゾニスタたちとひるむことなく果敢に戦う」（映画の宣伝より）という破天荒なストーリーである。社会に必要とされる微笑ましい存在ではあるが、常に弱々しいアウトローであって、決してメインストリームになり得ないバクラが、ある日突然ヒーロー（もしくはヒロイン）になってしまうというパラダイム転換の物語だ。若者を中心にヒットして公演は連日満員御礼。チケットを入手するのが困難な作品となり、その後何度か再演を重ねた。さらにその後

写真87　コミック版『Zsazsa Zaturnnah』

に映画『Zsazsa Zaturnnah Ze Mooveeh《シャシャ・ザトゥーナ》』（ジョエル・ラマンガン監督、二〇〇六年）にもなって、二〇〇七年には東京国際シネシティ・フェスティバルで公開された。

3　ケソン市国際ピンク映画祭

ピンク映画祭のほうはその後毎回支援者を募り続け、場所を変えながらも継続して開催し続け、二〇一八年には俳優出身の市長であるハーバート・バティスタの支援を受けて「ケソン市国際ピンク映画祭」として開催された。国際部門も含めて長短合わせて六〇作品ものLGBT関連の映画が一〇日間にわたって三会場で上映された。この映画祭自体はシネマラヤより歴史が古いわけだが、デジタルシネマの隆盛を受けてますます参加作品のバリエーションは多様になっているようで、二〇一八年からは地方映画部門と学生映画部門の二つの部門（いずれも短編）が新たに創設された。地方映画部門とはマニラ首都圏外で、地方を舞台に、その土地固有のテーマ、言語によって製作された作品で、第一回では北部ルソンのカガヤン、南部ルソンのビコール（マヨン火山）、中部ビサヤのサマール、そしてミンダナオからは南部のザンボアンガともう一作品の五作品が上映された。

『アストリーとタンブラー』（クセップ・スアレス監督）

特にザンボアンガを舞台にした『Si Astri Maka Si Tambulah（アストリーとタンブラー）』（クセップ・スアレス監督）が印象的だった。ミンダナオ南部からスールー海の島々を中心に水上部落を拠点に家船を操る「海のジプシー」バジャウ族については既に触れてきたが、本作品はそのバジャウ族が主人公。若いゲイカップルのラブストーリーがバジャウの伝統的因習と交差する。アストリーは一六歳のトランスジェンダーの女性で、パンガライというスールー諸島の伝統的ダンスを小舟の上で実演して観光客から小銭を得てこつこつと貯金をしていた。目的は一つ年上のタンブラーと結婚するため。そこへ父親から初対面の女性との結婚を強いられる。バジャウの伝統では結婚は親同士の決め事で、しかも十代の若さで見知らぬ者同士が結ばれるというもの。それを知ったタンブラーが貯めた金を持って失踪した……かに見えたが、結末はその金でいち早く結婚式を開き、親の意思に反してアストリーと結ばれるという物語である。バジャウ族を主人公に、バジャウの伝統的因習を主題にすること自体がユニークな作品であると思われるが、ミンダナオのムスリムというだけで差別的視線にさらされる中で、最底辺の社会階層に属すると言われるバジャウの世界、さらにゲイやトランスジェンダーというマージナルな人々を描いている点で、非常に稀有な作品である。

学生映画部門はさらに新鮮な驚きを与えてくれた。五大学[17]から六作品が参加しているが、いずれの作品も監督は二〇代前半で、大学の学部もしくは大学院生による作品である。『Nik-Nik（ニックニック）』（ニックス・ベルナール監督）は六歳の幼稚園児（女の子）が早熟にも保母さんに憧れて最終的には〝失恋〟する物語。上映時に二四歳の監督は既にレズビアンであることをカミングアウトしているが、自らの子供の頃の経験に基づく作品だと語った。[18]『Apuhap（手探り）』（ラフ・エヴァンヘリスタ監督）は盲目の女性同士による淡い恋の物語。目が見えないというハンディキャップを持つことに加え、レズビアンに向けられる差別的視線を恐れ、二人はその恋心を抑えることを選ぶ。監督は製作当時二〇歳の男子学生で二〇分の作品の製作費は二万五〇〇〇ペソ（約六万円）。本作品で二〇一六年のシナーグ・マイニラ・インディペンデント映画祭で短編賞を受賞した。その他『Pua Lyam』（ホアン・パブロ・ピネダ三世監督）では中華系フィリピン人高校に通う高校生ゲイカップルが、家族・子孫の繁栄に大きな価値を置く華人の伝統との狭間で苦悶する物語や、『Sa Pag-agos ng Panahon（時の流れに）』（アニカ・ヤネス監督）は、トランスジェンダーの女性（生物的性は男性）とトランスジェンダーの男性（生物的性は女性）のラブストーリーを描いた。いずれの作品も真正面からＬＧＢＴへ向ける社会の偏見を取り上げており、大学からも支援を受けてはいるが（ロゴが付与されている）、まだまだ社会から十分に認知され、自然に受け入れられているとは言い難い。

とはいえ、フィリピンという国はＬＧＢＴを巡る表現の世界でははるかに日本より自由度の高い国であると言えるであろう。[19]

注

（1）訪問米軍に関する地位協定（Visiting Forces Agreement）は、一九九八年にフィリピンと米国との間で締結された。同地位協定の最大の特徴は、米国軍の構成員はフィリピン国内の公務中の犯罪について、刑事訴訟から保護され、裁判を含むあらゆる訴訟手続き中はその身柄は米国軍によって拘束されるという点である。

（2）フォード財団やオープン・ソサエティー等、米国の民間財団が資金援助している。

（3）カルロス・ブロサン、井田節子訳『我が心のアメリカ』井村文化事業社、一九八四年。

（4）Patrick F. Campos, *The End of National Cinema: Filipino Film at the Turn of the Century*, Quezon City, University of the Philippines Press, 2016, p.467.

（5）同右、四六九頁。

（6）Clodualdo del Mundo Jr., Looking for Philippine Cinema from the mid-1940s to the Present, *Centennial Anniversary of the Philippine Cinema*, p.79.

（7）「死化粧をセレブメイクで――フィリピン発トランスジェンダーの生涯描く『ダイ・ビューティフル』」web DICE、二〇一七年七月二〇日。

（8）Emmanuel A. Reyes, Gay and Reality Useful: Homosexuality in Philippine Cinema, *Notes on Philippine Cinema*, Manila City, De La Salle University Press, 1989, pp. 57-62.

（9）フィリピンの伝統料理である子豚の丸焼き。クリスマスや祝い事の際に家族・近親者、地域のコミュニティメンバーで会食する際の定番料理。大きさに合わせて一匹一万円程度から数万円まで。

（10）Nicanor G.Tiongson, *The Women of Malolos*, Quezon City, Ateneo de Manila University Press, 2004.

（11）（8）参照、六一頁。

（12）マニラのメトロポリタン美術館では常設展示で本映像作品が視聴可能なほか、二〇一八年に東京で開催された「アジアにめざめたら」（東京国立近代美術館、国際交流基金アジアセンター他主催）でも出品され、現代美術の枠組みの中で扱われることもある。

（13）成人映画館が男娼の買春の舞台となるテーマは、メンドーサ監督の『Serbis（サービス）』という作品でも描かれている。

（14）二〇一八年九月二三日、筆者によるデオカンポのインタビューより。アジアで最初のＬＧＢＴに焦点を当てた映画祭であると自ら語った。

（15）J. Neil Garcia, and Danton Remoto, *Ladlad: An Anthology of Philippines Gay Writing,* Quezon City, Anvil Publishing.INC.,1994.

（16）Carlo Vegara, *Ang Kagila-gilalas Na Pakikipag sapalaran Ni Zsasa Zaturnnah Collected Edition,* Makati City, Visual Print Enterprize, 2003.

（17）国立フィリピン大学、ファーイースタン大学、デ・ラ・サール大学、イースト大学、マプア大学の五大学。

（18）二〇一八年一一月二四日、シネマ・センテナリオでの上映後のアフタートークでのコメント。

（19）「東南アジアのクィア映画」というコラム（石坂健治他監修『アジア映画の森』作品社、二〇一二年、二一二―二一九頁）の中でプロデューサーの松下由美もフィリピンは「クィア映画に関してアジアで、あるいは世界の中でも最も開かれた国と言えるかもしれない」と書いている。

第五章　フィリピン映画と日本

一　戦争の記憶

本書のテーマはインディペンデント映画であるが、日本人である筆者がフィリピン映画について語る時、インディペンデント映画勃興の前史の中で日本とフィリピン映画との関わりがいかなるものであったのかを考察することは重要なことであるので、ここで少し書き記しておく。またそうした前史をふまえて、インディペンデント映画の勃興に伴って起きているフィリピン映画の中の日本の表象に関する新たな動きの意味もより正確に理解できるようになるであろう。

フィリピン映画史研究の分野で第一人者であるニック・デオカンポの数ある業績の一つに、フィリピン映画における植民地時代の外国映画からの影響に関する大系的研究というものがある。それについては三部作の著作があり、その第三部が日本をテーマにした著作でタイトルは *Eiga* である。[1] そこで扱われた内容を映像で解説したＤＶＤも発売されているが、冒頭から日本兵によるフィリピン人の斬首シーン（再現）があり非常に強烈なイメージを喚起させる。[2] 実はデオカンポ自身、日本との関係で言えばとても悲壮でショッキングな家族のライフヒストリーを背負っている。彼の祖父は日本軍によって斬首で処刑され、その影響で彼の父は抗日ゲリラに加わった。フィリピン中部のビサヤ地方パナイ島の中核都市であるイロイロで育った彼であるが、そうした暗い家族の過去とゲイという性的傾向の自覚も混じり、おそらく不安定な少年時代を過ごしたと思われる。[3] しかし彼の経験はフィリピンでは特殊なことではなく、比較的かなりの確率で多くのフィリピン人にも起こったことでもある。フィリピンでの日本人戦没者の総数は五一万八〇〇〇人であるが、フィリピン民間人の戦争犠牲者は一一一万人（戦後フィリピン政府の算定による）にのぼる。ちなみに一九三九年当時フィリピンの総人口は約一六〇〇万人なので、実に一二人に一人の割合で犠牲になった。デオカンポの祖父もその内の一人なのである。そして一〇〇万人以上と言われるフィリピン民間人の犠牲者を出した戦争の記憶は、七〇年以上経過してもこの国の人々の間で様々に語り継がれている。

写真 88　ニック・デオカンポのフィリピン映画史・三部作

デオカンポの『Eiga』ＤＶＤ版は自らの祖父の斬首シーンで始まり、日本によるフィリピン各地の侵攻を記録した映像、[4] さらには占領中の日本軍による戦争プロパガンダ作品である『あの旗を撃て』からの抜粋映像、[5] そして戦後に日本の占領時代をテーマに製作されたフィリピン映画『Tatlong Taong Walang Diyos（神が不在の三年）〈Three Years Without God〉』（マリオ・オハラ監督、一九七六年）と続く。当代一の人気俳優クリストファー・デ・レオン演じる日本人兵士がフィリピン人ゲリラに処刑され、彼の妻となったフィリピン人（同じく人気女優のノラ・オノール）が戦後周囲から迫害されて精神的に追い詰められて自殺するという悲劇である。そしてＤＶＤの終盤は、日本のフィリピン占領とその敗退に伴う最悪の出来事として人々の間で長く記憶されている「マニラの戦い」について、戦後に製作されたエディ・ロメロ監督（一九二四年生）による『Manila, Open City（マニラ――オープン・シティー）』（一九六八年）の映像を用いて詳しく説明している。

一九四五年二月三日にサント・トーマス大学の民間人収容所解放に始まったマニラ解放戦は、三月三日をもって日本軍が完全に掃討されるまで約一か月にわたり続いた。この間にマニラ市街は文字通り廃墟と化し、日本軍守備隊約二万名はほぼ全滅、米軍も約七〇〇〇名の犠牲者を出した。しかしなんと言ってもマニラ戦最大の犠牲者は、約一〇万にのぼると言われる非戦闘員・民間人であった。その恐らく七割が日本軍による殺戮と残虐行為の犠牲者、残り三割が米軍の重砲火による犠牲者だとされる。このように第二次世界大戦でワルシャワに次ぐ都市の破壊と言われ、また日米間で戦われた初めての、また最大の市街戦であったマニラ戦は、その結果の悲惨さゆえに、解放戦であると同時に『マニラの破壊』あるいは『マニラの死』とも呼ばれている。(6)

この「マニラの死」の様子は、*Warsaw of Asia: The Rape of Manila*(7)（アジアのワルシャワ――マニラの強姦）という本に詳しい証言が載せられている。マニラの旧市街には「非戦闘員犠牲者」一〇万人を追悼する祈念碑が立ち、いまも毎年二月に追悼式が行われている。

日本の占領時代をテーマに製作されたフィリピン映画については、モウェルファンド映画研究所に併設されている映画博物館でも「戦争時代の映画」というコーナーで、日本兵によるフィリピン人に対する拷問を描いた『Garrison 13（第一三駐屯地）』（グレゴリオ・フェルナンデス監督、一九四六年）をはじめ、『Sunset Over Corrregidor（コレヒドール島の夕日）』（一九四八年）、『Manila, Open City（マニラ――オープン・シティー）』、『Tatlong Taong Walang Diyos（神が不

写真 89　マニラ 1945 の記憶「非戦闘員犠牲者」の碑

写真 90　モウェル財団・映画博物館の日本コーナー

在の三年）』など代表作のスチル写真が展示されている。しかし日本による戦争にまつわる表象に与えられたスペースは、米国植民地時代の華やかな娯楽映画に彩られた展示室と戦後独立を果たして第一次黄金時代を築いたフィリピン国産映画の展示室をつなぐ薄暗い廊下であり、その廊下の突き当りには日本の憲兵と彼によってまさに今斬首されようとしているフィリピン兵の等身大に近い人物パネルが展示されている。まるでそこは戦時中にタイムスリップして拷問が執行されている洞窟に迷いこんだような不気味な錯覚に陥る空間である。

同博物館はフィリピンで唯一の映画専門博物館としてフィリピン映画通史の研究をふまえて展示されているもので、多くの映画関係者が関わっているのみならず、フィリピン国内および海外からの見学者も多く受け入れてきた場所なので、(8) フィリピン映画関係者のある意味総意の結晶であり、一般に「通説」として流通している映画の中における日本、より正確に言えば日本人が引き起こした戦争のイメージを最も象徴的に表しているとも言える。

1　日本に向けられる眼差しの変化

『コンチェルト』（ポール・モラレス監督）

七十数年前、つまり現代の十代の若者から見れば二世代から三世代前の国民の一二分の一を失い、親族係累に死者が存在しない家族を探すことが難しいほど夥しい犠牲を払い、それゆえに戦争の記憶はフィリピンの国全体を覆い、戦後の日比関係に暗い影を落としてきた。しかしフィリピン映画の第三期黄金時代を担う戦後生まれ、特に戦時中世代の孫やひ孫にあたる若い世代のフィリピンの人々が日本へ向ける眼差しは確実に変化している。

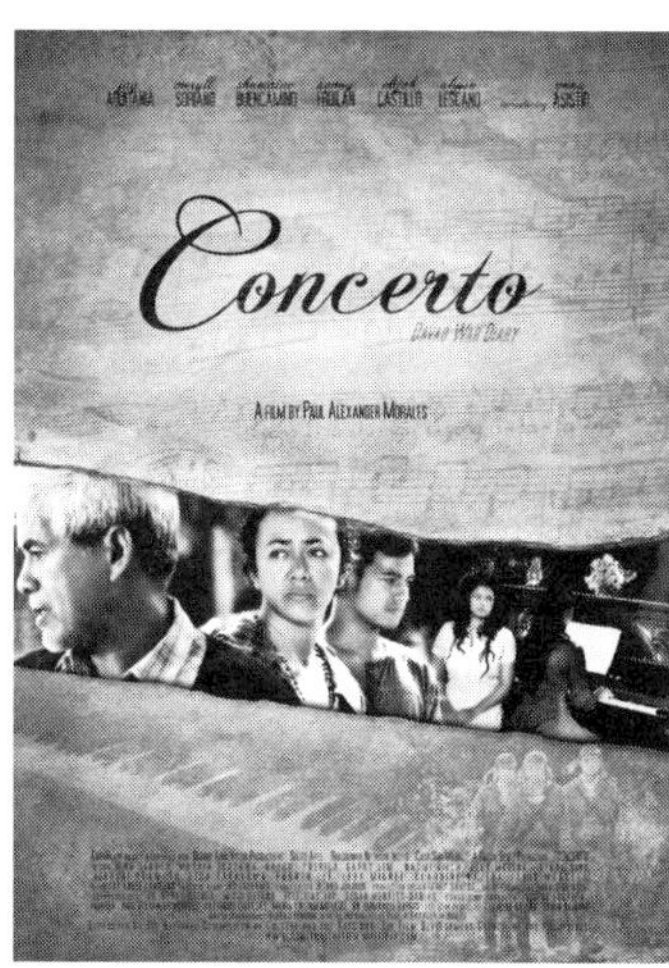

写真91『コンチェルト』

二〇〇八年の第四回シネマラヤに『Concerto（コンチェルト）』という作品が出品されて話題を呼んだが、この作品は日比文化交流史の中で戦争への眼差しの変容という点で重要な作品として位置付けられると思う。これまで度々映画の中でステレオタイプ化されて描かれてきた日本軍や日本との戦争というテーマに関して、全く異なる視点を提示した。この映画は、監督であるポール・モラレス(9)の曾祖父（つまり三世代前）の家族の実話を元に製作された。一家は日本軍のダバオ侵攻に伴って森の中に疎開するのだが、疎開先で出会った日本人将校が音楽家だったことをきっかけに交友を深める。そして戦争も末期となり、日本軍の戦況悪化に伴って部隊が駐屯地を手放して明日の命も知れない撤退を行うという最後の晩に、その家族が彼と仲間の兵士たちのために森の中でピアノの演奏会を開き、コンチェルト（協奏曲）を奏でるという美しいストーリーだ。戦争被害の甚大なフィリピンでこのように日本軍人を賛美するともとらえられかねない映画を作ることなど、おそらく数年前までは想像もつかないことであっただろう。

原作はモラレス監督の母親が書いた *Diary of the War : WWII Memories of LT. COL. Anastacio Campo*(10)（戦争日記——第二次世界大戦とアナスタシオ・カンポ中尉の記憶）という本である。そしてその本は、ポールの曾祖父で戦時中アメリカ極東陸軍のゲリラに合流して抗日戦を闘ったアナスタシオ・カンポ中尉の戦時中の手記に基づいて書かれたものだ。日本軍に発見されないように秘密の場所に保管されていたものが、カンポ家で二〇〇〇年に発見されたという。ただし、この映画の物語の元になった日本軍人との交流については、家族と疎開した日々やゲリラとしての活動、そして日本の憲兵隊から受けた拷問などが克明に描かれている全体の、たった一ページほどに書かれているにすぎない。しかしたった一ページのエピソードの記憶が、カンポ中尉の曾孫にあたるポールの想像の中で変容し、長編映画の中で美しい記憶として蘇ったとも言える。

なおこの原作の舞台となっているミンダナオ島のダバオという町は戦前の日本人移民の町として記憶されていて、今でも多くの日系人が住む町である。ルソン島バギオの「ベンゲットロード」の建設が一段落した後、それに携わっていた日本からの移民労働者たちはフィリピン全土に散らばっていった。そしてダバオでは麻（アバカ）農園が開拓されて活況を呈し、最盛期にはフィリピン全土にいた三万人の日本人の内、二万人がダバオで暮らしていたという。現代ではフィリピン在留邦人の数が一万三〇〇〇人（二〇〇六年当時）だから、その二倍以上いたことになる。いまは国際化という言葉をよく耳にするが、日比の人間関係について言えば、ある意味戦前のほうがむしろ国際化が進んでいたのかもしれない。ところがこの日本人移民労働者とその家族の生活を戦争が根底から破壊した。一五〇万人以上が亡くなったといわれる戦争の後、日本人である彼らはフィリピン人からの報復を恐れ、ある者は山中に逃れ、逃げずともその出自ゆえに社会の底辺に置かれ、日本政府の支援もなく文字通り「棄民」として艱難辛苦の日々であったそうだ。その様子は『ハポン——フィリピン日系人の長い戦後』という本に詳しく書かれている[11]。八〇年代になってようやく、日系人の困窮を目の当たりにした日本への帰還兵や元ダバオの日系人が中心となり、救済運動が始まった。NGOや宗教団体の支援のもとに日系人組織を作って生活支援や権利保護が行われた。今ではダバオ市内に立派な日系人会館があって会員は五五〇〇人おり、アジアで最大の日系人組織である。会員の中にはまだ一世も存命しており、既に五世の会員まで誕生している。

『イリウ』（ボナ・ファハルド監督）

また『Iliw（郷愁）』（二〇〇九年）という作品は、モラレス監督と同世代のボナ・ファハルド監督の作品だが、ここでは日本人将校自らが主人公となり美しい物語のヒーローとして描かれた。本作品も実話に基づいた作品とされているのだが、世界遺産で有名なルソン島北部西岸のビガン[12]を舞台に、その美しい街並みが、実はフィリピン人女性と恋におちた日本人将校の英断で破壊から免れていたという物語だ。モラレス監督もファハルド監督も製作当時三〇代後半。彼らにとっての戦争の記憶は、圧倒的な悲劇としてフィリピン国民に引き継がれてきた史実としての記憶と、パーソナルな家族の物語の中から、あるいは地元に残る物語の中からすくい取った甘美な記憶との間で揺れている。

写真92　『イリウ』の舞台となった街ビガン

『愛シテ、イマス。1941』（ジョエル・ラマンガン監督）

さらに同様に太平洋戦争をテーマにした作品として『Aishite Imasu 1941《愛シテ、イマス。1941》』（ジョエル・ラマンガン監督、二〇〇四年）は、インディペンデント映画ではなくリーガル・エンターテインメント社による製作であるが、フィリピン映画らしくゲイ（バクラ）が登場する作品である。日本占領時代を舞台に、当代の人気俳優であるデニス・トリーリョ演じるフィリピン人のバクラ青年が、当初は日本軍の動向を探るスパイだったはずが、逆に日本人将校に恋をしてしまうという物語。日本人将校と地元民との恋愛話は、タイの有名な小説でたびたび映画にもなった『メナムの残照』[13]を参照したストーリーだろうが、実はその現地人の恋人がオカマで日本人将校がゲイだったという、あきれたナンセンスぶりが非常にフィリピンらしい。東南アジアで最大規模の犠牲者を出したフィリピンだけに、日本の戦争の描き方は日本人＝悪といったイメージが主流であり、ステレオタイプ化された描き方がほとんどであっただけに、バクラというキャラクターを介してこれまでとは全く異なる戦争を描いた点では新しいといえる。ちなみにこの作品は二〇〇五年の第一八回東京国際映画祭で上映されている。

『朝日（旭日）の記憶』（ローレンス・ファハルド監督）

太平洋戦争におけるフィリピンでの戦いの悲惨さそのものを描くインディペンデント映画について、本稿執筆時点での最新の動向について触れておこう。本書でもたびたび取り上げるローレンス・ファハルド監督の『Memories of the Rising Sun（朝日（旭日）の記憶）』が二〇一九年四月に開催されたシナーグ・マイニラ・インディペンデント映画祭に出品された。約二一分の短編で全編が白黒の作品。第二次大戦末期、マッカーサー将軍率いる米軍がレイテ島に再上陸を果たしマニラに向けて進軍する中、戦局は急速に日本の敗北に向かっていった。山下奉文司令官が率いる大日本帝国陸軍第一四方面軍はルソン島山中への退却を余儀なくされたが、マニラから北へ向かう退却の途上においても、日本軍による数々の蛮行によって犠牲者は増加したと言われている。その退却の最中、フィリピン人の邸宅を日本軍が接収して臨時宿舎として使用していたが、そこは近隣の女性達を強制的に集めて集団で暴力、強姦をする残虐な館と化していた。映画はその数日間を描いている。ファハルド監督による暴力描写には定評があるが、筆者は本作の凄惨なシーンを見ながら、一〇年以上前に遡る自分自身の経験を思い出していた。

「赤い家」(バハイ・ナ・プラ)は、マニラから車で三時間、北ルソンに向かう幹線道路沿いのマパニケ村に残されている。マパニケ村は一九四四年一一月二三日、日本軍の総攻撃で住民の多くが虐殺され、多くの婦女子がレイプされたと言われている村だ。赤レンガで覆われた木造二階建ての家は、当時日本軍の宿舎として接収されていたが、一一月の総攻撃の日を境にして、おぞましいレイプ現場となっていった。この家からマパニケ村まで約三キロ。マパニケ村でのレイプの犠牲者によって結成されたマリア・ロラ[14]というグループは、当初九〇人のメンバーがいたが、既に二八人が亡くなって(当時)、足腰がいまだ丈夫でアクティブな会員は二〇人程度となってしまった。もっともレイプ被害を告白したのは犠牲者の一部で、名乗り出ることをいまだに拒んでいる人々も多いという。そのグループのリーダーをつとめるロラ・リタが、「赤い家」で私たちを待っていてくれた。以下は彼女の証言である。

写真 93　『赤い家』

その日は朝の六時から砲撃が始まった。砲撃などから生き残った者のうち、成人男性は村の小学校に集められて虐殺された。自分は日本兵に捕らえられ、この『赤い家』で一昼夜監禁されてレイプされた。

「赤い家」の後に訪れたマパニケ村の教会では、七三歳から八一歳までの二一人のロラが集まった。七三歳といえば、被害のあった一九四四年当時は一〇歳ということになる。想像を超える悲しい現実が目の前にあった。

「従軍慰安婦問題」は、一九九一年に韓国の金学順らが日本政府による公式謝罪と補償を求めて東京地裁に提訴したことから始まり、その後フィリピンでも名乗り出る人たちが現れた。焦点となっている政府の公式謝罪について、一九九三年当時の河野洋平内閣官房長官が政府の関与を認めた「河野談話」というものがあるが、問題の核心は、日本政府が明確に謝罪していないのではないかというフィリピンの被害者側の疑念にある。二〇〇七年三月には当時の安倍総理が、「強制があったという証拠がない」と発言してフィリピンでも物議をかもしたが、被害者のロラにしてみれば、やはり日本は本気で謝罪していないのではないかという疑念が続いた。補償について日本政府は

写真 94　マパニケ村のロラ

国家賠償等で解決済みという立場で、フィリピンでは一九五六年に日比賠償協定が成立している。しかしそこにはレイプ被害者への個人補償は含まれておらず、その後充分に加害者を裁くこともなく、フィリピン政府から犠牲者への支援も一切ないというのが被害者側の主張である。ただ日本政府は、一九九五年に民間資金を集めて「女性のためのアジア平和国民基金」を設立し被害者に一人あたり二〇〇万円の見舞金を支給した。しかしこれも、政府の補償でないことから受け取りを拒否したロラも中にはいる。なおこの基金は「役割を終えた」として二〇〇七年に解散している。

「赤い家」はロラたちにとってつらく忌まわしい記憶の源泉だが、トラウマと闘い、謝罪と補償を求めて自らを表現してゆく記憶を支える、確かな拠り所にもなっていた。筆者は二〇〇七年以来そのマパニケ村を訪れては

いない。一〇年以上が経過して、あの時に面会したロラの何人かはもう存命ではないのかもしれない。ファハルド監督のリアリズムに満ちた映画はまさにその「Memories（記憶）」を視覚的に蘇らせていたが、その中で一つ特筆すべき点があった。それは日本人将校の中で凄惨なレイプに加担することなく、フィリピン人家族をかばって助け出そうとした人間を描いていたことだ。実際のところ、いわば集団ヒステリー的な極限状況の中でそのようなヒューマニズムが生まれていたかはさだかではないが、ここで示されているのはミレニアル世代(15)のインディペンデントな映画人が日本へ向ける眼差しの変容である。後の章で紹介するがファハルド監督との直接インタビューの中で彼は、「重要なことは、あの恐怖と悲劇の時間というものに影響された人々、その真実の人間性を描くことだ」と語った。映画を通して他者を一方的に断罪して告発するのではなく、人間の内奥に秘められた真実をより真摯に表現しようとしている姿は、彼が自分の国にもあふれかえる暴力について省察し、そこに見出される人間性を追及しようとしている姿と何ら変わりのないものだと思われた。

これら日本による戦争を描き、戦争の記憶を表象する作品は、一世代前であれば公開どころか製作することがためらわれた内容であるが、ミレニアル世代が世の中を牽引する時代となり、自由な表現を試すことのできるインディペンデント映画隆盛の時代となって、表現の多様性が一挙に広がった。そして一九八〇年代後半以降日本のポップカルチャーが浸透し始める。最初は香港や台湾、その後シンガポールやタイなど東アジアや東南アジア諸国を中心に同地域の経済成長と新興中間層の誕生と時を同じくして人気が高まり、フィリピンにもその波は押し寄せた。二〇〇〇年代になって世界中を席巻する時代となり、かつては文化的な憧れといえばほぼアメリカ一辺倒であったのが、日本へ向ける眼差しが好意的な方向に劇的に変化していった。

『七夕の妻』（チョイ・パギリナン、チャールソン・オン、リト・カサへ共同監督）

こうして戦争が与えた日本に対する決定的な負のイメージから徐々に解放されるには、二世代から三世代にわたる時間による癒しが必要だったわけだが、上述のように戦争と戦争に関わる日本人の描き方に変化が現れてきたと同時に、戦争の記憶によって封印されてきた日本人や日本文化そのものに関する表象のタブーが解き放たれつつあると解釈できる作品も表れている。大阪アジアン映画祭は二〇一九年で第一四回を数え、年々ラインナップも充実して多くの観客を集める映画祭であるが[16]、同映画祭で公開された『Tanabata's Wife《七夕の妻》』（チョイ・パギリナン、チャールソン・オン、リト・カサへ共同監督、二〇一八年）は、その問題を考える上でとても示唆に富んだ作品であった。物語の内容は次の通り。

中年の農夫、七夕は沖縄から単身フィリピンに移住し、ルソン島北部の雄大な山々に囲まれながら野菜を育てている。ある日、仕事を探しにやって来た少数民族の若い娘、ファサンを住み込みで雇うことに。共同生活の中で二人は次第に心を通わせ、夫婦の契りを交わす。子宝にも恵まれ、順風満帆に見えた七夕の毎日。だが、日本人を夫にし、生活文化の違いに苦悩するファサンはある決断をする……[17]。

舞台となっているのはコルディリエラ地方のベンゲット州で、ここに登場する少数民族はボントック族である。七夕には二人の日本人の友人がいて、彼らの内の一人は後述するケノンロードを建設するために日本からフィリピンに渡ってきた移民と思われる。そして彼らはコルディリエラの山間の土地にイチゴやキャベツの栽培を導入するのだが、それら作物は今では同地方の特産品となっている。他方ファサンの側を見れば、例えば「カブニアン」と呼ばれる祖先神や美しい入れ墨などボントックの文化的表象も織り交ぜられ、映画全体で日本とボントックとの文化交流の様を描いているとも解釈できる。物語のほうは、ファサンが生活文化の違いに苦悩したあげくに同族の若者と駆け落ちを試みる。日本人との間にさずかった子供に対してその男は血の違いを責め立てて、あげくに子供を捨てさせようとする行動に及ぶが、ファサンは「私の血は私のもの」と決断して七夕のもとへ戻る。なおこの作品は農業をテーマにしたユニークな「トゥー・ファーム映画祭（To Farm Film Festival）」に出品され、最優秀作品賞、同監督賞、同男優賞、同女優賞など九部門で受賞している。

原作のシナイ・カリーニョ・ハマダ（一九一一～一九九一）はバギオ生まれの日系二世で、UPを卒業して文学者となり詩や短編小説など英語による作品を多く残していて、本作品も一九三〇年代に出版された短編小説集に所収されているわずか四ページの作品である。その短編を中華系フィリピン人のチャールソン・オンが戯曲に書き起こし映画化したのが本作である。オン自身も英語による文学者でフィリピンを代表する作家である。

マニラから車で北に六時間、コルディリエラ山脈の懐、標高一五〇〇メートルの山間の盆地に人口約三〇万人のバギオがあ

写真 95　大阪アジアン映画祭

写真 96　『七夕の妻』

写真97　キアンガン村の山下大将降伏の碑

る。そのバギオは戦前の日系移民揺籃の土地である。一八九八年にフィリピンが米国の植民地になった後、米国政府がバギオを避暑地にするために開発が始まったが、マニラからの幹線道路の工事が非常に困難を極め、日本の労働者を投入したのがきっかけである。日本からまとまった第一陣の移民がやって来たのが一九〇三年。その道路は今でも「ベンゲットロード」[18]として健在だ。道路が完成した後、日本人移民労働者はダバオなどフィリピン各地に移住したが、バギオやその周辺にも多く残り、農業、建設業、商業などに従事した。一九二一年に日本人会、一九二四年には日本人学校も作られ、戦争前の一九三九年当時、バギオの総人口二四〇〇〇人の内、約一〇〇〇人が日本人だったとの記録がある。当時のバギオの様子は移民一〇〇周年を記念して出版された *Japanese Pioneers: In the Northern Philippine Highlands*[19]（北部フィリピン山地の日本人パイオニアたち）に、貴重な写真付きで詳しく紹介されている。市街図を見ると、目抜き通りにある店舗の二軒に一軒は日本の商店で、特に雑貨商が目立つ。日本の商店や日本人はその当時、流行の最先端、外界への窓口として憧れの的だったようだ。ハマダの短編小説集が出版された一九三〇年代はいわばバギオの日系人の全盛時代だったのである。

しかしそうした繁栄も戦争によって全て破壊されてしまった。バギオは、フィリピンにおいて太平洋戦争が始まった場所であり（最初の空爆）、終わった場所でもある（山下奉文大将による降伏文書の署名[20]）。フィリピンでの戦闘を最後まで指揮した山下大将は、ルソン島北部の山岳地帯奥深くに退却し、最終的には一九四五年九月二日にイフガオ州キアンガン村で米軍に降伏をした。当時降伏のための協議が行われた建物は今もそのままキアンガン村に残されており、正面にはフィリピン人ゲリラを称賛する石碑が埋め込まれている。日米比あわせて一五〇万人以上の犠牲者を出した戦争であった。コルディリエラ山地の村は、そうして多くの市井の人々を巻き込んだ殺し合いが終わった場所として永遠に記憶されることとなった。

当時バギオに在住していた日系人の一部はその後日本に帰国したが、現地に残った日系人も多い。悲惨な戦争の記憶を背負った彼らの戦後はさぞや苦悩に満ちていたのではないかと想像できる。周囲のフィリピン人からの白眼視、差別もあったと言われており、日系人という素性を明かさずに息を潜めて暮らしていた者も多い。そんな悲惨な日系人の生活に光を当てたのが日本人シスターの海野常世（うんのとこよ）である。一九七二年にバギオを訪れて以来、この地方に放置された日本人戦没者の遺骨収集に着手し、それと同時にうち捨てられた日系人を支援する組織を立ち上げた。財団の通称は「アボン」。土地の言葉で「家」を意味する。バギオ市内の中心部を見下ろす小高い丘の中腹にある二階建ての瀟洒な邸宅を改築して事務所とした。シスター海野は一九八九年に亡くなったが、その遺志を継いだ後継者たちによって運営されている。

筆者は二〇〇五年にマニラに駐在して以来、たびたびバギオを訪れる機会があった。その当時、戦前からの日系人の子孫たちは六世まで含めて合計で約六七〇〇名ほどであった。ある日系人から聞いた話であるが、それ以前は日本人や日系人に対するあからさまな敵愾心を露わにした言葉をしばしば耳にしたが、その頃はようやくそうした経験も少なくなっていたという。大阪アジアン映画祭に来日した主演女優でボントック族のメイ・ファングラヤンは、上映後のアフタートークで「長い間続いた日本や日本人に対するネガティブなイメージ、そして私たちのボントック人に向けられた誤ったイメージをこの映画を通して払拭したかった」と語った[21]。

ハマダが残した詩の中に、映画の中でも描かれているコルディリエラの山々の美しさを唄った詩がある。

ベンゲットの唄

おお、ベンゲットの土地よ／山から山へ／ドラムやゴングの響きがこだまする！／なんと嬉しき住処なり／そなたが愛の宿る場所

大いなる高みに昇る／豊かな鉱山や田畑より／美しく輝く／尖塔のような山頂と松林のただ中／おお、部族の人々がぞくぞくと／イバロイにカンカナイ！[22]

この歌を捧げる／愛と忠誠にいつもそなたを呼び覚ます／おお、素晴らしき土地よ／山々よ、丘よ、谷よ[23]

ベンゲットを愛してやまないハマダの思いが伝わってくる。『七夕の妻』に主演男優として出演したカミムラ・ミユキは、「ハマダはこの短編を執筆した当時日本を訪れたことが一度もなく、おそらく自分のルーツである日本という国や日本文化に対する憧れを抱いていたのであろう。主人公に七夕という名前をつけたのは、七夕というお祭りを知っていたわけではなく、〝タナバタ〟という日本語の響きに惹かれてのことだろう」と語っていた。[24] 戦後七〇年以上、そしてハマダがこの短編を出版して八〇年以上が経過して、癒しと忘却を与える時を越え、『Tanabata's Wife《七夕の妻》』はようやく再び世に出ることとなった。

3　フィリピン映画に描かれた日本在住フィリピン人

『インビジブル』（ローレンス・ファハルド監督）

日本人とフィリピン人の関係は、太く、深く、そして重層的だ。フィリピンには第二次世界大戦前からの日本人移民の子孫が約二万人いる。特に二世の世代は、戦争の影響をまともに受けたつらい歴史を背負う。そして八〇年代以降になると、「ジャパゆき」[25] と日本人男性との間に生まれたジャパニーズ・フィリピーノ・チルドレ

ンが推定一〇万人以上。[26] 一方、日本には約二八万五〇〇〇人のフィリピン人が住んでいて（二〇一八年六月時点の在留外国人登録者数）、在日外国人の数としては、中国、韓国・朝鮮、ベトナムに次いで四番目である。二〇一八年には出入国管理法改正が閣議で決定されて外国人受入れ制度が抜本的に転換された。二〇一九年四月から新たな在留資格が創設されて今後ますます日本で暮らすフィリピン人の数は増える可能性が高い。そうした背景のもと、映画における日本の描き方にも変化が現れている。

日本に来るフィリピン人の不法滞在というテーマに真正面から取り組んだ秀作に『Imbisibol〈Invisible〉《インビジブル》』（ローレンス・ファハルド監督、二〇一五年）という作品がある。本作は前述の通り、まず演劇作品として上演されてその後映画化された作品である。一九九〇年代初頭を描いた作品であるが、冒頭に流れるニュースの音声が、当時から不法滞在問題が顕在化していたことを表現している。

「東京都内で不法滞在者の身柄が拘束された。フィリピン人の四人家族で、一四年間にわたる不法滞在である。七歳と九歳になる子供は出生証明やパスポートの手配もしていない。外国人の不法滞在者問題については、これまでに数千人の不法移民の強制送還が行われているがその大部分がフィリピン人で、女性の場合はスナックやバー、男性の場合は建設工事現場で働いているケースが多い」

写真98　『インビジブル』

映画の物語は、日本に暮らす不法滞在者を含む四人のフィリピン人を中心にオムニバス形式で進んでゆく。初老のゲイであるベンジーはフィリピン人パートナーと暮らしているが、昼は工場、夜はバーで働いて故郷に仕送りする。リンダは日本人と結婚

写真99 『果てしなき鎖』

してアパート経営しているが、同じフィリピンからやってきた不法滞在者を支援しており、危険を承知で自分のアパートに住まわせている。マヌエルはフィリピン・パブのホストとして働くが、借金がかさんでギャンブルにはまってしまい自分の人生を呪う。若いロデルは、リンダのアパートにやっかいになりながら木材製材会社で働いている。誰もが追い詰められ、身を隠して生きるなか、ロデルが起こした事件で物語は様相を変えて四人の人生が交錯する。製材会社で昇任したロデルは、同じフィリピン人の同僚と一つのポストを巡って日本人上司からの信頼を獲得しようと争うようになる。ささいなことがきっかけで殴りあいになり、事故でその同僚を殺してしまう。ロデルは逃亡を図るが警察から追われる身となり、ロデルを匿うことを拒否するリンダ、そして彼女をたまたま頼って訪ねてきたベンジーとマヌエルの二人も、捜索にやってきた警察官から身分証明書の提示を求められる。作品は逃亡するロデルと雪深い旭川の光景で幕を閉じ、おそらく不法滞在が発覚するであろう他の三人の結末については暗示するのみである。

ファハルド監督は『Amok〈突然の錯乱〉』（二〇一一年）や『Posas〈Shackled〉《果てしなき鎖》』（二〇一二年）でアジアフォーカス・福岡国際映画祭に招かれた際に人脈を広げ、念願の日本ロケを実現させた。ブリランテ・メンドーサがエグゼクティブ・プロデューサーを務めている。二〇一五年のシナーグ・マイニラ映画祭で最優秀作品賞・監督賞など七部門を制覇。福岡市、北海道・旭川市で撮影を敢行。福岡フィルムコミッションが全面協力し、国際交流基金アジアセンターが助成と、日比のコラボレーションで製作されている。(27)

脚本を執筆したのは早稲田大学アジア太平洋研究科博士課程に留学中のフィリピン人大学院生（二〇一九年五月現在は同助手）、ハーリン・アレグレ。彼女は日本の男性アイドルグループKAT-TUNの大ファンで、フィリピン大学の修士課程で日本人アイドルの男性美に関する論文を執筆した後、早稲田大学に留学した。題名の「Imbisibol」は、英語の「Invisible」（目に見えない）にあたるフィリピン語で、「良いイメージに隠されてしまった、OFWの見えない苦悩や葛藤を表現したかった」とアレグレは語っている。(28) 本作品の最後、主人公の四人全員がやがてその不法滞在が発覚してフィリピンに強制送還されることを暗示する結末は、日本で暮らす多くのフィリピン人が、日常的には日本人や日本社会とうまくやっているように見えても、実は国民国家というシステムの中では極めて不安定な立場にあり、この日本という社会から心から受け入れられているわけではないという厳しい現実を突き付けている。「目に見えない」ものとは、本来の居場所ではない場所に住むという、もろく、儚い現実を象徴しているように思える。

『キタキタ』（シーグリッド・アーンドレア・ベルナード監督）

同じく日本でロケを行った作品でフィリピンにおいて大変話題となったのが『Kita Kita《キタキタ》』（シーグリッド・アーンドレア・ベルナード監督、二〇一七年）である。本作品にまつわるサクセス・ストーリーは二七四頁で紹介するが、作品の舞台は北海道の札幌で、そこに住むフィリピン人カップルによって繰り広げられるラブロマンス・コメディである。フィリピンから札幌に出稼ぎに来て観光ガイドをしていたレイア（アレッサンドラ・デ・ロッシ）が日本人青年との失恋のトラウマから失明してしまったが、風体のあがらない出稼ぎフィリピン人男性（エンポイ）が一目ぼれ。彼のしつこい誘いをレイアは拒絶していたが、何度も何度もアタックを繰り返した結果、二人はいつしか心通じ合うようになり、その心の交流からレイアの目も治りかけたその瞬間、男は自動車事故に遭い……という物語。典型的なメロドラマのプロットであるが、シーグリッド監督のこだわりはキャストにある。主演のアレッサンドラはそれまでインディーズ映画に出演をしたことはなかったが、メジャー映画の多くが恋愛ものといえば色白美肌の女優を起用することがほとんどの中、黒い肌で美人というイメージからは遠く、役柄としても貧しくて子だくさんの母親役といった庶民的イメージのある女優であり、主演男優のエンポイはコメディアンである。同監督はあえてそうしたどちらかというと醜いイメージのある役者を起用して、イメージを倒置して新しいスタイルのラブストーリーを作りたかったという。またレイアの役に失明というハンディキャップを与えたが、それはちょうど彼女が本作品の脚本を執筆中に足の骨折で三か月間松葉杖という状況の中で自らも身体の不自由さを味わったからだと説明するが、

写真100 『キタキタ』

弱者への視点はそれ以前の彼女の作品にも顕在している。

上記二つの作品に共通するのは、日本でロケを行っているものの、そこで描かれているのはフィリピン人であり、日本人は主要な人物としては登場しないということである。日本で製作された映画において日本人が描かれないということは、それ自体が驚きであり隔世の感を覚えるが、そこで描かれるフィリピン人コミュニティが、日本社会の一部としてごく自然に溶け込んでいることが見てわかる。この事実は日本という社会が既に多民族国家としての実態を備え始めているとも解釈できる。さらに、ニュー・アーバン・リアリズムを代表するカンヌ国際映画祭受賞監督であるブリランテ・メンドーサが見出したファハルド監督、かたやスロー・シネマの旗手でヴェネツィア国際映画祭受賞監督であるラヴ・ディアスのもとで修業したベルナード監

督という、いわばインディペンデント映画界の〝メイン・ストリーム〟を歩いてきた二人だけあって、物語の後景としての日本の風景や日本社会の描き方についても、ステレオタイプなイメージを排して、リアルな、そしてごく自然な描き方をしている。彼ら、彼女らにとっての日本とは、戦争で母国に甚大な被害を与えた鬼畜の国から、経済発展によって高度資本主義社会が到来して豊かな物があふれて金持ちになれる夢の国を経て、これまでのように愛憎半ばのエモーショナルな対象ではなく、より相対化された対象として、冷静に眼差されるようになってきているのではないかと思われる。

4　日本映画に描かれたフィリピン人

ここまでフィリピン映画に描かれた日本もしくは日本人について論じてきたが、この章を終えるにあたり、その逆に、日本映画に描かれたフィリピン人像について参考までに少し触れておきたい。二〇一九年は、後の世から振り返った際、日本における「移民元年」の年として想起され記憶されることになるかもしれない。出入国管理法が改正されて二〇一九年四月に施行されたが、日本は外国人への門戸をこれまでとは異なる次元で開放することになった。その結果、私たち日本で暮らす人々は、日本以外の外国とつながる人たちとこれまで以上に接する機会が増え、「共存」する時間・空間が増大することになる。その時、そうした日常の時間・空間をより豊かなものにできるか否かは、むろん私たち次第である。

本書はフィリピンのインディペンデント映画を題材に、フィリピンの人々の心に内在化されていると考えられる自己喪失や自虐からの回復をテーマに考察してきたが、本書の冒頭に紹介したように植民地時代が終焉したにもかかわらず、支配と被支配、もしくは強者と弱者の世界は確かに存在し続けており、植民地主義的な支配・被支配の思考は私たち自身の心にも常に存在している。これからますます異なる文化を背景にした人々と接触する機会が増えてくる中で、フィリピンのインディペンデント映画から見えてくる問題は、実は私たち自身の問題でもある。

『月はどっちに出ている』（崔洋一監督）

四半世紀前の映画『月はどっちに出ている』（一九九三年）は、在日コリアンのタクシードライバー（岸谷五郎）と日本に〝エンターテイナー〟としてやってきたフィリピーナ[29]（ルビー・モレノ）との恋物語である。原作の梁石日（一九三六生）、監督の崔洋一（一九四九生）、脚本の鄭義信（一九五七生）、プロデューサーの李鳳宇（一九六〇生）と在日二世から三世／四世と二～三世代にわたる在日コリアンのチームによる作品だけあって、在日コリアンへの差別・偏見とそれへのいらだちを軸に、日本社会におけるアウトロー、やくざものや身体に障害のある者（片目を失いつつある元ボクサー、びっこの初老男性）、さらには吃音や地方なまりといった多様だがサバルタン（従属的社会集団）な人々の群像が鮮やかに描かれている。冒頭、主人公の勤め先であるタクシー会社でのシーンでは、びっこの初老男性が金を失くして在日コリアンへ嫌疑をかけたところ、吃音の男が被疑者をかばう場面がある。

はっつぁんを疑うのはかわいそうだよな。そりゃ人種差別ってもんで。さ、さ、差別はいけねえよ。これからの日本は、た、た、他民族国家を形成するってのが……

一九九三年という時点で今の世の中の喫緊の課題を先取りしていたという点で本作の独自性があるが、ただ、フィリピーナの描き方について、関西弁の毒舌スタイルは物語におかしみとペーソスを与えてはいるが、在日コリアン男性に尽くす女性という姿は、それまでの紋切り型のイメージの範囲を出ることのない平凡な表象と言わざるをえない。

『恋するトマト』（南部英夫監督）

それから一二年が経過してフィリピーナについて描かれた作品が『恋するトマト』（二〇〇五年）である。嫁不足、跡取り問題の危機にさらされている日本の地方農村（この作品の場合は茨城県）が舞台。大地康雄演じる見栄えのさえない農家の一人息子の中年男性が、見合いを何度も失敗したあげくにフィリピン・パブのフィリピーナ（これもルビー・モレノが演じている）に惚れ込んで、フィリピンまで出かけて女性の親になけなしの私財を持参金として渡した翌日に結婚詐欺とわかり、そのまま路上生活者に転落。マニラの街を放浪していたところを日本人ブローカーに拾われて、フィリピーナを日本に送り込む（人身売買とも解釈できる類）の仕事に従事するようになる。そんな矢先にある美しいフィリピン女性とひょんな機会から知り合い、その女性の農場を手伝う内に恋に落ち、当初は父親と本人に拒否されて結婚をあきらめて一人日本に帰国するが、男のことを諦めきれない女性が主人公の農村を訪れて見事二人は結ばれる。タイトルのトマトは、主人公の農家で栽培している日本の甘いトマトのことで、このトマトを恋した女性の農地で新たに苦労して栽培に成功する、いわば農業と恋愛両方にとっての希望の象徴を意味する。見栄えの良くない男と美しい女性というアンバランスなカップルではあるが、メロドラマ的な理想的プラトニックな愛に基づくものであり、経済格差によるものとは明示されてはいない。しかし、ドラマとしてのリアリティにおける成否はともかくも、この作品にもその根底には日本とフィリピンの経済格差に基づくステレオタイプ化した日本人のフィリピン観が横たわっている。

『愛しのアイリーン』（吉田恵輔監督）

このように基本的には勝者と敗者のイメージや固定観念に縛られ続けてきた中で、さらに一三年後の二〇一八年には、それまでの日本におけるフィリピーナものとは一線を画す興味深い作品が登場した。『愛しのアイリーン』

写真101　『愛しのアイリーン』

（吉田恵輔監督）は新井英樹の原作漫画を題材にした作品である。高齢化が進んで跡継ぎ不足にあえいで疲弊する地方農家（本作の場合は東北）の嫁取り物語という設定は『恋するトマト』と同様であるが、そこには経済力によってなかば強引に結婚を迫る権力者としての日本人という側面に加えて、そんなことは百も承知の上で結婚は恋愛の延長というステレオタイプを軽快に乗り越えて、したたかに生きんとするフィリピン人側の視点も描かれている。

主人公であるさえない中年男性の岩男はフィリピンのお見合いツアーでアイリーンを見染めて結婚し実家に連れて帰るが、岩男の母親から激怒されるあたりからドタバタ悲喜劇となる。物語中盤には日比混血のやくざものが登場して二人の仲を攪乱するが岩男が彼を殺める。岩男とアイリーンは言葉が通じないこともあって、岩男の愛は最後まで空回りし、そこに岩男を取り巻く何人かの女性との関係、性行為なども加わり、物語は予定調和とは程遠い壮絶な展開をする。最後はアイリーンをしのびつつ岩男は事故死してしまうが、そのアイリーンのお腹には岩男の子が。母親もショックのあまり亡くなって結局はアイリーンとお腹の子だけが生き残るというストーリーだ。この映画に出てくる主要な登場人物が五人死んで（岩男の父、母、岩男が死亡し、母の友人とやくざ者が死亡する）、二人（アイリーンと子供）が増えるので、過疎化の進む農村としては差し引きマイナス三という厳しい現実が示されるのだが、映画は清々しく天を仰ぐアイリーンの横顔のシーンで終わる。物語の後日譚を想像するに、岩男の子供をさずかったおかげで、岩男の実家が残した遺産や日本で暮らす権利をアイリーンは得たわけで、ラストシーンの横顔は勝利のほほ笑み（ウィナーズ・スマイル）を表現しているのかもしれない。さらにアイリーンにはフィリピンに帰国するという選択肢もあるのだが、彼女がこの村を捨てれば五人の人間がただ減っただけで、この過疎村には何もいいことがなかったことになる。日本とフィリピンの間に横たわる経済力の格差に由来する一方的な搾取や抑圧に対する逆襲、そして勝者と敗者が逆転する倒置の物語は、時に抱腹絶倒、過激な性表現満載の劇画的作品だが、その物語の背景が突きつける課題には重いものがある。

本作品についても物語の構造を支える深部にはあいも変わらず差別的な思考の構造があるのは免れないが、それを理解したうえで、勝者と敗者を倒置してステレオタイプなフィリピン人観を打破しようという真摯な試みについては評価できる。『月はどっちに出ている』からちょうど四半世紀が経過して、差別する者とされる者との関係性を赤裸々に暴き出して、深く考えさせる作品が登場した。それは今後ますます深化する日本人とフィリピン人との重層的な混交を、前向きにとらえてゆくヒントを私たちに与えてくれるものと思われる。

二　活況を呈するドキュメンタリー映画

日本を代表するドキュメンタリー映画監督である小川紳介の講演や対談録を集めた『映画を穫る』の中で小川は、「映画がもっとも充実しているときっていうのは、片方に劇映画というジャンルがあって、もう一方に記録映画があって、それがちょうど車の両輪のように動いているときだと思うのです」と語っているが、第三期黄金時代を迎えて活況を呈しているフィリピン映画であるが、小川の指摘する通り、この間、劇映画と同時にドキュメンタリー映画の秀作も多く作られている。本稿でも既にいくつかの作品を紹介してきたが、この項ではそのドキュメンタリー映画についてさらに紹介する。[30]

ドキュメンタリー映画は、一九八七年に創設されたＣＣＰインディペンデント映画・ビデオ・コンペティションにおいても劇映画、実験映画とならんで主要三部門の一つで、フィリピンのインディペンデント映画の興隆を支えてきたジャンルの一つと言えるが、特にドキュメンタリー映画を四半世紀以上にわたって牽引してきたのがニック・デオカンポである。デオカンポについては既に彼の個人史やいくつかの作品、さらには映画史研究家としての業績を紹介したが、二〇一九年一〇月にドキュメンタリー映画における彼の業績の集大成とも言える画期的なイベントがマニラにおいて開催された。ケソン市映

写真 102　小川紳介

画振興カウンシル[31]が主催し、ユネスコ等が共催の「アジア太平洋諸国におけるドキュメンタリー映画の遺産」国際会議である。フィリピン以外に中国、インド、カンボジア、イラン、インドネシア、バングラデシュ、オーストラリア、英国など二〇か国、約七〇名の映画関係者が参加、西欧で生まれた映画がいかにアジア太平洋の各国で受容され、ドキュメンタリー映画が社会変容の目撃者として、何を記録し、私たちの記憶にどのような影響を与えているのか、各国のドキュメンタリーを中心とした映画史、映画修復やアーカイブ、映画を通したアジア研究や教育などのテーマで二日間にわたって議論が行われた。

このシンポジウムは「フィリピン・ドキュメンタリー映画百周年」とされる二〇一八年のメモリアルイヤーに開催されたのだが、一〇〇年前の一九一八年にセブで写真館を開業していた「フィリピン映画の父」と呼ばれるホセ・ネポムセノが当時のセブの政治家の妻の葬式を記録したのが史上初のドキュメンタリーであり、短編映画であった[32]。そして一〇〇年間の間に無数の映像が記録されたが、多くの映画が消滅ないしは散逸してしまった。アジア地域は二〇世紀に入って戦争や内戦が絶えない過酷な現代史をたどってきており、またそもそも高温湿潤

の気候の上に大規模自然災害が頻発して、映画の保存にとっては非常に過酷な環境であったと言える。

映画は人々の記憶を記録することによって、現代において人類発展の歴史（クロニクル）をつむいできた。セルロイドにせよデジタルフォーマットにせよ、我々自らが語る物語を保存してきたのだ。しかし映画はすぐに傷んでしまい、セルロイド製のフィルムという特性から壊れ易く、失われ易いという宿命にある。文化的記憶の保存者としての映画は、物質的な限界ゆえに自らの破壊を免れえず、永久には保存されえないという皮肉を抱えている(33)。

写真 103 「アジア太平洋諸国におけるドキュメンタリー映画の遺産」国際会議

これはデオカンポのおしみない映画への慈愛とも言える感情に満ちた言葉であるが、このドキュメンタリー映像はフィリピンの近現代史の証人として、国民の記憶の集合体として社会に大きな影響を与えてきた。なかでも、アジア・ビジョンズ（Asia Visions）の活動が特筆に値する。アジア・ビジョンズは一九八二年に設立されたが、当時映画界で活躍していたリノ・ブロッカやイシュマール・ベルナールなどによって支えられ、特に反マルコス軍事独裁、反米国軍事支配に反対する記録映像を制作、アーカイブを行ってきた。ベニグノ・アキノ上院議員暗殺の経緯を描き反マルコス軍事政権を告発した『Arrogance of Power（権力の傲慢）』（一九八三年）、マルコス政権による不正選挙を描いた『Lakbayan（旅）』（一九八四年）、政治犯についての『Beyond the Wall of Prison（拘置所の壁の向こう）』（一九八七年）、ムスリム弾圧事件、後にミンダナオのムスリム分離独立運動の契機となった事件を描いた『Mendiola Massacre（メンディオーラの虐殺）』（一九八七年）など、現在に貴重な記録映像を伝えている。アジア・ビジョンズは一九九九年に解散となるが、アーカイブはその後フィリピンを代表する非営利非政府系シンクタンクであるイボン財団に引き継がれている。現在は新しい動きとして、これら貴重な記録映像を用いて地域のアーキビストを養成して貴重なドキュメンタリー映像を地域で守ってゆくことを目指した「コミュニティ・アーカイブ」の取り組みが行われている。国民国家の記憶を継承し、遺産として残された映像を現代に蘇らせ、軍事独裁への反省から二度と同じことを繰り返さないように啓発に活用してゆくことを目指している。

1　東京発ドキュメンタリー映画の成功

ドキュメンタリー映画の活況はこれまでエンターテインメント映画中心だった商業映画の世界にまで影響を与えている。「メトロ・マニラ・フィルム・フェスティバル（以下、MMFF）」は、毎年クリスマスから新年にかけての恒例行事となっている。普段はハリウッド中心の外国映画が圧倒的に優勢なフィリピンの映画館だが、この映画祭の期間中はマニラ首都圏にある全ての映画館で国産映画だけを上映するというフェスティバルで、フィリピンの映画人が気を吐く年中行事になっている。[34] 参加作品の主流はラブロマンス、コメディ、アクション、ホラーといったいわゆるジャンル映画が主流だが、二〇一六年はそんな状況にちょっとした異変が起きた。

『Sunday Beauty Queen』（ベビー・ルース・ビラランマ監督）

香港に出稼ぎに行ったフィリピン人家政婦がビューティコンテストで優勝して夢をかなえるといった実話を追った『Sunday Beauty Queen（日曜日のビューティ・クイーン）』（ベビー・ルース・ビラランマ監督）。二〇一五年の釜山国際映画祭でプレミア上映され、上述の二〇一六年第四二回MMFFで上映された。ドキュメンタリー映画がこの映画祭で上映されたのは四二年にわたる歴史の中でも初めてのことで、さらにはその晴れの舞台で最優秀作品賞を見事受賞するという快挙を果たした。

シンガポールにおける外国人家事労働者の問題については序章で触れたが、香港にも同じように三〇万人を超える外国人家政婦がいるがその大半がフィリピン人かインドネシア人である。彼女たちは雇い主の家族と共に暮らし、通常は一週間に六日間、一日当たり一六から二〇時間働く重労働ぶりである。そして日曜日だけが唯一の休日である。本作品の主人公であるゴリアバさんの日曜日の予定は、モデル歩きのレッスンやリハーサル。彼女たちにとって毎年恒例の美人コンテストは厳しい仕事からの解放と大きな目標になっている。「映画は、彼女たちの毎日のきつい仕事や雇い主との関係、直面する困難などを描いている。搾取や、虐待を報告する意欲もそぐような厳しい就業規則、そしてソファに座ることを禁止されたり、台所で寝ることを強いられたりといった扱いまで、その内容は多岐にわたる。（中略）『これは現実のシンデレラの物語だ』」とビララマ監督は言う(35)。

写真 104 『Sunday Beauty Queen』

香港で働く外国人家政婦は、シンガポールなど他のアジア諸国で働く家政婦よりも比較的保護されているようであるが、香港で働く六人に一人の外国人家政婦は強制労働の犠牲者であり、かなりの割合が人身売買によるものであることが明らかとなっている(36)。

他方、フィリピン人家政婦が香港の永住権を求めて裁判を起こしたが、二〇一三年に敗訴してからは香港人による反移民感情が急速に高まった。しかし本作品で描かれているように、全ての香港市民が外国人家政婦に偏見を抱いているわけではない。コンテストに出場した家政婦の一人であるマイリンさんと生活するジャック・スーさんは映画のなかで、外国人家政婦がいなければ香港は『困難な状況になる』と語っている。(37)

ビララマ監督は本作品の前に製作したドキュメンタリー映画である『Jazz in Love』(二〇一三年)で成功を収めて釜山をはじめ海外でも注目されはじめていたが、本作品の成り立ち方は現在のドキュメンタリー映画の活況を支えている一つのサクセス・ストーリーを示し、かつ日本の映画関係者もそれに深く関わっている。

トーキョー・ドックス(Tokyo Docs)はドキュメンタリー映像の国際共同製作を支援するための国際フォーラムとして、全日本テレビ番組製作者連盟が二〇一三年に立ち上げた事業で、その中心となるイベントがドキュメンタリーの企画提案フォーラム(ピッチング・セッション)である。日本を含むアジアのドキュメンタリー企画を公募して、世界各国からプロデューサーらが集まる同企画フォーラムで公開プレゼンテーションを行い、共同製作者を募るという仕組みで、二〇一九年までに毎年行われ、これまでに計七回実施されている。優秀作品についてはNHK・BSでの放映が約束されている。そしてこの『Sunday Beauty Queen(日曜日のビューティ・クイーン)』のサクセス・ストーリーは、二〇一五年に実施されたこのトーキョー・ドックスに向けての応募として事務局に届いた一行のログライン(38)から始まった。実行委員の一人によれば、その一行で既に面白さが伝わってきたのですぐに企画書を送るよう伝えたそうで、同企画書でトーキョー・ドックスの公開ピッチング・セッションでプレゼンテーションを行い、すぐに日本側のプロデューサーが決まり国際共同製作事業がスタートした。作品名は『日曜日のシンデレラ』で二九分間の短編だった。完成後は前述のとおりNHK・BS、さらにはNHKワールドで放送され、ベトナムの国営テレビVTV2での放送も実現した。またあいち国際女性映画祭二〇一六短編フィルム部門ノミネート、トロント・リールアジアン国際映画祭での招待上映など海外からも高い評価を得た。もともと同監督は長編映画にしたいという思いでこの企画を大事に温めてきたようで、このトーキョー・ドックスでの短編製作を核にして長編を作りたいという思いが存在した。後に追加でロケをしており、そのための予算はフィリピンの製作・配給会社が支援した。こうして最初は短編として東京から出発した『日曜日のシンデレラ』は、その後に『Sunday Beauty Queen』（長編、九五分）として生まれ変わって、さらに多くの人々の心を動かしたのである。

2　ドキュメンタリー映画を通してつながる日比の底流

『Yield』（ビクトル・タガーロ監督）

こうした日本発の新たな動きがある一方で、フィリピンのドキュメンタリー映画の底流には日本の映画人との関係という一筋の大きな鉱脈が時代を超えて受け継がれてきている。二〇一八年度のドキュメンタリー映画界で最大の話題となった作品に『Yield（生産）』がある。本作品は日本の映画人である瓜生敏彦が製作・総指揮を行った作品である。監督はフィリピン人のビクトル・タガーロ。児童労働がテーマであるが単にその過酷さ、悲惨さを告発した作品ではない。物語はマニラ首都圏近郊のモンタルバンという地区にある砕石現場から始まる。急斜面の岩山でハンマーを振りかざして岩を砕く少年。道端に落下した石をさらに砕く作業には少女も加わる。場面変わって畑仕事、米の脱穀・炊飯、おかずとなる魚釣り、そして鳥をナイフで絞めるシーンまで全て一人でこなす少女。呼吸のためのチューブを鼻に装着して海に潜り、海底の金鉱から石を採掘する少年。さらにはマニラ首都圏ケソン市に設けられたゴミ集積地であるパヤタスで

写真105　『YEILD』

写真106　瓜生敏彦とビクトル・タガーロ

ダイオキシンの影響で水頭症に侵されてしまった少年と女の赤ちゃんの成長。これら複数のエピソードが行ったり来たり入れ子状に連なって、重層的に展開してゆく。

二〇〇九年から構想を始め、二〇一〇年から撮影開始。三年がかりで撮り続けて二年かけて編集した。結局公開にはさらに時間を要したわけだが、それだけ時間をかけただけあって撮影の対象となった子供たちにカメラは密着し、その日常が淡々と描かれる。日本人の我々の日常からは想像もつかない過酷な環境ではあるのだが、彼らの姿からは悲惨さというよりも、日々を懸命に生き抜く力強さ、そしてそんな生産現場から得られるふとした喜びも描かれる。大人が握りしめるビデオカメラに対峙して、なお自然な姿で労働をし続ける子供たち。彼ら彼女らはカメラに向かって何を表現しようとしているのだろうか。演技をしないでつとめて自然にふるまうという「演技」を記録し続け、声高な社会的・政治的メッセージ性とはかけ離れた本作品は、真実とは何か、ドキュメンタリーとは何かを考えさせる秀作である。

演技をしないでつとめて自然にふるまうという「演技」について少し理解を深めるために、比較の対象として日本のインディペンデント映画のフロントランナーとも言える濱口竜介監督の言葉を引用しておく。『なみのこえ』（濱口竜介・酒井耕監督、二〇一三年）は東日本大震災から一年後に福島県新地町と宮城県気仙沼市で行われた被災者へのインタビューによって構成された作品だが、インタビューされている人が「演じている」または「ふりをして」いて、監督によって演出が行われているとした上で、演出すること、そしてドキュメンタリー映画を作ることの意味を以下のように語っている。

人はカメラの前では本当のことを言わないし、やらない。なぜならカメラは本質的に暴力であるから。人はカメラの前では萎縮する。そこに演出する意味がある。それは彼らが言うことに価値があると勇気づけることだ。カメラの前で本当に勇気を出して行動したり言うことを撮ることだけが、映像によってこの世界を、決して貧しくないこの世界を記録するために意味あることなのだ[39]。

三年間現場に通い続けて映像を撮影したのはタガーロ監督だが、膨大な映像を編集する作業は瓜生が中心になって行った。監督は、子供たちへの親近感のあまり、悲惨な場面を強調するような映像を使いたがったそうだが、瓜生はむしろ日常を淡々と描く映像を極力採用して作品は作られていった。ドキュメンタリーを創作する上で決定的に重要な物語（ストーリーテリング）について解説した『ドキュメンタリー・ストーリーテリング――「クリエイティブ・ノンフィクション」の作り方』の中で著者は、「納得のいく物語というものは、全体としての統一感を保ちつつも、時間軸に沿った展開と逆らった展開をうまく紡ぎあわせて、出来事の順番も巧みに構成し直したものをいう[40]」と説いているが、瓜生のなかには既にフィリピンの子供たちに関する無数の物語が埋め込まれていて、作品制作、特に映像の編集作業というものは、その埋め込まれた物語を顕在化してゆく過程なのではないかと思われた。瓜生は、「タルコフスキーが描いたような世界をドキュメンタリーで実現してみたい。それはアートとしてのドキュメンタリー映画を追及することでもある」と静かに熱く語ってくれた。この『Yield（生産）』のような作品はまさに「クリエイティブ・ノンフィクション」、または映画プロデューサーのティコイ・アギレールが言ったように「クリエイティブ・ドキュメンタリー」と言ってよいだろう[41]。

シネマラヤでは二〇一八年度からドキュメンタリー部門を新たに設けたが本作はそのベスト・ドキュメンタ

リー賞を受賞した。さらに同じ年のガワッド・ウライアンとフィリピン映画芸術科学アカデミー(42)(以下、FAMAS)が主催する映画賞(43)でもベスト・ドキュメンタリー賞を受賞し主要な映画賞のベスト・ドキュメンタリー賞を総なめにした。特にFAMASにおいては、通常年間の優秀作品の一〇作品は常に劇映画がノミネートされてきたが、本作品でドキュメンタリー映画が初のノミネートとなり、さらには「ベスト・ドキュメンタリー」ということれまでにないカテゴリーを設けての受賞ということで異例の扱いとなり、本作品の評価がいかに高いものであったかがわかる。ドキュメンタリー映画史の中で、劇映画とならび称され価値を高めた作品として語り継がれるであろう。

『Yield(生産)』を製作した瓜生敏彦は、日本のドキュメンタリー映画界の巨星である小川紳介に連なる映画人である。小川監督は一九六〇年代後半から七〇年代半ばにかけて成田空港建設反対運動を描いたドキュメンタリー映画を多く製作したが、その中でも『三里塚　辺田部落』(一九七三年)は、小川らが制作会社(小川プロダクション)を立ち上げて、辺田部落の農家である瓜生家をその拠点としたのだが、同家の長男で当時学生であった敏彦の兄が反対闘争の過程で逮捕・拘留された後運動存続の危機を乗り越えて釈放される過程を描いている。敏彦はそうした小川プロの映画作りを一部始終同時体験していたが、当時学んでいた日本映画学校(44)を一年で退学して一八歳で小川プロに加わった。小川監督が三里塚を描いた最後の作品となる『三里塚　五月の空・里のかよい路』(一九七七年)は、瓜生本人が自分の母親にインタビューをした映像などで作られている。

瓜生は一年間録音などを担当した後小川のもとを去り、数々の名作映画の撮影などを担当することになる。主要な作品は『幻想のティダン(太陽)』(一九七九年、与那国島の原風景と崩壊の始まりの記録)、黒沢清監督の初期ピンク映画『神田川淫乱戦争』(一九八三年)、『ドレミファ娘の血は騒ぐ』(一九八五年)、伊藤智生監督の『ゴンドラ』(一九八七年)など。そして一九八八年に国際飢餓対策機構(Food for the Hungry)という国際NGOが企画した世界中の飢餓・

旱魃地域を描くドキュメンタリー映画の撮影でマニラのスモーキー・マウンテンと出会い、その姿を映像で描きたいという強い欲求がその後の彼の人生の進路を決定的にした。二年後にはマニラに拠点を構え、スモーキー・マウンテンに通うこととなる。スモーキー・マウンテンはマニラ首都圏のトンド地区にある、かつてアジア最大と言われたスラム地区にあるごみの集積地のことである。ごみは分別なしに持ち込まれるために太陽光に晒されて酸化熱が生じて自然発火する。常に煙に包まれていて、そのために「スモーキー・マウンテン」と言われるようになった。ゴミが集まれば人も集まり劣悪な環境で多くの人々が暮らすようになる。そこでは「スカベンジャー」と言われるゴミ拾いが生業となるが、汚臭と汚泥にまみれたゴミに囲まれて生きている人々の生活は言語に絶する壮絶ぶりだ。瓜生はそこに通いつめてひたすらカメラを回し続けた。

ＮＨＫ制作によるドキュメンタリー映像作品『フィリピン　スモーキーマウンテンが消える日』（一九九五年）では、衛生上問題で国のイメージを損ねるという理由で強制立ち退きが執行された現場で取材をし続け、国家警察から警告されたあげくに銃弾で腹を撃たれた。一発の銃弾だったが、殺傷力を高めるためにダムダム弾[45]が使用されていたために腹の開腹を伴う大手術を受けた。その傷跡は今も瓜生の体にざっくりと刻印されている[46]。当時の様子は『忘れられた子供たち　スカベンジャー』（一九九五年）として映画作品としても残っている。強制立ち退きの結果、今度は同じマニラ首都圏のケソン市のパヤタス地区に新たなごみの集積地が設けられたが劣悪な環境には変わりなく、二〇〇〇年の七月に一〇〇〇人に及ぶ死者を出すごみの山の崩落事故が起きた。『神の子たち』（二〇〇一年）はその事故を中心に描いた作品であるが、二〇〇二年のベルリン国際映画祭及びモントリオール国際映画祭、またニューヨーク近代美術館で開催された「New Directors/New Films」映画祭の正式招待作品として上映されて高い評価を得た[47]。

先に紹介した『Yield（生産）』に出てくる水頭症の少年アレックスと赤子のグラディー・メイはこのパヤタス

の子供たちである。特にアレックスとは三歳半の時に知り合って、映画の中でも描かれているように一八才で亡くなるまで約一五年間にわたる付き合いだった。瓜生はパヤタスを描く映画製作以外にも二つの私立学校を運営する他、毎週週末になるとその子供たちを四〇人ほどビジネス地区マカティの自分の活動拠点に招待して、歌や踊りのレッスンをして将来の希望を与え続けている。一九八五年にスモーキー・マウンテンを訪れてそこの子供たちと運命的な出会いをし、「自分が生きている間に何人の子供を救えるか」と決意して、ダムダム弾で九死に一生を得たあとも日本へ帰国することもなく、静かに自らの「活動家」としての志を果たし続けている。そこには三里塚という場所で、ドキュメンタリー映画というメディアを通して芽生えた社会に対する批判的な眼差しと精神が、今もフィリピンに場所を変えて生き続け、フィリピンの映画人たちにも影響を与えている。

3　山形国際ドキュメンタリー映画祭とフィリピン

今の瓜生のルーツとなった小川紳介は、三里塚を去った後に山形に拠点を移し、そこで農業を営みながら日本人の農耕生活を見つめる作品を世に送り出していくが、それと同時に山形国際ドキュメンタリー映画祭を立ち上げ、日本のドキュメンタリー映画運動を牽引してゆく。そしてその山形に見出され、育てられ、創作意欲を触発されてきたフィリピンの映画人たちは枚挙にいとまがない。映画研究家でNCCA映画委員会の議長を務めるテディ・コーは、二〇一七年に開催された第一五回山形国際ドキュメンタリー映画祭に審査員として招待されたが、そのカタログで以下のように語っている。

一九八九年、私は第一回の山形映画祭に招待された。小川紳介が司会を務めた『なぜアジアではドキュメンタリー映画がほとんど作られないのか』というパネル・ディスカッションで話すためだ。（中略）それから

写真107　第一回山形国際ドキュメンタリー映画祭

パネリストの面々とロックスリー[49]が映画祭の最終日にホテルに集まり、山形宣言に署名した[48]。その宣言のなかで、私たちはみな、それぞれの国に帰ったら自国のドキュメンタリー製作の推進に尽力すると誓いを立てた。（中略）私の所属するフィリピン国家文化芸術委員会の映画委員会は、これまでに一〇〇以上のフィリピン映画に助成金を提供してきた。そのなかには多くのドキュメンタリーも含まれ、後に山形に出品された作品も何本かある。私は、山形宣言での誓いと、そこに記された自分の署名を忘れることはなかった[50]。

この「山形宣言」に関連して、その二年後に小川は以下のように語っている。

写真108　第1回山形国際ドキュメンタリー映画祭ポスター

山形映画祭の〝アジアの場〟というのは、単にスポンサーを見つけてきて、お金を出してもらうだけのものではなく、すべての映画に関わる僕らの意思を交流させよう、交換しようという場だと思います。そして何よりも新しい力と表現を持った記録映画を具体的に生み出す場にしなければ意味がない、と僕は思います。その場が一つの契機になって作品が生まれ、それがアジア全体にそれぞれの未来を予見する楽しい渦巻きをつくりだすのです。

この小川の思いは死後も引き継がれ、山形国際映画祭には「アジア千波万波」部門が創設され、また小川の業績について研究している東京国際映画祭のプログラミング・ディレクターを務める石坂健治によって同映画祭の中に「アジアの未来」部門が設けられ、アジア映画の交流・交換、創造の場を提供し続けている。なお、同部門には毎年のようにフィリピンから劇映画作品が出品されており、例えば二〇一六年の第二九回では、絶滅危惧種であるフィリピンワシからインスピレーションを得た『Birdshot《バードショット》』（ミハイル・レッド監督）が作品賞を受賞するなど、活躍の場を提供し続けている。

注

（1）第一部は *Cine: Spanish Influences on Early Cinema in the Philippines*（Quezon City, Anvil Publishing INC., 2017）、第二部は *Film: American Influences on Philippines Cinema*（同、2011）、第三部は *EIGA: Cinema in the Philippines During World War II*（同、2016）であり、フィリピンに映画が持ち込まれた一八九六年から日本占領期の終了まで、さらにはその後に占領時代の影響をテーマに製作された映画に関する考察が盛り込まれている。

（2）デオカンポ監督による『Private Wars』（一九九七年）からの抜粋映像。

（3）二〇一八年九月二三日にSMノースエドサで行ったインタビュー。

（4）出典は米国公文書館。

（5）『あの旗を撃て』は阿部豊／ジェラルド・デ・レオン共同監督で一九四四年公開。日本による国策宣伝映画で、フィリピン軍と日本軍の友情やアメリカ軍の裏切りが描かれている。

（6）米比日の国際関係が専門の中野聡・一橋大学教授のホームページより。

（7）Jose Ma. Bonifacio M. Escoda, *Warsaw of Asia: The Rape of Manila*, Quezon City, Giraffe Books, 2000.

（8）二〇一九年五月の時点で閉館しており、近隣へ移転準備中である。

（9）モラレスの本職はダンス。コンテンポラリーダンサーそして振付家として第一線で活躍しており、自ら「AirDance」というカンパニーを芸術監督として牽引している。

（10）Maria Virginia Yap Morales, *Diary of the War : WWII Memories of LT. COL. Anastacio Campo*, Quezon City, Ateneo University Press, 2006.

（11）大野俊『ハポン――フィリピン日系人の長い戦後』第三書館、一九九一年。

（12）スペイン時代の古きノスタルジックな街並みが残る。ビガンを中心とした北ルソン西部の海岸地帯はスペイン植民地の礎を築いたレガスピの孫であるサルセドによる平定の後、サトウキビやタバコのプランテーションと専売によって富を蓄えてその交易で栄えた。

（13）原題は『クーカム』。一九六九年発表のタイ人作家トムヤンティによる小説。太平洋戦争時代のバンコクを舞台に、日本人将校のコボリとタイ人女性アンスマリンの悲恋の物語で何度も映画化やテレビドラマ化されている。

（14）「ロラ」はフィリピノ語でおばあさんという意味。

（15）一九八〇年代から一九九〇年代に生まれた世代。アメリカでは二〇〇〇年代初頭に成人、または社会人になる世代のことを指し、デジタルネイティブで、二〇〇八年のリーマンショックの影響を受けた世代とよく言われる。

（16）第一四回大阪アジアン映画祭を視察した筆者の観察では、内容的にはアクションやラブコメディなど、メジャー製作会社やインディペンデント系製作会社などの区別なく、よりエンターテインメント志向を重視した作品ラインナップになっていた。出品国を中心に日本以外のアジアの国の観衆もかなりいて、「アジア映画祭」ではなく「アジアン映画祭」という映画祭名が意味することが、「アジアの人々による」という意味も含まれているのではないかと推察された。

（17）『第一四回大阪アジアン映画祭』公式プログラム、大阪映像文化振興事業実行委員会大阪アジアン映画祭運営事務局、二〇一九年、二二頁。

（18）「ケノン・ロード」とも呼ばれ、『七夕の妻』にはその名称が使われている。

（19）Patricia Okubo Afable, *Japanese Pioneers: In the Northern Philippine Highlands*, Baguio City, The Filipino-Japanese Foundation of Northern Luzon, Inc., 2004.

（20）正式な降伏文書の調印は九月三日にバギオ市内のキャンプ・ジョン・ヘイで行われた。

（21）二〇一九年三月一六日のシネリーブル梅田での上映会にて。

（22）いずれもコルディリエラ地方の先住民族の集団名。

（23）Sinai Hamada, *Song For Benguet*, 1973、筆者訳。

（24）二〇一九年三月一六日のシネリーブル梅田での上映会にて。

（25）一九八〇年代をピークにアジア各国から日本へ出稼ぎに来た女性に対する呼称。フィリピンから来日した女性は特に風俗産業（通称〝エンターテイナー〟と呼ばれる）に従事した者が多かった。八〇年代から急増したフィリピン人エンターテイナーは、多くは六か月間の「興行ビザ」でピーク時には年間八万人（二〇〇三年）のペースで来日した。七〇年代半ばに日本人のフィリピンへの買春ツアーが激しく非難されたため、それならば日本に送り込もうということで始まったといわれているが、より根源的には、両国の経済格差やフィリピンの出稼ぎ労働文化、そして日本の海外労働者受入れ制度の未整備という現実が作り出した人の流れの一つだともいえる。

(26) フィリピンでは戦前に移住した日本人の子孫を「日系人」、戦後に日本人の父親か母親のもとに生まれた子供たちを「新日系人」と通称している。

(27)『CROSSCUT ASIA #02:The Heart of Philippine Cinema 熱風！フィリピン』カタログ、国際交流基金アジアセンター、二〇一五年、二五頁。

(28)『まにら新聞』二〇一五年三月二二日。

(29) フィリピン人女性の意味。

(30) ドキュメンタリー映画の定義は「実在の人物、場所、そして出来事といった現実を切り取ったイメージによって、見る者を新しい世界、そして新しい体験へと導くもの」としておく。出典はシーラ・カーラン他『ドキュメンタリー・ストーリーテリング「クリエイティブ・ノンフィクション」の作り方』フィルムアート社、二〇一四年、一三頁。

(31) ケソン市は現市長のハーバート・バウティスタが元俳優のため映画振興に非常に力を入れている。ケソン市映画振興カウンシルの理事長は同市長であり、副議長も副市長であるソニア・デルモンテが務める。

(32) Teddie Co, Reconfiguring Philippine Cinema: Thoughts on the First Hundred Years of Philippine Cinema, *Centennial Anniversary of the Philippine Cinema,* 釜山国際映画祭, 2018, p.17.

(33) ニック・デオカンポのフェイスブックより。二〇一八年一〇月二七日の投稿。

(34) 一九七五年より開催。原則として国産映画の上映に限るが３ＤとＩＭＡＸシアターは除く。

(35) Beh Lih Yi 記者、ロイター配信、二〇一六年一〇月二五日。

(36) 同右。

(37) (35) に同じ。

(38) 物語の内容をわかりやすく一行にまとめたもの。ハリウッド映画の脚本などはこのログラインを軸に組み立てられる。

(39) ＤＶＤ『なみのこえ』アフタートーク、二〇一二年三月一一日、せんだいメディアテーク。

(40) シーラ・カーラン他『ドキュメンタリー・ストーリーテリング「クリエイティブ・ノンフィクション」の作り方』フィルムアー

ト社、二〇一四年、一二二頁。
(41) 瓜生へのインタビューは、二〇一八年九月二二日にマカティ市のマカティ・シネマ・スクエアにおいて行われた。
(42) ガワッド・ウライアン（Gawad Urian）は一九七六年創設の映画批評家による映画賞。
(43) FAMAS主催の映画賞で一九五二年に創設。フィリピンで最古の映画賞である。
(44) 一九七五年に映画監督の今村昌平らが設立。瓜生はその二期生。現在は日本映画大学に発展的に改組されている。
(45) 通常の銃弾より殺傷能力が高い。弾の先端の被膜を薄くして命中すると柔らかい鉛が潰れて傘のように広がる。残虐であるという理由で一八九九年のハーグ平和会議で使用が禁止された。
(46) 筆者は二〇一八年九月二二日のインタビューで確認した。
(47) 『忘れられた子供たち　スカベンジャー』、『神の子たち』ともに四ノ宮浩監督で、瓜生は撮影を担当。
(48) フィリピンのニック・デオカンポ、マレーシア人映画批評家のスティーヴン・テオなど。
(49) 一九五〇年生まれ。映像、アニメーション、アート、音楽、パフォーマンスなどジャンルを超えた実験的メディアアーティスト。山形には初回から参加している。また初回から参加している映像作家には他にキドラット・タヒミックがいて、一九八九年には本書でも紹介した『僕は怒れる黄色』が上映されている。
(50) テディ・コー『山形国際ドキュメンタリー映画祭二〇一七公式カタログ』、六四頁。

第六章　「ポスト真実」時代のフィリピン映画

冷戦構造が崩壊し世界各地で民族紛争があふれ出し、他方でテロが頻発する時代となった。それに対して国際社会は根本的な解決策を提示することができず、現代はさらなる混迷を深めている。欧州における移民政策の破綻と押し寄せる難民への言いしれない恐怖を直接の発端とするゼノフォビア（異国人に対する排斥）やそれと密接に関係する極右政党の伸長、さらには世界の覇権国家として「パクス・アメリカーナ（アメリカの平和）」から大きく転換して内向きな価値を強調しはじめたトランプ政権。東南アジアにおいてもタイでは実質的に国軍に支援された政権運営が継続しており、カンボジアでは三〇年以上権力を握るフン・センが独裁政権を築くなど、他国においても民主主義の価値観は後退しているといえる。国民国家システム、資本主義、民主主義、これらかつては〝真実〟と思われていた価値観に根本的な疑問が提示され、私たちの時代は、「ポスト真実」[1]と言われるように、新たな価値観を模索する、もしくは大多数が支持して求心力を保つイデオロギーや価値観は登場せず、多様な、そしてときには対立する価値観の中で、よりましな関係性を模索する必要のある複雑な世界に生きざるをえない状況である。

一　ラヴ・ディアスの描く「ポスト真実」の世界

『北（ノルテ）――歴史の終わり』（ラヴ・ディアス監督）

ラヴ・ディアスの『Norte, Hangganan ng Kasaysayan〈Norte, the End of History〉《北（ノルテ）――歴史の終わり》』（以下、『北（ノルテ）』）は冒頭のシーン、法学生のファビアンが友人と語る場面から始まる。この作品は二〇〇八年に公開されたが、既にこの会話の中に「ポスト真実」の時代の本格的到来を予言するような内容が表現されている。全ての価値観、社会システム、そして神が否定される世界はニヒリズムの世界であるが、ラヴの作品の根底にはそうしたニヒリズムに触れる世界が描かれている。その中でも特に筆者が切実に感じるのは、貧困という現実とその描かれ方だと考えている。この映画の中でも食事をするシーンが何度も挿入されているが、特にファビアンが犯した殺人のために冤罪を被って刑務所で服役するホアキンの家族が食事をするシーンがとても印象的である。彼の妻エリザを演じているアンジェリ・バヤニは本作品が映画初出演で好演しているが、二人の子供と妹に食事を与えるためにめぼしい身の回りの物を質草に出した後、細々とリヤカーの野菜売りを始めるが、日々の食べ物代を稼ぐことに汲々とする生活である。そんなぎりぎりの生活から得た食物をみなでテーブルを囲んで黙々と無言で食べる姿は、ある意味とても神々しく見える。

一方、ファビアンは裕福な家庭に育ちながら心の中に闇を抱えているが、世の中の不公正に対する怒りと絶望を抱いて悶々とする、いわば理想主義の過度な純粋さも持っているのだが、彼がアルバイトの家庭教師として通う家の女主人が質屋を営業しており、彼女から質入れを断られた身元も知れない女性が夜の路上で泣き崩れているところにやって来て金を与えるシーンがある。極貧に喘ぐ人間に救いを与えないこの女主人の冷酷な態度が、後に彼を衝動的に殺人に駆り立てる伏線となっているのだが、ファビアンが金を与えた女性も、おそらく今夜家族に食べさせる一銭の金もなく、もしかしたら何日もまともな食事をしておらず、絶望の淵を彷徨っていたのかもしれない。食べるための一銭の金もない絶対的貧困や飢餓の問題が、この『北（ノルテ）』で描かれた世界の背後に広がっている。ただし、ホアキンとエリザ夫妻の家庭における貧困の度合いは、フィリピンにおける最底辺の貧困の姿と比較してもそれほど極限にあるわけではないと思われる。それだけにこの映画の後背地として広がるフィリピンの最底辺の貧困を思い描くとき、ファビアンの怒りと絶望、そこから始まる狂気というものの重さを思わずにいられない。

フィリピン経済は、二〇〇八年に経済危機が深まるまで、毎年七～八％の成長を続けていた。しかし一方で民間機関の調査によれば、貧困層はより拡大しているという。三か月の間に一日でも食べ物に困り飢餓感を感じた世帯は全世帯の二〇％近い。海外からの投資が増え輸出額も伸び、株価や不動産価格、そしてペソの価値も上昇の一途である。金持ちの資産がふくらみ続けるミニバブル状況の中で、貧富の格差はさらに拡大し、開発の恩恵はあいかわらず勝ち組のみに与えられている。

写真109 『北（ノルテ）――歴史の終わり』

勝者と敗者がはっきりと分かれているこの国では、より大きな権力は確実に勝者の手中にある。あるインタビューでディアス監督は、主人公のファビアンをマルコスに重ねて描いたことを述べている。『北（ノルテ）』というタイトルは、マルコスの生地であるルソン島北部イロコス・ノルテ州を暗示している。フィリピン史上最強の弁護士と言われ、三二歳の若さで憲政史上最年少の下院議員となり、四八歳で大統領になったフェルディナンド・マルコス。彼もおそらく若い頃は理想に燃え、志高く、大胆な社会改革を夢見ていたのかもしれない。彼の遺体はイロコス・ノルテ州のバタックという生まれ故郷の町の生家に防腐処理をされて今も横たわっている。その遺体が安置された部屋の前には「全ての人類の父」と題

写真 110　マルコスの生家

写真 111　『北（ノルテ）――歴史の終わり』

して次の言葉が掲げられている。

かくも多くの我々人間は腐敗や貪欲、そして暴力の中に生きている。しかし忘れてはいけないのは、この国は、いやいかなる国でも、自己主義的な目的ではなく、人々共通の善を求めて兄弟として生きることを学ぶことなしに永続と繁栄はありえない。（中略）我々の自己欲と腐敗、そして無責任な態度を永遠に退け、我々の生命を創る強靭さを我々に与えたまえ。

貪欲と物質主義の限りを蕩尽し、政権末期は腐敗・汚職によって人民から糾弾された大統領。イロコスの片田舎には、その見果てぬ夢と宴の後の残骸が呆然と残されている。マルコスは最後まで精神を病むことはなかったが、ピープル・パワー革命でこの国を追われて米国軍のヘリコプターに救われて命からがらに脱出し、異国の地アメリカで臨終を迎えた。他方、『北（ノルテ）』の主人公ファビアンは、絶望の果てに罪を犯し、人格が崩壊して精神を病むことになる。

ただしこの物語には救いがある。ファビアンが精神に異常をきたして人格崩壊してゆく一方で、冤罪で服役するホアキンは刑務所の中でむしろ自由な精神を獲得して家族愛に満たされる。そして彼の家族もまた一度は心中を図ろうとした絶望の淵から救われる。ラストのシーンでは、失意と狂気の内に海へ漕ぎ出して漂流するファビアンと、体を寄せ合って一本の道を前に進むエリザと二人の姉弟が交錯する。そういえばファビアンも姉一人、弟一人の家庭。ラストへなだれ込む後半、いよいよ精神異常を来たし始めたファビアンがその実の姉をレイプする前に言った言葉、「生活は豊かであっても、自分たちは両親から離れ離れ」が蘇る。一方でエリザはそれにさかのぼる場面で、「ホアキンが冤罪で捕まったのは私の責任。自分が外国に稼ぎに行っていればこんなことにはならなかった。でも家族が離れ離れになって、どこに幸福があるのか」と言う。家族の愛、それも肌と肌が触れ合うぬくもりのある関係が人を幸福に導くのではないか、そのぬくもりを失った家族の崩壊には底が見えない、そんなことを暗示させる最後のシーンである。

1　「ポスト真実」に果敢に挑戦する映画人

筆者はフィリピンにおけるこの「ポスト真実」を象徴するのが、ロドリゴ・ドゥテルテ第一六代フィリピン共和国大統領の陣頭指揮のもとに進められている麻薬撲滅戦争ではないかと考えている。ここに二枚の写真がある。一枚は現実の出来事を映した写真（写真112）。そしてもう一枚は映画というフィクションの中のワンシーンである（写真113）。

現実の出来事とは二〇一六年七月二二日にマニラのトンド地区で起きた事件であり、この写真はロンドンに本社がある通信社であるロイターに所属するフィリピン人記者マヌエル・モガトによって全世界に配信された。なおロイター・フィリピンの麻薬撲滅戦争取材チームは一連の報道で二〇一八年にピューリッツァー賞を受賞している。同写真は、その〝戦争〟に巻き込まれ、無残に〝処刑〟された若者とその変わり果てた遺体にすがりつく若い女性の姿を生々しく伝えている。

写真 112　マヌエル・モガト記者の報道写真

写真 113　『普通の家族』の 1 シーン

ドゥテルテ大統領就任以来、その作戦の下で少なくとも国家警察は三九〇〇人を殺害し、その全てを正当防衛と主張している。麻薬常習犯がはびこり、社会秩序を乱して治安悪化の元凶となっているのは確かなことで、大統領の強引な政策には賛否両論が絶えないが、法治国家としてのガバナンスの問題にはとりあえず蓋をして治安回復を優先的に考え、あえて支持するフィリピン国民が多いのも事実。治安維持に貢献が大きいと擁護する人々は「ドゥテルテ・ダイハード・サポーター（通称ＤＤＳ）」（「不死身のドゥテルテ支援団」）と名乗って熱烈に支援する一方、人権活動家や人道問題に敏感な人々からは、証拠不十分、裁判も経ない問答無用の「超法規的殺人」に対して激しい非難が向けられている。

『普通の家族』（エドゥアルド・ロイ・ジュニア監督）

映画の世界でも、この「超法規的殺人」はたびたびモチーフとして取り上げられてきた。冒頭の写真113は、『Pamilya Ordinaryo《普通の家族》』（エドゥアルド・ロイ・ジュニア監督）という作品で、二〇一六年のシネマラヤ長編コンペティション部門に出品されて最優秀作品賞を受賞した。マニラのスラム街で生きる一六歳の少女とボーイ

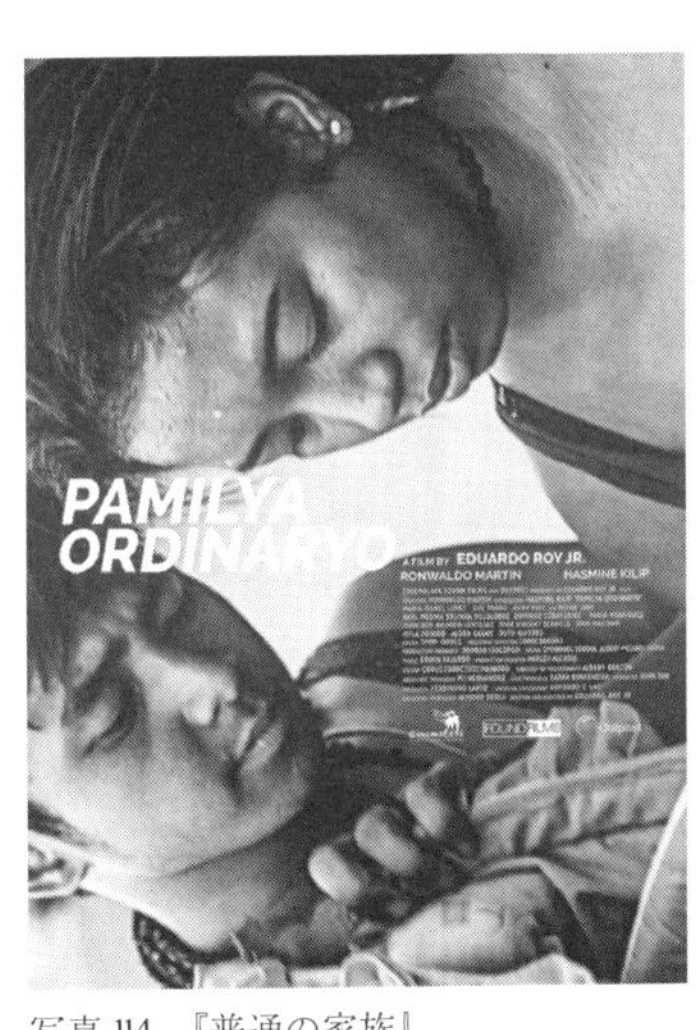

写真 114 『普通の家族』

フレンドの少年の壮絶な人生を描いた作品である。スリで生計を立て、シンナーに溺れる二人が子供をさずかり、塗炭の苦しみにまみれた生活にも一筋の光が差し込むが、そんなつかの間の幸福も赤ん坊が金目当ての誘拐にあい暗転。二人は雑踏の町を泣きながら彷徨うことになるが、最後はボーイフレンドが麻薬密売人と誤解され、不審者による唐突な銃撃で絶命する。この写真はその二人がシンナー吸引にふけっている場面である。

写真 115 ペペ・ディオクノ

『衝突』（ペペ・ディオクノ監督）

麻薬撲滅を目的とした「超法規的殺人」は、ドゥテルテ大統領が前職のダバオ市長時代から実践していたもので、実はそのことも映画によって描かれている。二〇〇九年製作の『Engkwentro（衝突）』（ペペ・ディオクノ監督）は、ドゥテルテ市長が結成した「ダバオ・デス・スクアッド」という自警団によるマフィアの粛清殺害がモチーフの社会派映画である。ダバオは政府軍とイスラム解放戦線の内戦状態の続くミンダナオ島では比較的安全な都市だった。しかしその治安は市長が結成した私兵による公然の秘密たる暴力によって成り立っていたといわれている。実際ダバオではマフィアや不良の多くが何者かによって粛清殺害される事件が頻発して一九九八年以来犠牲者は八〇〇人を超えたが、この自警団の仕業といわれている。映画はダバオを彷彿とさせる架空の町の海辺のスラムに暮らす兄弟の物語で、マニラへの出稼ぎのために金策に走る兄と、マフィアに巻き込まれる中学生の弟の話を核に、最後はバイクに乗った不審者に突然銃撃されて終わる。

スラムでのシーン撮影には、超長回しのドキュメンタリー風タッチが臨場感を盛り上げる。いくら架空の町が舞台と言っても、誰が観てもダバオで実際に起こっている事件を思い起こさせる内容で（映画の中では同市長と思しき政治家による「超法規的殺人」を正当化する演説が延々と流れている）、地方の大物政治家に挑戦状を送りつけるような危険な映画なのだが、驚くべきはペペ・ディオクノという監督。彼は当時、弱冠二一歳のフィリピン大学映画専攻の学部学生だった。しかし彼はその血筋から普通の若者とは異なる宿命を背負っていた。ペペは、ディオクノ家という政治一家の一員。特に祖父は著名な人権活動家の故ホセ・ディオクノである。戒厳令時代には反マルコスで中心的役割を果たし、暗殺されたベニグノ・アキノ・ジュニアなどと並び称され、エドサ革命後は人権委員会の議長となったフィリピン人権史のヒーローのような存在である。ペペ自身、まさか自らの映画の影の主人公がその後フィリピン大統領に就任し、ダバオで実践していたこの超法規的殺人を全国レベルで展開することになり、それを多くのフィリピン国民が支持することになるとは夢にも思っていなかっただろう。この作品は二〇〇九年第六六回ヴェネツィア映画祭のオリゾンテ（新人映画監督）部門でグランプリと新人監督賞を受賞した。

前にも記した通り、東南アジアの民主主義はリセッション（後退）の時期を迎えている。

一九九〇年代には、東南アジア諸国でも民主化が順調に進展するであろうとみられていた。ところが二一世紀に入ると、新しいタイプの権力基盤や統治スタイルを持った強権的な政治指導者『ストロングマン』が登場するようになった。（中略）彼らが登場した国家の政治制度は、議院内閣制または大統領制とそれぞれ異なるものの、ポピュリズム的な性格を持っている。加えて、彼らは人権侵害を伴うほどの強権的な統治スタイルを持ち、一部の政治指導者には汚職の噂も付きまとう。なぜ二十一世紀になって、東南アジアにおいて新しいタイプの強権的な政治指導者たちが登場したのだろうか。[2]

フィリピン人権委員会議長であるホセ・ルイス・マーティン・ガスコン[3]は、「自由とデモクラシーのための抵抗」と題したエッセイの中で以下の通り述べている。

世界は今、より不自由に、より非民主的になっている。これまでデモクラシーへの世界的歩みと思っていたものに垂れこめる不吉な暗雲にすぎなかったものが、今や恐ろしげな双子の亡霊となって世界を覆い、私たちを制圧しようとしている。極端な過激主義と反自由主義的ポピュリズム扇動というこの双子の亡霊は、もはやルールではなく非情な暴力による権力に基づく未来を私たちに強いようとしている。フィリピンでは、そして全世界でも、権利の概念が日々試練にさらされている。個々人の権利の重要性は、経済の成長と発展、安全保障、平和と秩序、テロとの戦い、違法薬物との戦争などのいわゆる国家の優先事項によって、脇へ追いやられている。人権と善き人間的価値や理想は共存できないといわんばかりの扱いだ。[4]

麻薬撲滅戦争にかけるドゥテルテ大統領の「ダーティーハリー」ぶりには賛否両論が絶えず、特に多くの人々に支持されていること自体が我々日本人には理解に苦しむところがある。それだけ法治国家の根幹の腐敗が深刻であるということなのだろうが、視点を変えれば、この問題は現代世界における「ポスト真実」をめぐるフィリピンでの一例と解釈することも可能であろう。国民国家の存在を保障する法治主義やガバナンスが西欧近代に由来するならば、それを根本から否定して深刻な社会課題に異なるアプローチをすることは、「真実」亡き後の一つの解決方法を示しているとも解釈が可能であるし、それを大衆はもとより、中産階級やエリート知識人も支持する状況を単なる「ポピュリズム」として切り捨てることは安易すぎるであろう。

2　ブリランテ・メンドーサの試み

『ローサは密告された』（ブリランテ・メンドーサ監督）

本書でも主役の一人であるブリランテ・メンドーサ監督は、『Ma'Rosa《ローサは密告された》』（二〇一六年）でカンヌ国際映画祭において監督賞に続いて、フィリピンで初の主要国際映画祭での主演女優賞（ジャクリン・ホセ）をもたらしたが、この作品はこの麻薬撲滅戦争を密売人の視点から描いたものである。ローサはマニラのスラム街でささやかなサリサリストア（生活雑貨を商う小売店）を営む一方で、四人の子供を抱えた家計の足しにするために細々と麻薬を密売していた。ある日突然隣人の密告によって夫ネストール（自らも麻薬の常習者である）が逮捕されて警察に連行される。そこで待っていたのは釈放を餌に金（二〇万ペソ）を要求する警察官による恐喝と暴力だった。麻薬問題の根底にはフィリピン社会の腐敗、特に麻薬犯罪を取り締まるべき国家警察の汚職を指摘する声も多く、現実の世界では二〇一六年一〇月に麻薬犯罪捜査部門の警察官が韓国人ビジネスマンを誘拐し、こともあろうに国家警察本部内で殺害するという信じがたい事件を起こし、警察への信頼感はさらに失墜し、大統領の命令によって国家警察による麻薬犯罪取り締まり（ビサヤ語で「トック・ハン（ドアをノックして説得する）」と呼ばれている）を中止する事態に陥った。

ローサの行為は無論違法であるが、この作品全体を包んでいるものは、麻薬密売で不正な富を蓄積して贅沢な暮らしをする姿ではなく、人々の息吹でむせ返る貧民街で懸命に生きようとしている庶民と助け合う家族の姿であり、一方で強調されているのが国家権力の象徴である警察のどうしようもない腐敗である。ある見方によれば、政権の

写真 117 『アモ』

写真 116 『ローサは密告された』

進める麻薬密売犯の捜査によって最も苦しい立場に立たされるのは警察であるとも言われている。ガバナンスの根本からの立て直しのためにガバナンスを踏みにじるという大いなる矛盾を抱えた政策であり、罪を裁く公的システムである裁判を経ずして殺害という超法規的〝裁き〟を受けた人々が四〇〇〇人にもなろうという現実に対して、当然のことながら人権擁護団体などからは激しく非難される政策ではあるが、一部のエリート知識人やビジネスエリートからも支持されているのも事実である。

『アモ』（ブリランテ・メンドーサ監督）

映画のストリーミング配信ビジネスで世界を席巻するNetflix（ネットフリックス）が、二〇一八年の四月にフィリピン初のシリーズ映画配信プログラムとして採用したのが、このメンドーサ監督による麻薬撲滅戦争を扱った映画であった。『Amo（アモ）』（フィリピノ語のスラングで「マスター」の意味）は、もともとテレビ局の連続番組として一三話にわたるシリーズものとして企画された作品だが、無料で視聴できるテレビ番組の枠を超えて、メンドーサ監督自身が世界的な配信プラットフォームに挑戦してみたいと考え、ネットフリックスにまずは最初の二話にあたる部分（第一話：二四分、第二話：二三分）を提供することになった。

ストーリーは、マニラの庶民街に住む男子高校生による麻薬犯罪がテーマである。

主人公である高校生は、不良仲間との関係からいつしか麻薬の仲買人となっていたが、ある日警察の捜査が入った。他方、彼の亡き父親は元警察官、そして叔父も現役の警察官で、甥が麻薬捜査対象の被疑者リストに入っていることに気づき動揺する。映画はマニラのスラム街で非行に走る青少年の様子を、いつものようにドキュメンタリー的手法、雑踏の喧噪の音も同時録音で臨場感ある作品となっているが、第二話のラストシーンでは、高校生が警察に出頭して麻薬常習性を判定する尿検査を受ける際、叔父の警察官は同僚に賄賂を渡して陽性反応を逃れようとする。そこで第二話は終わっている。

なおこの『Amo』にしても先に紹介した『Pamilya Ordinaryo《普通の家族》』や『Engkwenro（衝突）』にしても、いずれの作品も主人公、かつ犠牲者となるのは十代半ばの子供である。フィリピンの麻薬問題と青少年の非行問題は密接に関係している。本稿を執筆中（二〇一九年三月）、フィリピンの法曹界を真っ二つに分断して議論が沸騰している問題に、少年に対する逮捕・投獄を現在の一五歳から一二歳に下げるという刑法案に関する国会審議の問題がある。麻薬がはびこる背景に刑法で処罰できない非行少年の関与が深刻な社会問題となっていて、現政権側はもともと、それを九歳にまで下げようということで国会に提案したが、あまりに若年ということで国家人権委員会などの強い反対にあって、一二歳ということで法案の成立を急いでいる。[5] しかしこの少年の非行には経済や教育の格差といった社会システムの欠陥が原因であって、子供たちにその責任を押し付けて、麻薬問題の元凶に仕立て上げるのはあまりに不公正な政策であると言わざるを得ないとの指摘もある。

さて『Amo』に戻るが、本作品発表の前から、メンドーサ監督自身が麻薬撲滅戦争を推進するドゥテルテ政権を支持しているのではないかと憶測が広まっていたことから、この『Amo』のネットフリックスでの上映について世論が反発して炎上した。その憶測を呼んだのは、彼が二〇一六年、二〇一七年と二年間に亘って大統領の施政方針演説[6]の放送に監督として関わったからだと言われている。そして『Amo』についてある人権団体が、この

〝麻薬撲滅戦争〟で一九歳の息子を失った母親を前面に立てて猛然と抗議したのだ。しかしメンドーサ監督はドゥテルテ政権自体を支持してはいないし、同政権のプロパガンダ映画ではないと主張している。確かに作品を観る限りでは、本作品も前作の『Ma'Rosa《ローサは密告された》』と同様に、麻薬に溺れる貧しい庶民の劣悪な生活環境を臨場感たっぷりにリアルに描き、そして麻薬がはびこる背景には警察権力の腐敗という事実があるという視点を提供している。このバッシングの影響を受けてネットフリックスでは一時配信を中断していたが、現在では一三話全てを再び公開している。こうしたバッシング騒動が起こること自体、〝真実〟や〝正義〟がどちらの側にあるのか、混迷を極めているフィリピンの現実を如実に表していると思われる。

3 「ポスト真実」の時代を語ること

権力が腐敗する傾向にあるのはこれまでの歴史が証明してきた真理であり、フィリピンではある意味で公然とその腐敗が認められてきたとも言える。それでは腐敗とは一体何をもって腐敗と言うのか。法律に反することがない限り、それは腐敗とは言わないのか。フィリピンの現代史において腐敗した権力として国際的にも悪名をとどろかせたマルコス政権。しかしその腐敗の本質は、法治主義下における違法行為にあるのではなく、〝合法〟下における権力の濫用、それによる圧倒的な民衆からの富の収奪であったとも言われている。たとえば合法的搾取を象徴しているのが「Coco Problem（ココナッツ問題）」と呼ばれている社会問題である。マルコス独裁政権は一九七三年から一九八三年の九年間にわたって様々な大統領指令によってココナッツ農家に「ココナッツ税」を課した。本来であれば同税で集められた巨額の資金は産業構造の末端で零細で貧困にあえぐココナッツ農家の生活向上のために使われるはずのものが、そうした用途にはほとんど活用されず、マルコスを取り巻く財閥による投資に流用され、その利益が大統領自身に還流するというシステムを作り上げた。今でもその負の遺産が残っていて、土地を持たない貧しいココナッツ農家は全国に三五〇万人いて、マルコス以降に導入された農地改革による土地の分配も進まず、極貧状態が続いて社会不安の要因の一つになっている。二〇一八年四月の報道では、このココナッツ税として徴収されて使途不明なまま宙に浮いている基金が総額七六〇億ペソ（約一六〇〇億円）である。

ミシェル・フーコーは、一九六〇年代を中心に西洋の啓蒙主義的な「理性」や「知」の枠組みに疑問を投げかけたが、そのフーコーの思想の核心に迫る『ミシェル・フーコー——権力と自由』の中で著者のライクマンは次のように述べている。

> 人々には、普遍的理性の進展という観点から近代化を理解する理論がもつ歴史的役割について問う資格は与えられている。ひとつの現実的な仮説として近代化理論は、増大する多数の変則異常な事柄に対処しなければならなかった。ところが「哲学」としてはその理論は、〈西洋の理性〉の展開を地球全体にひろげようとする帝国主義的な試みのなかで、ある役割を果たしてきているのであり、〈理性〉をいたるところに植え付けるのが白人の責務や共産主義者たちの義務だとする、統一化された善としての〈理性〉についての見取図に寄与していきているのである。フーコーが主張しているのは、われわれはあらゆる合理的思考を失わずに、われわれの民主主義制度を破壊せずに、あるいは、われわれの経済状態を破産させずに、かの〈理性〉概念を捨てさることができる、という点である。

国民国家の存在を保障する法治主義やガバナンスが西欧近代の〈理性〉や〈知〉に由来するならば、まずはそれに対する根本的な問題提起を行い、従来のシステムでは解決が困難な深刻な社会課題に異なるアプローチをすることは、「真実」が失われた後の一つの方向性を提示しているとも言える。『Amo』を巡る事件で人権派団体と彼らを支持する世論に激しくバッシングされたメンドーサは、実は映画の世界でその「異なるアプローチ」をしている求道者ではないかと筆者は考えているが、それについては後の章で詳しく説明することにしよう。本項を終えるにあたっては、再びガスコンの言葉を引用しておく。

世界はいま自由と民主主義が失われつつある。（中略）二つの幽霊による脅迫が迫りわたしたちを圧倒しようとしている。（中略）暴力的な原理主義とリベラルなポピュリストによる民衆扇動である。（中略）（問題なのは）社会的な勢力もいまや自由や人権というものを社会を変革するための不安定要因や障害とみなしていることにある。（中略）しかし明確にしよう。人間の基本的な自由への攻撃は民主主義の暗殺に等しい。社会の最底辺の人々や弱者など誰に対する害を与える行為は、人間性そのものの核の暗殺でもある。(7)

二　暴力の再生産と映画

1　暴力を描く映画

『バイバスト』（エリック・マッティ監督）

二〇一八年のシネマラヤのオープニング・フィルムは、あえてインディペンデントではなく、メジャー映画会社であるVIVAフィルムス製作の『Buybust（バイバスト）』（エリック・マッティ監督、二〇一八年）が上映された。前章でもテーマとなったドゥテルテ政権の麻薬戦争をモチーフにした作品で、「Buybust」はアジア最大のスラムと言われるトンド地区の麻薬シンジケートを撲滅するために国家警察が設けた特別部隊のこと。人気女優のアン・カーチスが特別部隊の隊員としてスラムの奥深くに潜入し、「女ランボー」のように縦横無尽に闘い、活躍

写真 118 『バイバスト』

して最後まで生き残りヒロインになるのであるが、その過程で仲間の隊員は全滅、シンジケートのマフィアたちも全滅。それどころかスラム中を巻き込んで、阿鼻叫喚の死闘と殺戮の嵐で無数の住民が犠牲になって、スラムには死体の山ができる様はまさにB級スプラッター映画である。物語はお決まりのように国家警察の高官が悪の元締めということで、最後に生き残った主人公のヒロインが彼を殺害して観衆が喝采するというものだが、八六〇〇万ペソ（約一億八〇〇〇万円）もの巨費を投じて製作された大作で、同年のニューヨークのアジア映画祭でプレミア上映された。

フィリピンではジャンル映画の中でも伝統的にアクション映画が国民のあいだで特に人気があり、アメリカの銀幕スターであるロナルド・レーガンが大統領になったのと同様に、ジョセフ・エストラーダというアクション映画スターが、第一三代大統領（任期は一九九八年〜二〇〇一年）に上りつめたほどである。これらアクション映画は、日本でもおなじみの任侠ものや、アメリカ的に言えば西部劇でよくある勧善懲悪ものが主流であった。しかしシネマラヤ出品作品を含め、昨今の多くのインディペンデント映画では繰り返し暴力が描かれるが、もはや往年のアクション映画とは異なり、いわゆるジャンル映画的なわかり易い物語性を排除する作品も多く、暴力そのものを即物的に描く作品、もしくは暴力性そのものを主題とするような作品が目立つようになってきている。それがフィリピンのインディペンデント映画にまた別の意味で力を与えているとも思われるのだが、その魅力はいかなるものか、そして一体なぜそのような状況が生まれてきたのか、その背景について考察してみたい。

2 国家権力と暴力

これまで既にドゥテルテ政権の麻薬戦争、つまり圧倒的弱者である麻薬密売人と疑われるチンピラたち（＝庶民）に対する国家権力による暴力の発動をモチーフにした作品についてはいくつか紹介してきた。こうしたガバナンスをあえて無視した「ポスト真実」の時代を待つまでもなく、東南アジアの二〇世紀は戦争と内戦といった国家レベルの暴力が絶えない世紀であった。第二次世界大戦が終結し、原爆の被害も含めて多大な人的被害を蒙った日本では平和を享受することになるが、東南アジアは依然として常にどこかで戦争ないしは内戦が行われているという不安定な状態が続いてきた。そこでは国家権力による暴力が公然と正当化されていた。フィリピンは長い植民地時代を経験しているが、暴力の定義が個人や集団に降りかかる人為的（＝意図的）破壊の行為であるとした場合、外来者による異なるシステムの強制的導入とそれに伴う固有のシステムの破壊という意味では、植民地主義がそもそも本質的に暴力的であったと言える。その上で植民地時代における独立戦争、そしてそれに続く太平洋戦争といった国家レベルの暴力の時代を経験し、国家間の戦争はようやく終結したものの、その後にやってきたのは独裁政権という自国政府による自らの国民に対する暴力の時代であった。

日本という国家による圧倒的な暴力については映画の中でも繰り返し表象されて世代を越えてそのイメージが継承されてきた。一方で、第五章でも述べた通りミレニアル世代が社会の中心で活躍する時代になって、それまでの戦争の表象の仕方に、ある根本的な変化が起きてきた。そうした傾向の一つとして、日本人による戦争に乗じた暴力を、植民地時代からマルコス独裁政権による戒厳令時代の暴力、そしてそれは現代のドゥテルテ政権下で行われている暴力とも繋がるのだが、一連の暴力の連鎖の一つとして捉える語り口が現れてきた。

『Dagsin』（アトム・マガディア監督）

二〇一六年のシネマラヤ長編コンペティション作品『Dagsin（重力）』（アトム・マガディア監督）は、そうした暴力の連鎖の中で苦しむ老判事の物語である。常に拳銃自殺への衝動にかられる半身不随で無神論者の老判事であるフスティーノは、養女のグレイスと暮らしているが、ある日先立たれた最愛の妻メルシーの日記を発見する。そこから物語は彼の回想シーンを挿入させながら進んでゆく。

写真 119 『Dagsin』

米軍将校とフィリピン人女性の混血である美しいメルシーとフスティーノは婚約するが、太平洋戦争の時代となり、フスティーノが軍隊に志願したところから事態は急転する。彼はそこで「バターン死の行進[8]（デスマーチ）」を経験した後、拷問や「ロシアンルーレット[9]」による迫害を受け、現在まで続くトラウマとなって苦しみ続けることとなった。なんとか戦争で生き残った彼はその後、人権派判事として活躍するが、そのことが影響してか、マルコス政権による戒厳令時代に暴徒に襲われて足を失い、車椅子の生活となった。そしてメルシーの日記で明らかになったことは、その頃メルシー自身にも嫌疑が及んで官憲に拘束されていたということである。メルシーは決してフスティーノにそのことを告白することはなかったが、さらに日記を読み漁る同じ頃、かつて彼が裁判を手がけた元活動家から、メルシーがその拘束時に、ある警察幹部の自宅に監禁され、数日後に傷だらけで解放された事実を伝えられる。映画の中では明示していないが、おそらくメルシーはその幹部に強姦・拷問されていたと推測される。その事実を知ったフスティーノは神を呪い自殺を図るが、失敗して精神の均衡を崩してゆくという物語である。

タイトルである『Dagsin』は重力とも重大さとも訳せるが、本作品では色々な意味を含んだメタファーとなっている。物語の本筋はフスティーノとメルシーの甘美なラブストーリーなのだが、末期癌に侵されたメルシーの求めに応じて、フスティーノは人工呼吸器を外して死に至らしめる。最愛の妻を自らの手で決着をつけることの重大さ。そして自らの命を捨てようとする行為の重大さ。そうした人生における命を巡る重大さへの問いかけが本作品の根幹である。そしてその二人の人生を翻弄する暴力とその連鎖が重厚な物語の背景を支えている。

『ML』（ベネディクト・マイク監督）

マルコス独裁政権による戒厳令時代の後遺症については、それそのものをテーマとした作品も存在する。二〇一八年のシネマラヤで熟年人気俳優のエディ・ガルシアが出演して話題をさらった『ML』（ベネディクト・マイク監督）は、戒厳令（ML＝Martial Law）が支配した暗い時代の記憶をテーマにした作品である。ガルシア扮する主人公の老人は、かつてマルコス戒厳令時代にマニラ首都圏に特別に結成された首都圏特別警察隊（Philippine Constabulary Metropolitan Command）の退役大佐で悠々自適の一人暮らしをしていたのだが、幻覚にさいなまれて自分はいまだにマルコス時代に生きていると錯覚し、戒厳令時代について大学のリサーチのために訪ねてきた学生を自宅に監禁する。やがてその友人も巻き込んで、一九七〇年代マルコス時代に実践していた拷問を行う。水攻め、電気ショック、爪剥ぎ、女学生に対しては性器の陵辱など残虐な行為が延々と繰り返される非情な暴力シーン満載のいわゆるバイオレンス・ホラー作品でもある。

写真 120　『ML』

しかしこの作品の主眼は、退役大佐を訪ねてやって来てその犠牲となる男子大学生が、大学の授業で戒厳令が話題になった際に、戒厳令（国家による暴力を基礎とした強権支配）は国の秩序を保つために必要なものであったのではないかと思うと、ポジティブな感想を述べるところから物語が展開することにある。この作品の脚本・監督を務めたマイクは二〇〇〇年代初頭より主にテレビ・ドラマの脚本で活躍してきた四〇代で、八〇年代の中ごろまで続いたマルコス時代の暴力についてある程度の知識の継承は行われているが、本作品の主人公に設定された八〇年代以降に生まれたミレニアル世代の若者にとっては、そもそも戒厳令とは既に遠い歴史に属することがら。その結果、戒厳令が持つ本質的な暴力性について想像力の欠如した一面的な解釈で完結してしまいつつある中で、マイク監督は改めて戒厳令時代の暴力性の本質について警鐘を鳴らしたということであろう。そして時代は変転して「ポスト真実の時代」となり、かたちを変えて強権政治の暴力による民衆への圧迫は現代も続いている。

戒厳令の時代における暴力性と現代のそれとの関連性について述べるのであれば、先にヒップホップとの関連で紹介した『Respeto《リスペクト》』という作品も同じテーマを扱っている。二〇一八年の東京国際映画祭で上映されたが、それに合わせて来日したトレブ・モンテラス二世監督は対談の中で次のように語っている。

残念ながら今のフィリピンではさまざまなバイオレンスが横行している。それは七〇年代の軍事統制下にあった時代からずっと続いているものですけれども、現大統領が二〇一六年に当選した後は、ご存じのように、彼は麻薬撲滅を訴えて、その結果、売人や常習者とされる人たちが大勢殺されています。私自身もそれに対して自分なりの意見を述べなければいけないと思い、この映画を作りました[10]。

暴力も、暴力のイメージも再生産されているのだ。

3　暴力のイメージと麻痺への抗い

『キナタイ――マニラ・アンダーグラウンド』（ブリランテ・メンドーサ監督）

次に一旦歴史を離れて、暴力そのものを扱った作品を見てみよう。ブリランテ・メンドーサのカンヌ監督賞受賞作品である『Kinatay（屠殺）〈Butchered〉《キナタイ――マニラ・アンダーグラウンド》』（以下、『キナタイ』）は、「ニュー・アーバン・リアリズム」のある意味完成形とも言える作品かもしれない。主人公は警察官であるが、長々と日常的なシーンが続いた後、終盤は中年の娼婦を仲間と惨殺する。彼は仲間に促されるまま、まるで去勢された動物のように無防備に、なんら意思というものが見当たらないままに殺しの共犯に突き進んでしまう。どんな理由で殺害に至ったのか、どのような力が働いたのか一切の説明はなく、あるのは麻痺した感覚のみである。そこには悲劇のヒーローは存在しない。むしろそうした悲劇のヒーローを作らず、善にしろ悪にしろ、かたくなに神格化を行わないところに「ニュー・アーバン・リアリズム」の真骨頂がある。

この作品における暴力描写に見られるように「暴力からの意味の剥奪」が起きていることについて、社会学者の酒井隆史は『暴力の哲学』の中で以下のように説明している。

> 暴力から意味が喪失されるということは、〈政治的なもの〉が衰退してゆくことと関係しています。政治的暴力とは、七〇年代にはいまだ頻繁にみてとることができました。たとえば、いわゆる極左、極右のテロリズムは、革命を通して国家権力を奪取するという目標をもっていましたし、民族解放闘争は、外国の支配からみずからの民族＝国民を解放して新しい国家を樹立するという目標をもっていた。そのことによって、それらの暴力は政治的な意味を与えられていたのです。(11)

写真121 『キナタイ——マニラ・アンダーグラウンド』

ただしフィリピンの現状は、政治的な暴力もあいかわらず一方で生き続けており、それは国家権力による暴力のみならず、共産主義武装闘争の残存勢力による民族解放闘争や、ミンダナオにおけるムスリム分離独立勢力やテロリストグループとされる武装勢力による暴力など、いまだに日常の中に政治性の明確な暴力が存在しているところに私たち日本との決定的な違いがある。またフィリピンの場合はその暴力の政治性というものが、地方レベルの政治的抗争の場面においてより凶暴な相貌を見せるということもよくあることである。よく言われるようにフィリピンの地方政治は、植民地時代の影響から地方の土地所有権に基づく富を基礎とした地域の有力家族による支配とその親分・子分関係といった階級支配の伝統がいまだに根強く残っており、そのために有力な家同士の抗争が絶えず、そこに暴力の温床があると指摘されてきた。国家レベルの暴力とは異なり、こうした地方の権力者による暴力は大衆により近い現場で日常的に起こり、国民全体でそれが共有されるということにも限度があるが（ニュースにもならない）、時に国全体を震撼させる信じられないような暴力の暴発が起きることもある。『キナタイ』などの作品を生み出す背景の一端でもある暴力とそのイメージについて、避けて通るわけにはいかないので少し触れておく。

本作品が公開された数か月後の二〇〇九年一一月二三日、ミンダナオ島マギンダナオ州で州知事選への届出に向かっていた地元政治家イスマイル・マグダダトゥの近親者や弁護士、取材していたジャーナリストの一行が襲撃され五八人が犠牲となった。犯行はマグダダトゥの対抗勢力であるアンパトゥアン一族とその手下によるものと判明し、国軍兵士の関与も明らかになった。何よりも戦慄するのはその殺害の手口や処理の方法で、女性を強姦した後、陰部に一六発もの弾丸を撃ち込んでいたり、斬首や妊婦の腹を切り裂いたことも判明。犯行数日前から大きな穴を掘って準備し、そこにバスやジープニーを死体ごと埋めていた。そして土の中から掘り起こされた損傷激しい遺体の様子は写真や映像でインターネットを通して繰り返し晒されることとなった。この事件は「マギンダナオの虐殺」としてフィリピン全土のみならず世界中を震撼させ、凄惨な遺体のイメージとともに永く人々の記憶にとどまることとなる。

フィリピンにおいて暴力をもたらしている心の闇、荒廃には非常に根深いものがあると思われるが、ここで再びスーザン・ソンタグの『他者の苦痛へのまなざし』を想起しよう。[12] 写真は私たちにどのような態度をとらせるか。残虐な行為の写真は必ずしも、生と死に直面させ、そこから人間の尊厳へ思いを至らせるとは限らない。私たちには恐ろしいものを見たいという欲求がある。また同情という気持ちについて、同情は確かに苦しんでいる人間のことを考え、そしてときに怒りにかられながらその事態を見つめる。しかしソンタグは次のように同情を批判する。

同情を感じているかぎりにおいて、われわれは苦しみを引き起こしたものの共犯者ではないと感じる。

被写体となっている人々の苦しみに対して私たちは果たして無関係なのだろうか。私たちが見るという立場にある以上、それはひとつの特権であり、この特権的な私たちの立場が、被写体の人々の苦しみに連関しているかもしれないと洞察を働かすことこそ、私たちの課題ではないかとソンタグは指摘する。写真、そして映画も含まれるだろうが、芸術はこの世界から切り離されて存在するのではない。むしろこの世界を刷新する新鮮さをもつ。そしてこの世界と関係する以上、そこには私たちの他者への一定の責任が倫理というかたちで要請される。決して野放図に作品を鑑賞してよいわけではないという主張である。表象される世界と私たちの生きる現実世界の関係について、フィクションである『キナタイ』にしろ、現実としての暴力を伝える報道におけるイメージの氾濫にしても、いずれにせよ私たちは虚構のなかに生きていることに変わりはない。報道写真や映像がいくら現実を忠実に再現すると言われているとはいえ、そこに主観性を排除することはできない。

社会学者の長谷正人は次のように指摘する。

写真であれ、映画であれ、あるいはビデオであれ、カメラによって捉えられた視覚的世界はすべて、このような人間世界への（あるいは意味世界への）絶対的無関心のようなものを胚胎させてしまっている。[13]

『キナタイ』について、『Pulp Fiction《パルプ・フィクション》』で一九九四年カンヌ国際映画祭最高賞のパルム・ドールを受賞したクエンティン・タランティーノは、「この作品における映画製作の要諦は、殺人を決してドラマ化していないこと、サスペンス映画というものに安住していないことである」と好意的に評価している。見ている我々はサスペンス映画よろしく感情を揺り動かされて鼓動が高まるどころか、悲惨極まりない遺体の切り刻みシーンでさえ、その目撃者となっても不思議と感覚が麻痺してゆく体験をすることになる。

筆者はかつて『キナタイ』でカンヌ国際映画祭の監督賞を受賞した後のインタビューでメンドーサ監督が次のように語ったことが非常に印象に残っている。

テーマがどんなに絶望的なものでも、私の映画では「人が生きようとしている」ことを伝えたい。

それ以来、人間の凄惨な暴力の極北を描くことと、この言葉とはどんな関係があるのだろうか、何を意味しているのだろうか、長らく疑問であったが、今では少し理解できたような気がする。暴力とはいかなるものか、何に由来し、何をもたらし、本来的に人間に備わる暴力性を制御してゆくということはどういうことなのか、同作品は氾濫する暴力のイメージからくるある種麻痺の感覚に抗い、凄惨なイメージを目の前にして逡巡する仕方を教えてくれているようだ。

4　偏在する暴力と暴力描写

暴力は偏在する。そのため映画でもしばしば描かれる。現在のインディペンデント映画の活況を支える大きな潮流の一つに「ニュー・アーバン・リアリズム」があると度々紹介してきたが、そのリアリズムの舞台となるのは多くの場合、不法占拠区域などのスラム地帯である。グローバリゼーションとその一つの帰結である大都市への極度な集住化がもたらす貧富の格差、特にマニラには絶望的な格差が存在する。金持ちの資産がふくらみ続けるミニバブル状況の中で、貧富の格差はさらに拡大し、開発の恩恵はあいかわらず勝ち組のみに与えられている。そんな不均衡な世の中をまさに象徴するような高額所得者のためだけの新しい町がマニラの中心部につくられた。名づけて「グローバルシティー」。グローバリゼーションの恩恵を受けた人々の街として象徴的なネーミングである。二〇年ほど前までは米軍基地だったが、フィリピン最大の財閥であるアヤラ財閥が払い下げを受け、野原を一から開発し、超高級マンションにショッピングモール、学校や病院のある金持ち村を建設した。ピカピカのブティックや人気カフェが立ち並び、ファッショナブルな人たちで賑わい、美しい芝生の中庭にはパブリックアートの彫刻がふんだんに置かれている。そして、そんなきらびやかな街が生まれている一方で最底辺の生活もある。マニラ首都圏最大のゴミの集積地（スモーキーマウンテン）であるパヤタスはゴミ山の麓につくられたバラックの家々とドブ川の町。悲惨な光景と異様な異臭に包まれた、「スカベンジャー」とよばれるゴミ拾いを生業とする人々が不法占拠してつくり

写真 122　グローバルシティ

写真 123　パヤタスのスカベンジャー

出した町である。グローバルシティーとパヤタスでは、まさに天国と地獄。勝者と敗者がはっきりと分かれているこの国では、より大きな権力は確実に勝者の手中にある。それに対抗する弱者の中に暴力が芽生えても全く不思議ではない状況である。そしてこうした社会階級の根本的な分裂がもたらす暴力は、多くのインディペンデント映画の主要テーマとなってきた。

映画はむろん視覚芸術であるが、フィリピンのインディペンデント映画に見られる魅力や特異性は、視覚を超えて、ある種、皮膚感覚や嗅覚といった視覚以外の感覚に訴える部分が大きいと筆者は考えている。熱帯の湿潤な気候をベースにした映像表現、若年を中心に圧倒的な人口密度を有する都市部の暮らしの活写、人に限らずその他の動物、植物などの生きとし生きるものの溢れかえる路地、これら全ての臭いや皮膚感覚が映像を通して体験される。それは評論家・多木浩二が言うところの「多次元化した経験にともなう知覚」に近いかもしれない。[14] 多木は『ベンヤミン「複製技術時代の芸術作品」精読』のなかで、ベンヤミンが言う「触覚的」な受容の大切さについて語っている。私たちは映像を主題にした場合、視覚的な受容について考えがちである。そして、ベンヤミンの映画論や写真論を視覚的な受容にかかわる問題だと捉えてもきた。しかし多木はここで「触覚的というのはたんに手で触るということではない」と明言する。「時間をかけ、思考にも媒介され、多次元化した経験にともなう知覚」のことをベンヤミンは「触覚的（taktile）」と呼んだのである。[15] 同様に映像作家の金子遊は次のように指摘する。

外界からの刺激を受けることのない静かな暗闇のなかで、自由になった嗅覚や味覚や触覚までもが、わたしたちの視覚と聴覚に流れ込み、普段より研ぎすまされて拡張された知覚がスクリーンへと集中することとなる。日常の生活空間よりも知覚が冴えわたり、細部までがじっくりとよく見えて、五感のすべてを動員してスクリーンの上の対象から身体をゆさぶられ、心を強く動かされることが可能になる。[16]

『アモク』（ローレンス・ファハルド監督）

シネマラヤに登場した多くの映画の中でも、バイオレンス（暴力）をテーマにした作品は枚挙にいとまがないが、このバイオレンスを扱った作品には「触覚的」魅力や力にあふれた作品が多い。その中でも暴力そのものを真正面から扱い、強烈な印象を残した作品『Amok（突然の錯乱）《アモク》』（ローレンス・ファハルド監督、二〇一一年）を紹介しておこう。「アモク」とは突然狂騒状態になって異常に暴力的になることを意味するが、特に東南アジアのマレー人に顕著な特徴として使われる場合が多い。本作品はそのアモクによる突然の悲劇、不条理をテーマにした作品である。「不正義はどこにでも存在する」というキャプションで始まり、冒頭のシーンで交通違反者が警察に賄賂を渡そうとする。マニラ首都圏のど真ん中、交通量が最も多い一つの地区の交差点がこの映画の舞台である。灼熱の太陽をアスファルトが照り返し、人の声は渋滞にあえぐ車の喧騒にかき消される。そこに、路上でたばこ売りして小銭を稼ぐ少年たちの軽快なラップが五分間以上流れる。そのラップにあわせてモンタージュのように展開するリアルな庶民の日常はそれだけで一片の短編映画のようで、「ニュー・アーバン・リアリズム」のお手本といってもよいほどである。

写真 124 『アモク』

写真 125 マニラの渋滞

あんたちょっとでも動きなよ／突っつかれたくなかったら／こっちはそんな意図ないけど／突っつかれたと思うだろ／動きなよ／衝突したくねえから／くそ暑いぜ／頭の先からまたの間まで／誰だよ渋滞の原因は／ひでえ渋滞ですぜ旦那／学校に遅れたくないんだよ／俺が遅れると先生が怒りやがるからよ／急いでくんない／ほんとに汗だくだぜ／なんでこんなに狂ってるのを誰も止められねえんだ／頑固なやつだな／わかってねえぜジャック／こすったらツケが回るぞ／まるで餅みたいだな／俺たち全身べとべとだぜ／あまりにここはせまっ苦しい／早く動こうぜ／ああ眩暈だ／俺たちみんなフィリピン人／ごちゃまぜクレイジー／またコーリー・アキノの葬式のやり直しかよ／ここはクソ暑いぜ／まるでフライパンの上／早く動けよ／もう待てねえ……

本作品全編にわたってその交差点でまさに人生を交差させる何組かの人間模様が延々と描かれる。バスケットボールに将来をかける若者と彼をサポートするコーチ。質素なバーベキュー屋台を営む母親とそれを手伝う小さな女の子。交差点を見下ろすアパートに住む初老の男は落ちぶれた映画俳優で今は薬物依存。売春をあっせんするゲイと気乗りせず彼に付き従う若い男性。大金と交換に不法占拠地区にある自分の家に放火することを老女に迫る闇ブローカー。身重の妻がいる元警官の初老のやくざ男はギャンブルでいざこざを抱えている。そして物語の最終盤にそのいざこざのもつれが原因でやくざ男がアモク状態になり、これまで交差してきた人々の人生を銃の暴発で一瞬の内に葬り去ってしまう。最終的にアモクになったのは元警官のやくざ男であったが、実は彼が殺害することになる人々やその周囲にも、常に暴力や暴力の前兆で満たされていて、人間性を失いかけた現代のフィリピン人に偏在する危機、一歩間違えば誰もが加害者にも被害者にもなりうるという不条理が存在するというのがこの作品のメッセージであろう。そしてその不条理劇を盛り上げているのが、ラップの歌詞の中でも前触れがあるように、じりじりとうだるような暑さを表現する皮膚感覚や、雑踏の交差点に滞留する様々な臭いを伝える嗅覚といった視覚とは異なる感覚、まさに「触覚的」な感覚へ訴える力なのである。暴力性は人間の本性であり、誰もが持っている普遍的なものである。日常それを必死で抑え込んではいるのだが、日々のストレスは知らず知らずのうちに鬱積して暴発することがある。この作品における「触覚的」な日常描写は、暴発に至る重層的な心理描写に成功しているといえるだろう。

『爆弾』（ラルストン・ホベール監督）

突然のアモク型の暴力の暴発を描いた作品をもう一つ紹介しておく。二〇一八年のシナーグ・マイニラ国際映画祭に出品された『Bomba（爆弾）』（ラルストン・ホベール監督）は、死体処理屋で働く聴覚障がい者の男が主人公である。父親からドメスティック・バイオレンスを受けて家出をしてきた少女と海辺のスクウォッター地域でつつましく暮らしている主人公だが、ハンディキャップの影響で常に失業による貧困の淵にある恐怖と絶望と闘っていた。そしてささいな理由から女主人に解雇を言い渡され、物語の最後には会社に乗り込んで怨恨あるその女を殺害するが、その勢いのまま周囲の職員を無差別に殺害してしまう。マージナルな条件や環境に置かれた人間の心の崩壊の物語に、真実なき社会の影が落とされているが、最後の暴発のシーンまでジリジリと茹だるような暑さと、時に時限爆弾を想起させる時計の秒針の音が、否応なく終末の悲劇を予想させる効果を発揮している。この作品は同映画祭で監督賞、主演男優賞、主演女優賞など四部門で受賞を果たしている。

映画というメディアに定着されたイメージ。インディペンデントであれば技術的にはデジタルフォーマットに変換されたデータの集積。その残像といえる映像。そこに見えるものと、見える世界を越えた見えない世界について思いをはせること。フィリピン映画は多くのことを語りかけてくれる。フィリピン映画を観たいと思うのは、その先にある世界に触れてみたいからだと思う。日常から始まり、日常感覚から私たちを引き離し、都市を、自然を、人々を発見させてくれる。そこにあるものは、しかし決して平板な、麗しいだけの世界ではない。むしろしばしば世界はある意味残酷である。なぜならば、確かにこの世界は不公平と不条理から成り立っているからであろう。フィリピン映画に描かれた世界は確実にそう主張している。しかし、それにもかかわらずその世界が魅力的で愛おしいのは何故なのだろうか。

注

（1）英国のオックスフォード大学出版局は二〇一六年を象徴する言葉として「ポスト真実」、英語では「Post Truth」を選定したが、同出版局の『オックスフォード・ディクショナリーズ』では、「世論の形成において、客観的事実が感情や個人的信念への訴えかけよりも影響力にかけている状況、またはそれに関連した状況を表す言葉」と定義した。

（2）外山文子他編『21世紀東南アジアの強権政治「ストロングマン」時代の到来』明石書店、二〇一八年、八―九頁。

（3）UP時代は学生自治会のリーダーとして活躍し、一九八六年マルコス大統領を退陣に追いやった「黄色い革命」に身を投じ「八六年共和国憲法」の最年少起草委員。アロヨ政権時代は最大野党自由党の法律顧問として反政府運動のブレイン的存在であった。

（4）ホセ・ルイス・マーティン・ガスコン「自由とデモクラシーのための抵抗」アジア・リーダシップ・フェロー・プログラム・ホームページ（http://alfpnetwork.net/e-magazine001_03/）、二〇一九年三月二五日閲覧。

（5）日本の刑法は満一四歳以上を対象としており、一四歳未満の者の行為には罰を科さないと規定している。

（6）フィリピンでは年に一度の大統領施政演説のことをＳＯＮＡ（State of the Nation Address）と称している。

（7）（4）に同じ、二〇一九年三月二五日閲覧。

（8）一九四二年四月、日本軍のバターン半島占領後に起きた米軍およびフィリピン軍捕虜に対する虐待事件。炎天下、捕虜収容所への一〇〇キロを超える強制連行で、多くの捕虜や難民が命を落とした。フィリピンでは日本軍がバターン半島を陥落させた四月九日を現在でも「勇者の日」としてフィリピンとアメリカの兵士を称える国民の休日としている。

（9）リボルバー式拳銃に一発だけ銃弾を装着し、シリンダーを回転させて自分のこめかみに当てて一度引き金を引く死のゲーム。

（10）『東南アジア　ラララ「クラシックス」』プログラム、国際交流基金、二〇一九年、一〇頁。

（11）酒井隆史『暴力の哲学』河出書房新社、二〇〇四年、三〇頁。

（12）スーザン・ソンタグ『他者の苦痛へのまなざし』みすず書房、二〇〇三年。

（13）長谷正人『映像という神秘と快楽——「世界」と触れ合うためのレッスン』以文社、二〇〇〇年、五頁。

（14）多木浩二『映像の歴史哲学』みすず書房、二〇一三年、四五頁。

（15）多木浩二『ベンヤミン「複製技術時代の芸術作品」精読』岩波書店、二〇〇〇年、一二二頁。

（16）金子遊『映像の境域——アートフィルム／ワールドシネマ』森話社、二〇一七年、九頁。

第七章　フィリピン映画と信仰

光はやみの中に　火のように輝く
闇は　けっしてこの光を消すことはない(1)

一　映画と信仰

唯一神を信じる人もそうでない人も、信仰というものに思いをはせることは多少の差異や深いか浅いかの違いはあれど、人として自然なことであろう。そして、目まぐるしく変転するこの世界で一旦立ち止まり、それぞれの個人にとって神とは何であるかを沈思黙考する。また神というものが不明な場合は「存在」について考えること、そしてこの世界を解釈することは生きてゆくうえで避けては通れないことであろう。キリスト教徒が九〇％以上を占めるフィリピンでは、これまでもキリスト教、もしくは信仰をテーマにした映画作品が数多く生まれてきた。キリスト教もしくは信仰は、フィリピン映画を理解する大きな鍵の一つであり、それをテーマにした作品はフィリピン映画の魅力そのものでもある。

映画は、より正確には映画を観るという体験は、数あるメディア体験の中でも時に宗教に譬えられることがある。それについて美術史家の岡田温司は次のように述べている。

広くて暗い空間のなかで、人々が共通のものに注意を集中させ、共通の体験をするという点で、教会堂と映画館のあいだにはある種の親和性があるのだ。とするなら、スクリーンは祭壇に対応することになるだろう。祭壇とは本来キリストの墓を象徴するものだとすると、その墓のなかから蘇った『神の子』がスクリーン上で活躍するのが映画に他ならないことになる。ジャン＝リュック・ゴダール（一九三〇年生）が『映画史』（一九八八―九八）において繰り返す名高いせりふ、『イマージュは復活のときに到来する』や『イマージュは償いの秩序に属する』はそうした意味において理解されるかもしれない。[2]

『奇跡の女』（イシュマエル・ベルナール監督）

それではフィリピン映画の中でキリスト教、宗教、そして信仰がいかに描かれているか見てみよう。インディペンデント映画の興隆に先立って、信仰をテーマにしたフィリピン映画の原型といえば『Himala〈Miracle〉《奇跡の女》』（イシュマエル・ベルナール監督、一九八二年、以下、『奇跡の女』）をおいて他にはないであろう。皆既日食の日にエルサという若い娘（ノラ・オノール）が丘の上で聖母マリアを見たと言い出すことから騒動が始まる。最初は誰も相手にしなかったが、やがて彼女に病気を治癒されたという者が現れると瞬く間に噂が広がって、病人や障がい者が彼女のもとに奇跡を求めて押し寄せるようになる。そして噂がどんどんエスカレートして小さな村にはその騒動見たさに外国人観光客も訪れるほど異様な雰囲気に包まれていく。やがてそんな騒動に苦悩し霊力に限界を感じ始めたエルサは、自ら「奇跡など存在しない（Wala Himala）」、「聖母マリアは私のもとに現れなかった。奇跡は人々の心の中にある」と告白するに至る。霊力を失ったエルサに向けられた民衆の怒りは収まることなく、やがて狂信者によって暗殺されてしまうという結末である。本作品は一九八二年のベルリン国際映画祭のコンペティション部門にフィリピン映画史上初のノミネート作品となった他、海外でも多くの映画祭等で上映され、二〇〇八年にはCNNアジア太平洋スクリーン・アワードにおいて、アジア太平洋地域における生涯作品の視聴者選択部門で最優秀作品賞に輝いている。なお日本でも一九八八年の「アセアン映画週間」以来何度か上映されている。

『奇跡の女』はキリスト教を信仰する民衆の心の奥深くにある非合理的な神秘思想と、いまも現実に国内そこかしこにいるヒーラー（霊能力治癒者）の物語だが、この映画はいまやフィリピンでは伝説となっており、同作品の脚本や様々なエピソードや関係スタッフ・役者による回顧コメントなどをまとめた *Sa Puso ng Himala*(3)（奇跡の心）という本も出版されているほどである。同映画制作に携わったスタッフの中から後に映画界を支えてゆくこととなる重要な人材を多く輩出している。エグゼクティブ・プロデューサーのチャロ・サントスは一大メディアグループABS―CBNの会長、脚本を書いたリッキー・リーはフィリピンを代表する脚本家として今も活躍しており、現代の売れっ子監督ジョエル・ラマンガンはアシスタント・ディレクターとして群衆エキストラを担当、そして著名な文芸批評家となっているビブシー・カルバーリョがライン・プロデューサーであった。

写真126　『奇跡の女』

二　解放の神学とラヴ・ディアス監督作品

『奇跡の女』という映画は、キリスト教という「世界宗教」を広く信じるフィリピンにおいて、その基層には奇跡を起こす超自然的な力を宿す何者かを信じるアニミズム的な世界観を描いているのだが、キリスト教の世界観に、より焦点を当てた最近の作品を紹介する。鬼才ラヴ・ディアスの『Ang Babaeng Humayon〈The Woman Who Left〉《立ち去った女》』（二〇一六年、以下、『立ち去った女』）は三時間四八分に及ぶ白黒による大作で、二〇一七年第七三回ヴェネツィア国際映画祭で金獅子賞（グランプリ）を獲得した。冤罪で三〇年間刑務所暮らしを余儀なくされた女ホラシオが釈放され、故郷に戻って真犯人に復讐を図る物語を柱に、彼女の周辺で底辺を生きる人々の人生の悲哀と信仰がテーマである。本作品をより深く理解するために、作品解説の前にフィリピン特有のキリスト教を基盤とした思想的運動について触れておく。

『立ち去った女』（ラヴ・ディアス監督）

フィリピンのカトリックには、民衆運動と合流する一派がキリスト教を通して社会革命を目指すという「解放の神学」の流れがある。解放の神学はもともと中南米を中心にカトリック教会内部からおこった社会改革運動であるが、貧困の克服、人権擁護など社会正義の実現のためにイエスを「解放者」と解釈した。フィリピンでも一九六〇年代後半からマルコスの戒厳令時代にかけて、共産主義運動、すなわちマルクス主義と結びつき、民衆運動として力を持つようになった。その運動の中心にいたエディシオ・デ・ラ・トーレ神父は一九七三年に民族民主戦線（ＮＤＦ）を結成して地下に潜り、二度の投獄を経て運動を継続しており、中南米で下火になった今日でも実践を続けている。

解放の神学では、社会的な抑圧や経済的な貧困から神について考えるという視点が重要だが、『立ち去った女』

も貧困や不正義と神というテーマが通奏低音となっている。後半、不法占拠の家の立ち退きを公権力が強制的に行う場面がある。

住民たち：我々の土地だ！
住民代表：大切な家を失ってしまいます。誰でも家を持つ権利がある。彼らはこの土地に住む権利を守るため何度も当局へ嘆願しましたが、当局は国有地だと主張して却下したのです。住民たちの主張する土地の権利書を得るために長い間闘ってきました。金持ちだけに権利書を渡さないで取り壊しを中止し貧者にも権利書を与えて下さい。彼らはどこへ行けばいいのです？
住民たち：取り壊し反対！（中略）
警官たちが守るなか、ブルドーザーが住民たちの家を壊していく。[4]

貧者の訴えに公権力は耳を傾けようとはせず、たとえ不法占拠（スクウォッター）であってもようやく生活の拠点を築いてつつましく暮らしていた貧民の生活を根こそぎ奪うシーンで、合法性対違法性のみでは納得のいかない不条理ともいえる世の中の在り方を映し出す。

「解放の神学」のトーレ神父は訴える。

貧しい人たちによる正義への努力は、本質的に善であり、妥当性を備えています。私たちにはそれで十分なはずです。抑圧者よりも彼らの側に、多くの権利が存するのは確かです。[5]

フィリピンという国から世界を見渡せば、世の中は不条理に満ちている。特に富の再分配における機能不全、富の偏在とそれと裏返しの最底辺の貧困の淵に日々あえぐ人々の日常は、本書で紹介する多くの映画作品でも描かれているが、フィリピンではありふれた日常の光景ですらある。

こうした貧富の格差による不条理への異議申し立てを根っこに持つ「解放の神学」は、既存の社会システムを前提に成立しているフィリピンの教会秩序に対しても激しく攻撃する。そしてその主張がトーレ神父の基本的な世界認識となる。

封建主義の時代がそうであったように、キリスト教と現行の政治体制を同一視するもので、キリスト教は現行の体制を祝福するわけです。自由資本主義世界においてはそれへの反動として、キリスト教が一つの政治的格言のようになっています（中略）神の国の光のもとでは、すべての政治制度は不完全である、と。一見、進歩的な発言に見えますが、実は、暗黙のうちに現体制を支持ないし擁護しているのです。「リベラリズム」とは即ち、資本主義擁護の、より巧妙な仮面でしかないのです。(6)

さらにトーレ神父は言う。

キリスト者であること　それは単に不義を糾弾することではない。
不義の根元を除去しようとすることである。(7)

この言葉はトーレ神父のいわば信仰宣言のようなものだが、こうした「解放の神学」のように闘う宗教家の存在もフィリピンにおいては大きな存在であることを理解しておくことは映画の理解には欠かせない。

『立ち去った女』に戻るが、映画の前半部分、主人公のホラシオが長年にわたる刑務所暮らしを終えて出所するも、まず目の中に飛び込んでくるのは道端にうずくまる貧困にあえぐ人で、皮肉にも堀の中の方がむしろ人間らしい世界であることが暗示されている。そしてその後の物語に登場する人物は、せむしのバロット（孵化直前のアヒルの卵を茹でた食べ物）売り、頭のおかしな乞食の女、ゴミ拾いの女、食堂を切り盛りする足の不自由な女、不法占拠の掘っ立て小屋で寄り添うようにして暮らす子だくさんの家族、そして自らの居場所を見つけることができずに放浪するゲイ、そしてそのゲイがすさまじい癲癇（てんかん）やレイプに苛まれるという挿話が差し込まれる。貧困、障害、性的弱者など社会の最底辺、その絶望の深淵を描いていて、それぞれの物語がこの作品の世界観に奥行きを与えている。この世界は不平等・不公正から成り立っており、われわれ人間はそんな世界に突然、何の理由もなく放り込まれたという、いわば不条理がこの物語の前提である。

写真 127　『立ち去った女』

神よ、これがあなたの創り出した世界だ。

また事件の黒幕としてホラシオが暗殺をねらう相手の元恋人ロドリゴも、表面的には成功を収め、底辺に暮らす貧しい人々からすれば別世界の住人のような地位を手に入れてはいる。映画の中でロドリゴが夜、警護も付けずに一人家から出てきてバロットをペソ硬貨で買うシーンがある。バロット売りにすればそのペソ硬貨の重み、そしてロドリゴからすれば無に等しい軽み、

写真 128 『立ち去った女』ロドリゴの告白

同じ数ペソという値段であってもこの世の中のシステムはそれを受け取る二人に全く等価ではない、富の偏在とそれによる途方もない距離感を暗示していてとても印象的なシーンとなっている。しかし、そんな栄華の中にあるロドリゴにしても実は心の中は暗黒である。映画の中盤、ミサの後にそのロドリゴが神父に向かって自分の犯した罪を懺悔しようとする。

ロドリゴ：多くのものを傷つけた。多くの人生を壊した。自分の行いはわかっている。でもなぜか善人にはなれない。なぜか心に棲む悪魔と戦えない。なぜか魂は悪魔に負けてしまう。なぜ次々と怒りが湧き上がるのか。怒りを鎮められない。邪悪な心だ。勝てない。心にケダモノがいる。

神父：後悔の気持ちは？
ロドリゴ：ある。そしてない。（中略）神父、神はいると思うか？
神父：そう信じる。誰にでも神は存在する。赤ん坊にも、迷い人や犯罪者、そして貧者たちにも。
ロドリゴ：その神はどこに？
神父：探すのだ。君ならできる。私は信徒を導くだけ。万事は収まる。失礼。
ロドリゴ：神を探せ。神を探せ。[8]

世の文芸の中で繰り返し描かれてきた神の沈黙、そして自己の魂への回帰といったテーマが重く響く。

聖と俗、超越と内在とが必ずしも対立しあうわけではないこと、俗なるものに聖が宿ること、内在のうちに超越があること、映画はおそらくそのことをもっとも豊かに表現できる芸術のメディウムである(9)

ところでディアスの映画がなぜ白黒のモノクロ世界なのか。それはこの世界には確かに闇が存在するからだ。そしてディアスはその深い闇を実に見事に映像の中で定着させることに成功している。おそらくその闇は決して救いのない漆黒の闇ではなく、闇の中でもけなげに生きようとする、光を求めてやまない人々の哀切が描かれている。闇は、決してこの光を消すことはない。闇（タガログ語でdilim）と光（同じくliwanag）はカトリック教会におけるキリストの受難の中で、死と復活という対極概念の暗示として、また死（闇）を免れない人間であっても天国（光）で輝きを得るという奇跡的な道程を暗示するものとして解釈されている。

また闇と光のモチーフは、一九世紀半ばから二〇世紀初頭にかけての農民反乱や反植民地闘争の中でも重要なモチーフとして現れている。レイナルド・イレートの『キリスト受難詩と革命』には、キリストの受難の生涯を書き記した叙事詩である「受難詩（パション）」が、一八世紀はじめの頃から聖週間で民衆に詠みつがれるようになり、カトリックの世界に大きな影響を与えたことが記されている。

暗黒は光へ、絶望は希望へ、悲惨は救いへ、死は生命へ、無知は英知へ、汚辱は清廉さへと移り変わる。スペインとアメリカによる両植民地時代において、これらのイメージは、経済的・政治的危機の状況に際して農民たちが、抑圧からの解放を約束する個人もしくは集団に導かれて行動を起こしえたような、千年王国的信仰の底流を育んでいった(10)。

写真 129　キアポ教会

写真 130　ブラック・ナザレ

物語終盤に、マニラの下町の真っ只中にあって、庶民の熱い信仰を一身に集めるキアポ教会が登場する場面がある。主人公のホラシオが行方不明の息子を探してマニラの下町を徘徊するシーンなのだが、筆者はその教会が表象する世界と、ディアス映画の白黒で描かれた世界観が見事に符合すると感じた。

キアポ教会はカトリック教会の中でもその独特なキリストの聖像、「ブラック・ナザレ」で有名である。ピエタ（キリストの磔刑直後の姿）の中でも体を真っ黒にしたその像は、土着信仰とあいまったフィリピンならではのキリスト像であり、黒い体はフィリピン人自らの自己像の投影、さらにはそこからくる人生の苦痛からの解放に向けての激しいエネルギーをまとう象徴となっている。毎年一月のフィエスタの際にはそのブラック・ナザレが教会を出て街中を行進するが、あまりの熱狂に、毎年踏みつけ被害などで死傷者が出るほどである。

キアポ教会に安置されているブラック・ナザレには毎日多くの信者が訪れる。実物のナザレ像の背後には特別な参道が用意されていて、ナザレ像の黒い足の裏を直に触れることができるようになっている。行方不明の息子を探して彷徨うホラシオもキアポ教会を訪れて、黒い足の裏の前に跪くであろうか。そう考える筆者の胸中にトーレの言葉が浮かぶ。

以前よく街頭デモをしたものでした。キアポ教会とミランダ広場は、そのころの象徴的な存在でした。キアポ教会では、薄暗く神秘的な中で、神父が一人でしゃべっていました。まさにそれは、人々を惑わし手なづけるためのものでした。一歩外に出れば、その時々の問題を論じ合い、抗議の声をあげ、あるいは喜びの声をあげる人々がいます。これら二つとも『典礼』なのです[11]。

『立ち去った女』には殺人の首謀者、その実行犯、殺人願望者、そしておそらく小さな罪を重ねて生きてきた市井の人々と、たとえ無実であっても塗炭の苦しみにあえぐ人々が登場する。俗なるものにこそ聖は宿る。罪とは何であるのか。人間の罪以上に現実の不条理、その過酷さ、それはいったい誰の罪なのか。ディアスの『立ち去った女』は、「存在」とは何か、信仰とは何かを真正面から問い、その問いかけを世界に突き付けている。映画のラストシーンで彷徨うホラシオに語りかけるようにナレーションが流れる。

遠い昔のこと
彼女は願いを創った
その願いは夢となり
夢は天に奪い去られた
遠い昔のこと

注

(1)　エディシオ・デ・ラ・トーレ『フィリピン民衆の解放とキリスト者』教文館、一九八六年、六頁。

（2）岡田温司『映画とキリスト』みすず書房、二〇一七年、一四頁。

（3）Ricky Lee, *SA PUSO NG HIMALA*, Quezon City, Philippine Writers Studio Foundation INC., 2012.

（4）『立ち去った女』カタログ、マジックアワー、二〇一七年。

（5）（1）参照、一七三頁。

（6）（1）参照、一八四頁。

（7）（1）参照、一〇四頁。

（8）（4）に同じ。

（9）（2）参照、二四頁。

（10）レイナルド・イレート、川田牧人他訳『キリスト受難詩と革命——一八四〇～一九一〇年のフィリピン民衆運動』法政大学出版局、二〇〇五年、二七頁。

（11）（1）参照、一八〇頁。

第八章　異彩を放つ映画人たち

一　カナカン・バリンタゴス——映画作りを通して自らのルーツへ[1]

カナカン・バリンタゴス（一九六九年生、アウラエウス・ソリートより改名[2]）の自宅は彼の出世作となった『Ang Pagdadalaga ni Maximo Oliveros《マキシモは花ざかり》』（以下、『マキシモ』）のロケ地ともなったマニラの下町サンパロック地区の真っただ中にあった。車と人の熱気でむせるような雑踏の中、ようやく彼の自宅にたどり着いた筆者を、母親手作りのフィリピン伝統料理ブラロ（骨付き牛の煮込み）でもてなしてくれた。母親の出自はパラワン島南部のプリン村の先住民族で、マニラに移住して彼をこの地で生んだ。

天才的頭脳の持ち主のカナカンは、国中の秀才が集うフィリピン・サイエンス高校に進学してトップとなるが、同校で著名な演出家から〝反抗的（プロテスト）〟演劇の洗礼を受ける。最高学府のＵＰに進学して一九九二年に参加したクリエイティブ・ライターズ・ワークショップでの体験が彼をルーツに目覚めさせた。「幽霊」をテーマとした創作に彼が選んだのは、パラワンのシャーマンの血を引く母親から聞いた「クック・オク」という妖怪と魔術の物語。卒業後はルーツをたどりライフワークとすることを心に決めた。一九九五年に受けたモエル

写真131　カナカン・バリンタゴス

財団のワークショップを契機に映像の道に入り、同年、パラワンの神話をテーマに実写映像をアニメーションのようにコマ撮りしたピクシレーションの技術による実験的短編『Ang Maikling Buhay ng Apoy, Act 2 Scene 2, Suring At Ang Kuk-Ok（火の短い命――アクト2シーン2、スリンとクック・オク）』を発表。その頃からパラワンをテーマにした長編映画製作を夢見たが、当時は先住民族を扱う映画製作に資金を提供するところは皆無で、シネマラヤにおける『マキシモ』の成功を待つほかなかった。

『神聖なる真実の儀式』

一九九六年にはカリスマ的人気を誇ったパンクロック・バンド、イレイザーヘッドのミュージックビデオを製作してMTVアワードを受賞、そして二〇〇二年に再びルーツに迫る先住民族の精神世界を描いた『Basal Basal〈Sacred Ritual of Truth〉《神聖なる真実の儀式》』を一六ミリで製作し、山形国際ドキュメンタリー映画祭などで上映した。同作品に至るまで、彼は何度か母親の故郷プリン村を訪問し、先住民族の権利保護のための活動にも携わっている。フィリピンでは一九九七年に「先住民族権法」（Indigenous Peoples Right Act）が施行され、先祖伝来の土地に関する権利や、文化や言語、慣習法を保護する権利など、先住民の権利保護が包括的に保障されることになった。彼が自らのルーツ＝自画像に目覚め、掘り下げていった時期は、まさに国全体で先住民に対する意識改革が行われていた時期でもある。

写真 132 『Pisay』

写真 133 『パラワンの運命』

『パラワンの運命』

『マキシモ』に続く『Tuli』（二〇〇五年）はレズビアンをテーマにした作品で、長編劇映画三作目となる『Pisay』（二〇〇九年）は高校時代の自伝的作品である。続く『Boy』（二〇〇九年）はマッチョダンサーと一夜をともにするために持っていた漫画本を売る少年の物語。『Pisay』以外はいずれも社会の周縁に生きる人々を描いている。そして二〇一〇年のシネマラヤから創設された実績のある監督が参加する「ディレクターズ・ショーケース」部門に長編五作目として、念願のパラワンを主題とした長編作品『Busong〈Palawan Fate〉（パラワンの運命）』（二〇一一年）を発表した。パラワンの伝統的儀式をベースにした神秘的な作品だが、この映画の撮影直前にシャーマンであった彼の伯父が他界したことでそれまで以上に自らの血筋の因縁に思いを深くし、先住民族の固有名であるカナカン・バリンタゴスに改名。パラワン人としてのアイデンティティを対外的にも鮮明にした。

デジタル・ビデオカメラは軽くてコンパクトだ。かつては入ることのできなかった所へも入り込むことができる。それはコミュニティの親密さを描くには欠かせない。その親密さこそが革命的な表現を生み出す。この裏の路地で『マキシモ』を撮影した時も、人々は私のカメラを見ることすらなかった。三五ミリでは表現できなかった世界を現代の僕たちは手にしている。

セレンディピティー（偶然を契機に予想外の展開で幸福をつかみ取る力）にあふれた類まれな天才的映像作家、カナカン・バリンタゴス。彼の自信に満ち溢れた言葉は、何故この国で素晴らしい映像作品が次々と生まれているのか、そのわけを端的に教えてくれる。

二　グチェレス・マンガンサカン二世――ビデオカメラを手にしたスルタンの末裔(3)

グチェレス・マンガンサカン二世、通称「テン」（一九七六年生、以下、テン）はマギンダナオの著名なスルタン（王）の家系。祖父のダトゥー・ウトック・マタラムはコタバト州知事を務め、六〇年代後半フィリピン全土で共産主義運動や学生運動が盛んになるとその影響を受け、一九六八年に「ミンダナオ独立運動（ＭＩＭ）」を創設。以来今日まで半世紀続いているミンダナオ・ムスリム分離独立運動の基礎を作った人物だ。

『三日月の下の家』

テン初のドキュメンタリー映画『House Under the Crescent Moon（三日月の下の家）』（二〇〇一年）は、その祖父が建て、テンと家族が暮らした故郷の大きな赤い家の物語である。テンが生まれた時代はＭＩＭの運動を受け継いだモロ民族解放戦線（ＭＮＬＦ）と政府軍との戦闘が最も激しかった。ダトゥー・マタラムはテンが六歳のときに亡くなり、テン自身も家を離れて都会で学校に通うことになり、赤い家は彼の記憶から失われた。マニラの大学で映画を学んだ彼は久しぶりに帰郷してその赤い家を訪れたが、そこで彼の見たものは、内戦が激化して多くの難民の避難所となり、荒廃した家の姿だった。テンは我を忘れたようにその姿を記録した。このルーツ探しのドキュメンタリー映画は彼の記念すべき処女作となり、ＣＣＰ（国立フィリピン文化センター）からその年の優秀映画賞が与えられた。

『聖戦主義者』

第二作目は『The Jihadist（聖戦主義者）』（二〇〇七年）で、叔父ハシム・サラマト（Hashim Salamat）が主人公である。サラマトは、ムスリム分離独立運動の中でより過激だと言われるモロ・イスラム解放戦線（ＭＩＬＦ）を創設。映画ではサラマトの足跡をたどり、彼の築いた内戦の傷跡が深く刻まれた村を訪れ、村人のインタビューを通してイスラムの指導者としての純真な姿を描いてゆく。二つの作品はともに彼の親族の足跡をたどるルーツ探しの物語だ。祖父も叔父も人々の記憶に残る、そして今後もこの国のムスリムの歴史に名を残す独立運動のリーダーであり闘士であった。しかしテンが映画の中で描いているものはそうした独立の英雄の物語ではなく、内戦で荒廃した家や土地、そして戦争被害で心に傷を抱えた人々の心に映し出される虚しさのようなものだ。

写真134　グチェレス・マンガンサカン二世

ミンダナオのムスリムたち、特に若手知識人たちは長い間、因習や周囲からの圧力からか、自由にものを言うことが困難な時代が続いてきた。しかしミレニアル世代になって徐々にその呪縛から解放されつつある。テンは映画監督でもあり、若手ムスリム知識人のリーダーとして様々なかたちで人材育成やネットワーキングをしているが、彼自らが編集者となっ

て *Children of the Ever-Changing Moon: Essays by Young Moro Writers*（変わりゆく月の子供たち――若手ムスリム作家によるエッセイ集）というアンソロジーを出版している。[4] この書物は一六人のミンダナオの若手ジャーナリスト、アーティストや教師らによるエッセイ集だが、現代のムスリム社会の様々な揺らぎが率直に表現されていて大変興味深い。親の反対を押し切ってキリスト教徒と結婚をする話、イスラム風の名前に対する偏見と恥じらい、同じムスリムでも父方と母方が異なる民族的出自を持っているがために起こるアイデンティティ喪失の問題、イスラム教徒のゲイに向けられた偏見、超保守的な土地で育った女性ムスリムの教師への険しい道のり、生まれて初めて故郷のムスリムの土地タウィタウィを訪れた夢のようなひと時、マニラのイスラム・コミュニティの生活など、どの物語も今を生きる若いムスリムたちの本音がよく伝わってくる。そのエッセイの一つ、ムスリムの女性としてはとても珍しいことだが、マニラを拠点とする大手新聞社でジャーナリズムのメインストリームで活躍するサミラ・アリ・グトックの作品には、マニラの大学で教育を終えて、ムスリム独立運動に希望を抱いて帰郷した友人が経験した挫折感が次のように描かれている。

私の友人は生れ故郷のラナオの町に、モロ（イスラム教徒）として誇りをもって帰郷した。しかしその後私が彼女に会った時、彼女は大きなフラストレーションに直面していた。モロ民族のために、その闘いのためにと思っていた理想は、そこに住む人々の間に見つけることができなかった。そのかわり、彼らは保守的で、すぐ誰かに頼る弱い人間で、無関心で腐敗していた。

『Limbunan』

テンはシネマラヤでも二〇一〇年に『Limbunan〈The Bridal Quarter〉』を発表し、二〇一三年にミンダナオ最南端のジェネラルサントス市を拠点にサラ・ミンダナオ国際映画祭を立ち上げて、現在はミンダナオから世界へ向けて映像文化を発信し始めている。

テンの子供の頃の夢は医者になることだった。それが大学時代に小津安二郎やフェデリコ・フェリーニと出会い、人生が変わった。医学をあきらめた彼は映画監督を志し、いまやミンダナオのアーティストの中で重要な位置を占めるようになった。ムスリムの伝統の核心を受け継ぐスルタンの末裔、そしてミンダナオ独立運動の戦闘家の家系。生まれながらにして数奇な宿命を背負い、暗い民族の記憶からおそらく逃れることのできない彼にとって、カメラは彼なりの抵抗の手段なのであろう。

> 人々の心の中にある不条理な怒りや恐れ、そして偏見を癒す苦くて甘い薬。私の映画や書き物がそうなることを願っている。そうなれば、かつて私が子供の頃に医者になりたいと思い描いたように、人々の心を癒すことができるだろう。

写真 135　『Limbunan』

テンの祖父たちが始めたミンダナオのムスリム独立運動は半世紀を経た今日、あまりにも多くの挫折と裏切りと腐敗と怨恨に侵されてしまった。しかしそんな「失われた自己」にまとわりつく空虚さを一旦受け入れた上で、そこから何かを始めようとしている人たちが確かに存在する。テンと彼を取り巻くミンダナオの若者の活躍からは、そんな「自分探し」と自画像の再構築の思いが伝わってくる。

三　シェロン・ダヨク——シネマラヤの申し子(5)

先に紹介したシェロン・ダヨク(一九八一年生)の『Halaw《海の道》』は既に四〇を超える海外の映画祭に招待されており、ミンダナオ生まれの監督によるミンダナオをテーマにした作品で近年最も多くの諸外国で上映された作品であると言ってよいが、彼のフィルモグラフィーを概観すると、経験をふまえて階段を一歩ずつ登るようにミンダナオ問題の奥深くにだんだんと、そしてどんどん分け入っていくように思える。そんな彼は自らを「シネマラヤの申し子」と位置付ける。

ミンダナオ島の最西端、スールー海に突き出た歴史的要塞の町、ザンボアンガ生まれ。この地域がイスラム化されたのは一六世紀半ばだが、その約一〇〇年後にはスペイン人キリスト教徒によって要塞が築かれた。以来スールー海は豊かな富をもたらす交易権を巡って植民地軍と地元のイスラム教徒との抗争の舞台となった。一九九一年にザンボアンガに近いバシラン島で、アブドラガク・ジャンジャラーニによって急進的イスラム原理主義グループであるアブ・サヤフが結成され、近年では海賊行為や誘拐事件を繰り返すことでテロリスト集団とみなされるようになり、スールー海は危険な海というイメージが定着してしまった。

『海の道』では、フィリピノ語、英語、ヴィサヤ語、チャバカノ語(ザンボアンガ地方の方言でダヨク監督自身の母語でもある)、そして「海のジプシー」と呼ばれる社会の最底辺を生きる先住民族であるバジャウ族の言葉が用いられているが、ダヨク監督自身の育った環境も映画と同じ多言語世界であった。アテネオ・デ・ザンボアンガ大学を卒業しているが、同大学はイエズス会修道士によって一九一二年に創立された由緒あるエリート校である。歴史的な事実としては、同地方を制圧したスペイン人たちがイエズス会の力を借りて同地方の民衆を教化するための前線基地

写真136　シェロン・ダヨク

写真137　『海の道』

として築いた学校であるが、そこではフィリピン人神父でもある学長のもと、宗教対立や経済格差について積極的な発言で言論界をリードしていた。彼はそこで哲学を学び、カトリック的なヒューマニズム思想を受け継いだ。

『夢』

その後、マニラに出てコールセンターに就職したが、二〇〇五年にUP映画研究所のワークショップに参加した。その同じ年にシネマラヤは創設されている。ザンボアンガに戻ってNGOのためにドキュメンタリー映画を撮影しながら前述のテンが主宰するワークショップにも参加してシネマラヤ出品の機会をうかがい、テンに後押しされるかたちで二〇〇八年に短編部門で『Angan-Angan（夢）』を製作し、同作品が入選して、彼の人生は一変した。同作品はバシラン島に住むイスラム教徒ヤカン族の九歳の女の子が勉学を断念し、ヤカンの古いしきたりに従って婚約する物語であり、シネマラヤの歴史の中で、ミンダナオ生まれの監督によるミンダナオをテーマにした初の作品として記憶されるであろう。

彼は二〇一〇年から開始された「ネクスト・マスターズ・トーキョー（現タレンツトーキョー）」の一期生でもある。タレンツトーキョーは、東京フィルメックスの関連企画で、アジアの若手映画作家やプロデューサーを対象に世界で活躍するためのノウハウを身につけ、国際的なネットワーク構築の機会を提供する一週間程度のワークショップである。一五名という少人数制で、第一線の映画人から自身の映画企画について直接アドバイスを受けることができ、修了後もコンペ形式で継続支援がある。ベルリン映画祭のタレンツベルリンを参考に、東京都がベルリンとの姉妹都市提携の目玉として二〇一〇年に開始した事業である。参加者（タレンツ）はもとより内外から映画製作関係者が集まり情報交換が行われ、ネットワークが形成されるので、その

写真 138 『夢』

出会いが将来の具体的な作品製作につながるケースが数多く見られる。ちなみに当時シェロンと同期で参加したフランシス・ザビエル・パション監督(6)もその後シネマラヤで才能を開花させ、『Bwaya《クロコダイル》』は第一五回東京フィルメックスのグランプリにも輝いている。さらにパション監督は『クロコダイル』の主演女優にアンジェリ・バヤニを起用しているが、本書の冒頭で紹介したシンガポール人監督アンソニー・チェンも同じく一期生で、彼の『イロイロ』にはそのパション監督からの推薦でやはりバヤニが起用されている。このように、アジアの若手監督はネットワークでつながっている。

二〇一〇年には満を持して長編コンペ部門に参加している。『海の道』はシネマラヤで最優秀作品賞、監督賞他を受賞し、海外の映画祭でも多数の受賞を果たしている。その後の彼は日本のＮＨＫとの共同制作に参加、アジア開発銀行からの委嘱作品や、釜山映画祭のアジア・フィルム・アカデミーに招聘されるなど国際的な活躍の場を広げている。一一二頁で紹介した『嘆きの河の女たち』は『海の道』を観て評価したサンダンス映画祭のプロデューサーに招待されてサンダンス・スクリプトライト・ラボに参加したことから始まり、ケソン市国際映画祭や民間の

プロダクション会社からの資金、合計でおよそ四五〇万ペソ（約一〇〇〇万円）をかけて製作された。物語の内容とフィリピン映画史における重要性は既述の通りである（二二一―二二二頁参照）。

そしてインタビュー時点で、同時進行二本の作品製作を進めているという。同じミンダナオ問題で二〇一七年に実際に起きたイスラム過激派によるマラウィ市の占拠・市街戦を扱った作品はロケハンの最中で、また日本の北海道が舞台のフィリピン人介護福祉士と日本の老人を描いたサイエンスフィクションも構想中である。特にマラウィを扱う作品は、現在大手プロダクションの出資で劇場用映画として製作が進行中である。このマラウィ事件というのは二〇一七年の五月にミンダナオ西部ラナオ州の州都マラウィ市で起きたイスラム過激派武装組織による、市内の主要な公共施設が攻撃されて人質をとって占拠された事件である。イスラム国（ＩＳＩＬ）との関係が指摘されているマウテ・グループとアブ・サヤフが主導したもので、フィリピン国軍との戦闘及び米国をはじめとした国際社会[7]からの後方支援にも発展し、双方の戦闘員及び民間人を含み一〇〇〇人以上が死亡し、一〇〇万人以上の国内避難民を出した大きな事件に発展した。事件後ドゥテルテ大統領がミンダナオ全土に向けて発布した戒厳令は二〇一九年末まで続いた。

このマラウィ市には筆者も二〇〇六年四月に一度だけ訪問したことがある。ミンダナオ北部のカガヤン・デ・オロという町から車で向かったが、途中マラウィ市内へつながる山中に入った途端、フィリピン国軍の検問所が立て続けに増えて緊張感が漂った。さらにしばらく車を走らせると、ある村を境に地域の中心的風景は教会からモスクへと一変したのを記憶している。目的地のミンダナオ国立大学はラナオ湖を見下ろす高台に広がっていた。ミンダナオ国立大学はミンダナオ島一帯に何か所ものキャンパスを有する総合大学である。ムスリム分離独立派のまっただ中にあるともいえる同大学は、対ムスリム掃討の戦略上の要衝でもあったため、当時の学長は元フィリピン国軍将校であった。学問の世界ではかなりリベラルなフィリピンにおいては、例外的に政治的な学長ポストである。大学を視察した後、そのふもとのラナオ湖を訪れ、湖の環境を守る運動を続けているNGOを訪問した。環境破壊の影響で水位が後退して汚染の進む湖の現状や、一九世紀前半に建てられたスルタンの屋敷で現在はうち捨てられて崩壊寸前のマラナオ族の伝統家屋（トロガン）を案内してくれた。紛争や環境破壊さえなければ、風光明媚で資源に恵まれ、クリンタン（銅製打楽器）の音が響いてカラフルな民族衣装の舞う豊かな土地なのだろうと想像した。そしてこのマラウィ事件では、このミンダナオ国立大学もイスラム過激派の標的となって占拠された。

写真139　マラナオ族の伝統家屋

シェロンの映画製作の道程は、ミンダナオ問題に関して段階を経て深部に進むと書いたが、『夢』でムスリムの伝統的因習を描き、『海の道』で経済格差に由来する不法越境を扱い、『嘆きの川の女たち』では隣人同士の暴力のタブーに迫り、いよいよさらなる深部、宗教紛争の根幹、イスラム原理主義による戦争を描こうとしている。製作中であるため詳細は書けないが、シェロンをインタビューしていた最中にもマラウィ市で準備を進めている仲間から緊急の電話が入り、厳しい表情で色々と指示を与えていたのが印象的だった。マラウィ市は一応国軍によって制圧されたことにはなっているが、無論まだまだ治安が安定しているわけでなく、生命の危機というリスクを負いながらも、おそらく軍、警察、自治体からの支援も得て製作が進められているものと推測される。

ザンボアンガという近代国民国家フィリピンの最周縁に生まれ、シネマラヤという磁場に引き付けられて映画を志し、そのシネマラヤを踏み台にして、これまで誰も描いてこなかった世界を描くことにチャレンジし続けている。様々な矛盾が集積する周縁の最深部を映像に定着させることでこの国の自画像を描き続ける彼にとって、映画製作は「息をしていることと同じ」だと語った。

四　ローレンス・ファハルド――シネマラヤのトップランナー

『Kultado』『果てしなき鎖』

本書でもたびたび登場したクロデュアルド・デル・ムンドは、シネマラヤの一〇周年を記念して出版された『メーキング・ウェーブ　シネマラヤの十年』の巻頭エッセイの中で、「シネマラヤの十年とは何を意味するのだろうか？　この十年の間に何が起こったのか？」と始まる書き出しに続き、「ローレンス・ファハルドが短編『Kultado（凝り固まる）』（以下、『Kultado』）を発表して二〇〇五年のシネマラヤでデビューを果たした。そしてこれまでに彼は二三作品もの長編及び短編映画の編集、そして少なくとも四本の長編映画の監督、その中にはシネマラヤに出品した『Amok（突然の錯乱）《アモク》』（以下、『アモク』）や『Posas〈Shackled〉《果てしなき鎖》』が含まれている」と、まず最初にファハルドの業績を称えている。[8]

写真 140　ローレンス・ファハルド

シェロン・ダヨクが自らを「シネマラヤの申し子」と明言すると同様に、いやそれ以上に、ファハルドはシネマラヤが生んだスター選手、リーディング・プレイヤーであると言えるだろう。短編の『Kultado』はバコロドの地方言語であるイロンゴ語による作品で、当時マニラで上映された地方語を使用した作品で、しかも高い評価を受けることになるという快挙、第三章でも紹介した現在の地域映画の活況を先取りする秀作であった。ビサヤ諸島の地方都市に生まれ、どのような道をたどり、いまやシネマラヤが生んだスター選手となったのか、彼の歩んだ道のり

写真 141　『Kultado』

もまたフィリピンのインディペンデント映画の今を支える一つの背景をよく示している。

　ファハルドの出身は九九頁でも触れた一九八〇年代に「飢餓の島」として世界中から注目されたネグロス・オクシデンタル（西ネグロス州）の州都バコロドである。彼の母方の祖先はスペイン人で、サトウキビ・プランテーションで富を築いた「シュガー・バロン」の家系であり、祖父はバコロドに隣接するムルシア市の市長も務めたほどの名家の出身である。バコロドを少し離ればそこには広大なサトウキビのフィールドが炎のように熱く燃える空の下に広がっている。

　ところで筆者は一九八九年にバコロドを訪れており、その当時の現地の空気を鮮明に記憶している。きっかけは神田の古本屋で見つけた一冊のミニコミ誌。そこに書かれた「The Black Artists of Asia（BAA）」というグループの不思議な響きに惹かれてバコロドを訪れ、三人のアーティストに出会った。特に印象に残っているのは、骨太の黒い輪郭線で克明にしっかりと描かれた、大きな目をした素朴な農民の絵。鋤や鍬とともにライフル銃をかついでいて、どことなくユーモラスだが、実は殺気に満ちているという不思議な油絵であった。ネグロス島出身のヌネルシオ・アルバラードという画家の作品で、彼はおそらく当時大規模地主と闘うために森に入り込んでゲリラ活動をしていた新人民軍と行動を共にする農民をモデルにしてその作品を描いていたと思われる。そして伝統的な素材や日常的なオブジェで作品を創るノルベルト・ロルダンと幻想的な作風で不気味な人物像を描くチャーリー・コー。バコロドで初めて出会った一九八〇年代末、彼らはいずれも三〇代後半の油の乗りきった時代で、ネグロスという「飢餓の島」から世界に向かってアートで告発を始めていた。

写真142　アルバラードの作品

一九七八年生まれのファハルドは、筆者がバコロドを訪問した当時、まだ一一才だった。両親はサトウキビ・プランテーションの広がるムルシーからバコロドに移住しており、彼はそこで生まれてデ・ラ・サール系私立の名門高校に通っていた。インタビューの中で、当時の極めて過酷だった時代、つまりアルバラードが描いていたような一触即発な荒れ果てた社会状況について尋ねてみた。しかし彼からは、当時はそうした世の中の騒乱、争いの情報からはある意味「隔離」されていて、家族や友人の間でもほとんど話題にしなかったという正直な回答が返ってきた。さらに彼の祖父はプランテーションのオーナーとして、当時の小作農民や労働者から労働争議やストライキで命を狙われるどころか、慎重な言い回しながら彼自身から見れば、そうした労働者からも慕われ、その人望ゆえに市長にまでなったという。ファハルドの話からはそうした祖父への思慕が感じられた。しかし現実は確かに過酷な社会状況で、町には多くの新人民軍が潜伏しながら活発な活動をして騒乱状態を煽るというのが「ノーマル」な時代であったという。そうした時代のことを彼は「グレイトタイム」と呼び、自分が何かを表現する際には常に人々が圧迫されている姿、その「声」に従おうとしてきたと語った。そうした若い多感な頃の環境は、その後の彼の作品、特にインディペンデント映画の中で常に取り上げている暴力の描き方に大きな影響を与えているように思えた。

彼が最初に映画に取り組んだのは高校生の時で、英語の教師に薦められて英語で脚本を書き、スーパー8のデジタル・ビデオカメラで撮影したという早熟ぶりだ。その後高校と同系列のセイント・ラ・

サール大学のマスコミュニケーション学科で学ぶことになるが、もともとは役者志望で高校でも演劇部に所属した。当時バコロドを拠点に西ビサヤ地域の芸術環境に大きな影響を与えていたのがペケ・ガリャガである。彼は早くも一九七〇年代初頭にはバコロドに「ジェネシス・ギルド」というサークルを作って、アートコミュニティのプラットフォーム作りを始めていた。七二年には、後にファハルドも加わることになる「マスカラ・シアター・アンサンブル」を立ち上げて演劇分野の若手芸術家の育成を始め、そこで演技やステージデザインを学んだ。さらにペケは一九九二年に「ネグロス・ワークショップ・オブ・マルチメディア」を旗揚げし、ファハルドはそこで映画についてプロダクション・マネジメント、つまり技術的なことのみでなく、映画製作や制作の全体を学ぶことになる。一九九九年に短編『Teniente（中尉）』を製作して同ワークショップの成果発表を兼ねる映画祭で作品賞を受賞、二万五〇〇〇ペソを獲得して、それまでとは異なる達成感を感じた。こうして見てみるとネグロス島でも九〇年代後半から地方・地域のローカル文化、伝統文化の見直し過程に入っていた中で、特にバコロドではペケという類稀なカリスマ的指導者の存在によって、その後の文化・芸術界を支えてゆく若い人材が育っていったのがわかる。

『中尉』

ファハルドの映画処女作となる『Teniente（中尉）』は、ネグロス島のすぐ西に位置するパナイ島のアスワン（吸血鬼）伝説から着想した作品である。彼のその後の作品の背景を探る上で非常に示唆に富む作品であるので詳しく紹介しよう。

もととなる物語は、パナイ島イロイロ市のドゥエニャスという地区に住むスペイン系のギモ中尉（テニエンテ・ギモ）がアスワン（吸血鬼）だったという有名な伝説である。ギモがアスワンではないかとは常に噂されていたが、ある日、娘の友達を家に招待し、とうとうその夜その友達を食べてしまい、その事件でアスワンだと発覚するというシンプルな物語だ。このギモ中尉のアスワン伝説はさまざまなかたちで繰り返し表象されており、物語自体も多くのバリエーションを持つ。たとえば前述のペケ・ギャラガ監督は、『Shake Rattle & Roll II（鍋をガラガラと鳴らすという意味。原典は一九五四年発表の米国のジャズ・ブルース曲）』（一九九〇年）で、ドゥエニャス町の全ての住人がアスワンで、年に一度のフィエスタを完全なものにするためにそこを訪れる人々の肉を食べるという話に変換して作品を製作したが、これが興業的に大成功して、フィリピン国内にアスワン伝説をさらに広げる結果となった。

このアスワン伝説はパナイ島に多く存在するが、ある研究者によれば、記録に残る最初のアスワンに関する記述は一六世紀にさかのぼる。しかしその伝説があらためて脚光をあびたのが二〇世紀末前後、スペイン統治時代末期からアメリカ統治時代初期、米比独立戦争の時代と重なる。記録では二〇世紀末にギレルモ・ガヴィラ（通称ギモ）という大土地地主が当時パナイ島の同地域に住んでいたことは史実のようだ。しかし彼がアスワンとして恐れられるようになった理由は諸説ある。この研究者によれば、当時のフィリピン民衆が、たとえばフィリピン人独立派勢力を武力で制圧する米兵を「吸血鬼」というイメージで恐怖の対象として定着させ、植民地支配そのものを警戒し、反抗するシステムをつくったのではないかということである。(9)

ファハルドはこの物語を採用して脚本を書いてゆく過程で色々と調査した結果、このアスワン伝説を彼なりに解釈、サトウキビ・プランテーションの小作農民を主人公に、地主の指示で殺人を犯すようになり食人鬼に変質してゆく話に翻案した。大地主の指示であれば殺人をも犯すという力のヒエラルキーがメ

写真 143 『中尉』

インテーマであるが、この作品には後に彼の出世作の主要な要素となる、暴力と狂気、そして背景にある熱帯の瘴気、超自然的な精神世界などが描き込まれている。

二〇〇〇年、大学卒業後に彼が選んだのは国内大手テレビ局ABS―CBNのバコロド支局である。そこでテレビ・ドラマの俳優兼アシスタント・ディレクターとして同局で製作したシュガー・バロンを扱った歴史ロマンスの連続テレビ・ドラマなどが全国的にヒットしてキャリアの基礎を築いたが、安定した収入の道を断って、同じくバコロド出身の映画人で既にマニラでキャリアを築き始めていたエリック・マッティの独立系プロダクション会社で映画製作に携わるようになる。そうした貧しくても自由な創作の可能性を追求できる環境が二〇〇五年第一回シネマラヤに出品した『Kultado』の成功につながったのである。

『Kultado』の成功によって大手映画製作会社であるVIVAと契約することとなったが、『アモク』の発表までに六年、その間に初の長編作品『Raket ni Nanay（母の秘密の仕事）』（二〇〇六年）なども製作したり、VIVAではセクシー映画を製作したりしたが、「何か足りない感じ」、「自分ではない」という気持ちに悶々としながら構想を練って製作したのが『アモク』である。同作品については第六章で紹介した通りだが、『Kultado』も『アモク』もいずれも焼けつくような熱帯の瘴気が人間に与える現象を繊細な心理描写とともに描き出している。そしてこの『アモク』も評価されて諸外国から上映依頼が舞い込んでくるようになり、彼自身も『アモク』とともに世界中に赴くこととなった。

第五章で紹介した『Imbisibol《インビジブル》』は、日本を舞台にした不法移民のフィリピン人コミュニティを描いた秀作だが、この作品が生み出された経緯は偶然が重なったユニークなものだ。ことの始まりは『アモク』が釜山国際映画祭で上映され、それをアジアフォーカス福岡国際映画祭のスタッフが観たことにさかのぼる。その上映をきっかけにいくつかの偶然が続いて、その後の運命的とも思える出会いを生み出した。シネマラヤ参加次作の『Posas《果てしなき鎖》』も上映されることになり、彼はたびたび福岡を訪れるようになる。そうした交流を経て、福岡映画コミッションが日本での新作の製作を委嘱することになるが、その時点でファハルドにはどんなテーマの作品にするか全くアイディアがなかった。『果てしなき鎖』製作後はメジャー系のヴァージンで製作を続けていたが満足いく作品ではなく、何か物足りないものを感じた彼は、新しい何かを求めて古巣の演劇界に復帰し、『インビジブル』で久しぶりの演劇作品の演出をすることになった。

新人脚本家の登竜門であるヴァージン・ラブフェスト演劇祭においてファハルドは、脚本家と演出家をカップリングする事務局の薦めで偶然にこの『インビジブル』という作品に出会うこととなる。福岡からの依頼に未だ答えることができなかった彼は、この作品を演出したうえで映画化することを決意して再度福岡に赴くことになる。

写真144　『Kintsugi』撮影の様子

結果として、彼のライフワークでもある暴力の本質に迫る手法は踏襲され、灼熱の熱帯を、旭川という極寒の地に置き換えて、日本に住むフィリピン人コミュニティの隠された声を表現することに成功した。

本稿を執筆している現在、彼は次作『Kintsugi（金継ぎ）』の製作中であった。この作品は福岡に次いで佐賀県フィルムコミッションからの委嘱作品である。「金継ぎ」とは、陶磁器の破損部分を漆によって接着し、金などの金属粉で装飾して仕上げる修復技法のことであるが、この日本独自の伝統技法を継承しようと修行にはげむ日本人女性に不法滞在労働者であるフィリピン人男性が恋に落ちる物語である。後述のブリランテ・メンドーサが率いるプロデュースチームとの初の取り組みで、ファハルドの繊細な人物描写とメンドーサ・スタイルのリアリズムが結集して、日本人とフィリピン人の恋愛物語に新しい切り口がもたらされるものと大いに期待できる。フィリピンの市井の民の声なき声を顕現化してきたファハルドが、わたしたち日本社会に住む人々のどのような声を掬いだして表現してゆくのか、今後の動向が非常に楽しみだ。

「ぼくはなにも〝映画監督〟になりたかったわけではない。ソーシャル・リアリスト（社会的現実主義者）として、ただ真実の物語を伝えたいだけだ」

激しい社会的不条理と蔓延する暴力が日常である環境に育ったファハルド。彼の和やかな笑顔の向こう側には、広大なサトウキビのフィールドと、それを焼き尽くさんばかりにじりじりと照り付ける強い日差しのごとき激しさが見え隠れしているように思えた。

写真145　サトウキビ畑

五　シーグリッド・アーンドレア・ベルナード
――インディペンデントから生まれたサクセス・ストーリー

インディペンデント映画出身で大成功をおさめ、いまやメジャーの世界にチャレンジしている女性映画監督がいる。シーグリッド・アーンドレア・ベルナードが製作した『Kita Kita《キタキタ》』（二〇一七年、以下、『キタキタ』）は当初は低予算のインディペンデント映画であったが、大手配給会社のＶＩＶＡフィルムによって全国展開され、二〇一八年八月現在で三二〇〇万ペソ（約七〇〇〇万円）の興行収入を記録する大ヒット作品となった。北海道の札幌や旭川を舞台に、そこに住むフィリピン人カップルによって繰り広げられるラブロマンス・コメディ作品である。シーグリッドは本作品の脚本も執筆しているが、映画の成功を受けて同脚本を小説化したところ、そちらも話題となって売り上げを伸ばしているという。その後も勢いは止まらず、フィリピン人の間で映画の中に描かれている北海道に対する関心が高まり、観光で訪れる人が増え、その結果フィリピン航空がマニラ・札幌間の直行便を就航、それを受けて札幌フィルムコミッションがロケ地ツアーを企画するという一種の社会現象にまで発展した。

シーグリッドがデビュー作である『Babae（女）〈Woman〉』（以下、『Babae』）で映画監督になってゆく軌跡、そしてその後の奮闘の歩みはインディペンデント映画界のキャリアパスの可能性を示す良い例であると思われる。UPでは文学を学んで作家を目指した。またフィリピン大学劇団や後に国立タンハーラン・フィリピーノ劇団にも所属し役者も志した。しかしその後の運命を決定的にしたのは、大学卒業後にラヴ・ディアスの映画製作チームにプロダクション・アシスタントとして加わったことである。当初は役者として期待もされており、ラヴの作品『Evolution of A Filipino Family（フィリピン人家族の進化）』（二〇〇五年）にも出演している。しかし映画製作の魅力に取り憑かれて『Babae』を製作し、シネマラヤ短編部門で監督賞、さらには第一九回ミラノ国際レズビアン＆ゲイ映画祭で短編作品賞を受賞して海外でも上映する機会が多くなり、評価が高まった。

『アニタのラスト・チャチャ』

『Babae』の成功を受けて今度はゲイをテーマに二本目の短編を製作するなどした後、シーグリッドは二〇一三年公開の『Anita's Last Cha-Cha《アニタのラスト・チャチャ》』で長編デビューを果たした。一二歳の少女アニタが三〇歳の大人の女性に恋をする物語だが、シネフィリピノ・フィルム・フェスティバルのコンペティション部門に出品して作品賞など四冠、二〇一四年のガワッド・ウリアン賞で助演女優賞（エンジェル・アキノ）、第九回大阪アジアン映画祭に出品してスペシャル・メンション（特別言及）賞、さらには二〇一五年のミラノ国際レズビアン&ゲイ映画祭でも同賞を受賞するなど国内外の映画祭で非常に高く評価され、その後の進路を決定的にした。シーグリッドは本作品を映画化するにあたり、シノプシスや脚本を何度も書き直し、シネマラヤには合計で四回提出したがエントリーならず、その他の映画祭、シネマ・ワンには三回、ケソン市国際映画祭にも二回提出したが却下され、二〇一三年にようやくシネフィリピノ・フィルム・フェスティバルに採用されてエントリーをするという紆余曲折を経ている。二〇〇五年に短編部門の作品賞を受賞して評価されたシネマラヤに選考されなかったのは意外ではあるが、何度も繰り返し挑戦するたびに脚

写真146　『アニタのラスト・チャチャ』

本の強度は高まったと思われ、シネマラヤの成功を受けてシネマラヤ以外にも続々と新たなインディペンデント映画の受け皿となる映画祭が立ち上がっていたことが幸運であった。なお、この作品で大阪アジアン映画祭に出品した縁で、前述の『キタキタ』についても二〇一七年の第一二回同映画祭で日本公開された他、二〇一八年の第一三回では自身初のメジャーによる商業映画『Mr. And Mrs. Cruz《ミスターとミセス・クルス》』も上映されている。

シーグリッドの軌跡を聞いていて改めて理解できたことは、志とチャレンジ精神と忍耐力のある若手映画監督にとって、複数の映画祭の存在が重要なのは無論であるが、映画製作を支えるシステム、特に製作資金提供という文脈で新たな大きな胎動が起こっていることが確認できた。その好例がスプリング・フィルムズ（Spring Films）という新しいインディペンデント系プロダクション会社である。同社は著名な俳優であるピオロ・パスク

アル、メジャー系商業映画界で活躍している映画監督のジョイス・ベルナール、アーティスト・マネジメント事務所を経営するエリクソン・レイムンドの三人が二〇〇九年に立ち上げた。最初の作品『Kimmy Dora: Kambal Sa Kiyeme（キミーとドラ）』（ジョイス・ベルナール監督）は人気コメディアンであるユージン・ドミンゴを起用して、彼女が双子の姉妹の両方を演じるという設定が受けて大ヒットし、大手スター・シネマなどと提携して全国のショッピングセンターの映画館で上映されて、一億ペソ（約二億二〇〇〇万円）の興行収入を記録した。

その成功を受けてピオロはメディアのインタビューに対して、将来はよりクオリティーの高い作品の製作を目指してゆきたいと語っている。[10]『Kimmy Dora』シリーズはその後も続編が二作品公開されたが、スプリング・フィルムズにとって次なる成功が『キタキタ』によってもたらされたことになる。そして今後は徐々に挑戦の幅を広げてゆくと思われるが、その一つがシェロン・ダヨク監督のインタビューでも紹介したマラウィ市の占拠・市街戦をテーマにした彼の新作である。新進気鋭で幸運にも恵まれたプロダクションハウスが、ミンダナオの深部を扱う正当社会派映画にどのように取り組んでゆくのか、再びメジャー映画産業（ディストリビューター）とのタッグで全国的な展開を果たせるのか非常に楽しみである。

写真147　『キタキタ』

『ミスターとミセス・クルス』『それぞれの記憶』

さてシーグリッドのほうは『キタキタ』での成功、特にメジャーのＶＩＶＡエンターテインメントによる配給が成功した縁で、ついに同じ系列のＶＩＶＡフィルムで初のメジャー商業映画デビュー作品である『Mr. And Mrs. Cruz《ミスターとミセス・クルス》』（二〇一八年）を発表、パラワンの美しいリゾートであるコロン島を舞台にした大人のラブコメディ作品に仕上げた。そして二〇一八年八月現在取り組んでいるのは、やはりVIVAフィルムによるメジャー二作目で、フィリピンを飛び出してジョージア（旧グルジア）を舞台にした恋愛サスペンス・ドラマで、フィリピン人カップルの愛と復讐を描き、『Untrue《それぞれの記憶》』というタイトルで公開予定である。[11]

写真148 『ミスターとミセス・クルス』

彼女のたどって来た軌跡、時代はジャンルを超えた混交のインディペンデント文化が興隆する中で、文学（脚本）と演劇を志し、インディペンデント映画のトップランナーのチームで修行を積み、シネマラヤの第一回で監督デビュー、その後はシネマラヤ以外の映画祭や新しく興隆したプロダクション会社からの支援を受け、幸運にも恵まれてメジャー映画産業との連携のもとにインディペンデント映画から一般にも広く受け入れられる大ヒット作を生み出して社会現象にもなり、ついにメジャー映画会社で活躍する売れっ子監督になる。まさに絵に描いたようなサクセス・ストーリーが展開されてきたわけだが、彼女がたどり着いたメジャー映画産業はかつての輝きを失って久しかったが、シーグリッド自身が述べていたように、メジャー自身もインディペンデントの勢いや息吹を取り込んで変わってゆくのかもしれない。

以前の私はメインストリームで仕事をすることなど想像もしなかった。商業映画という目的に支配されて誰かの独裁で物事が決まっているものとばかり考えていた。でも実際に仕事をしてみたらとても自由なことに驚いた。今の私にとってはインディペンデントもメジャーも映画を創るという意味では変わりはない。『キタキタ』の成功で多くの人々がインディペンデント映画について知るようになった。私の夢は、今のインディペンデントの要素を新たにフィリピン映画のメインストリームに位置づけ直すこと。

映画が創り手の独善で終わらないためには当然できるだけ多くの観客が必要である。もともとメジャーとインディペンデントは定義があいまいだが、要は商業主義に堕落せず独立志向のクオリティーを保った映画をなるべく多くの人々と共有すること、というシーグリッドが目指す状況を作り出すための実験はまだまだ続くだろう。

六　ラヴ・ディアス——辺境の地から、内なる辺境へ

フィリピン映画の第二期黄金時代に少年期から青年期を過ごしたラヴ・ディアス（一九五八年生、以下、ラヴ）は、一九九〇年代後半にメジャー映画産業が斜陽を迎え、彼も四〇代に差し掛かっていた頃に本格的な映画製作のキャリアをスタートさせた。現在はヴェネツィア国際映画祭グランプリの世界的栄誉で世界中の映画祭から引っ張りだこのトップランナーとなったが、若手映画人や世界各国からの来客がひっきりなしに訪れても快く対応してくれる心優しい人柄である。筆者も彼のチームで映画作りを学んだという前出のシーグリッドと彼の住居のあるマリキナ市（マニラ首都圏東北部の郊外都市）を訪れて話を聞いた。

ラヴは一九五八年にミンダナオ島南コタバト州のダトゥ・パグラスという村に生まれた。彼の映画では、しばしばミンダナオやカトリシズム、さらには戒厳令や歴史といったことがテーマとして描かれるが、彼がこの世に生を受けた時代とその場所はその後の彼が映画で描く世界に決定的な影響を与えている。

まずダトゥ・パグラスという村の置かれた地政学的な環境だが、ミンダナオの南部を飛行機で空から眺めると、圧倒的に広がる森林とパイナップルなどのプランテーションの緑の中に、フィリピン海への出口である港町ジェ

ネラルサントス市から一本のひたすら真っすぐな直線道路が内陸に向かって北北西に伸びている。その直線道路に沿って、ミンダナオの外からやって来た移民による町が点々と連なる。ちなみにその起点となっているジェネラルサントス市は、日本にも多く輸出しているマグロ漁業の基地と、ボクシング世界王者、しかも六階級で世界制覇を果たして現在は上院議員のマニー・パッキャオ、移民の故郷であるビサヤ地方の郷土料理として有名な豚の丸焼きレチョンの町として有名である。そしてラヴの生まれた村は、そんな〝移民ロード〟がミンダナオの内陸奥地へ突き刺さる突端、ムスリム・ミンダナオの中心部と結節するコロナダルという町があるが、そこからさらに北部に入り込んだ地点である。村のすぐ北部はミンダナオ西部を横断して流れるプランギ川を抱く広大なリグアサン湿地が横たわり、ピキットという町につながる。このピキットはダトゥ・パグラスという地名が示す通り、ムスリムが多数を占める地域である。

写真149　ラヴ・ディアスとシーグリッド・ベルナード

一九六〇年代後半、ムスリム独立運動が勃興した、まさに揺籃の地である。

マルコスが大統領となったのが一九六五年、独裁色を強めてゆく中でフィリピン国軍によるイスラム教徒虐殺事件として名高いジャビダ事件が起きたのが一九六八年、その二か月後にはピキットでムスリム独立運動が発足し、ミンダナオ南部をフィリピンから分離してイスラム共和国を樹立することが宣言された。当時ラヴは一〇歳で多感な少年時代を過ごしていたはずだ。ちなみにその独立宣言をしたのは、この本でもたびたび紹介してきたグチェレス・マンガンサカン二世の祖父である。その後、モロ民族解放戦線（ＭＮＬＦ）が一九七〇年に設立され、一九七二年にはマルコス政権が戒厳令を布告、ミンダナオ独立運動は徐々に武装闘争的な色彩を深めモロ・イスラム解放戦線が一九七七年に分派して旗揚げされた。この時ラヴは一九歳、ロック少年としてクレージーな日々を送っていたと自らを振り返るが、フィリピン全土を覆う戒厳令と、徐々に激しさを増すミンダナオ独立運動という「とても暗い」時代の空気を吸って生きていたということが、後の彼の作品に決定的な影響を及ぼしている。彼は自分たちの世代を「戒厳令の子供（マーシャルロー・ベイビー）」と言う。彼の父親は武装闘争にはかかわっていないが、一人の従弟は国軍に加わり、共産ゲリラとの戦闘で命を落としている。

彼は厳格なキリスト教徒で学校教師をしていたルソン島出身で映画好きの父親と、中部ビサヤ地方出身の母親の強い影響を受けて育った。彼の両親は五〇年代初めにフィリピン政府の「開拓プログラム」でミンダナオのダトゥ・パグラスに移住して森林を開墾し、村を作り、学校を建てた。何もない土地でのゼロからのスタートとなった困難な生活は私利私欲から超越しており、「現地の住民（「ルマド」と言われる先住民）を啓蒙、教化」するというキリスト教の強い奉仕精神によって支えられていた。ラヴ少年はそうした両親に近郊の町タクロンに連れて行かれ、多い時には週に八本もの映画を観て、その映画について滔々と語り続ける父親とともに過ごしたという。そんな時代を彼は〝映画教育〟を受けたよき思い出として振り返る。ムスリム・ミンダナオ独立揺籃の地に隣接するキリスト教徒移民の最深部の小さな町にあるシアターは、彼にとって世界中の映画を観ることができて、その映画から想像力を飛翔させる世界への窓口、そんなシネマ・パラダイスだったのだろう。

写真 150　リグアサン湿地

彼は音楽に浸りマリファナを吸う〝いかれたロック青年〟だったが、その頃は戒厳令下でイスラム独立運動や共産党軍事組織（新人民軍）が武装闘争する熱い季節で、まさに『北（ノルテ）』の中に頻繁に現れるシーンのように仲間たちともよく政治談議をしていたようだ。彼の友人の多くは共産軍に加わって命を落としたが、その活動に加わらなかった彼は今も負い目をおっていると告白している。その後は治安が悪化して家族ともどもマニラに避難を余儀なくされるが、大学時代を送る八〇年代後半から末にかけてフィリピン社会派映画の洗礼を受けることになる。リノ・ブロッカの『Maynila: Sa Mga Kuko ng Liwanag《マニラ――光る爪》』（一九七五年）や『Insiang《インシャン》』（一九七六年、カンヌ監督週間にて上映）はその後の彼の映画製作に決定的な影響を与えた。前者は地方からマニラにやってきた青年が貧困の中で男娼となり破局を迎える物語。後者は母親の内縁の夫にレイプされるが最後は彼を殺して復讐をとげるスラムの娘を描いた作品で、いずれも社会の底辺を題材に、胸に突き刺さるようなリアリズムで醜悪の中にペーソスを描き、一度観たら忘れられない作品である。八〇年代後半には社会派映画は退潮期を迎えていたが、ブロッカの作品はその間も繰り返し上映され、ラヴに影響を与えたように、社会派映画人の命脈を確かに次世代に引き継いでいたということがわかる。

さらにその後はニューヨークにわたりジャーナリストなどの経験を経て（現在彼の子供と孫はニューヨークに在住している）、一九九七年にフィリピンに帰国した。映画について〝正規〟の学校教育は受けておらず、民間のモエルファンドや著名な脚本家であるリカルド・リーが主宰する映画製作ワークショップなどに参加した後、遅まきながら映画製作を始め、一九九八年に『Ang Kriminal ng Baryo Concepcion（コンセプシオン地区の犯罪人）〈The Criminal of Barrio Conception〉』を発表。ラヴといえば映画館での上映システムに敢えて挑戦するような長尺の作品で有名だが、最初の長尺作品は二〇〇一年の『Batang West Side（ウェスト・サイド通り）〈West Side Avenue〉』で五時間一五分であった。本作品でフィリピンで最も権威ある芸術賞であるガワッド・ウリアンを受賞した。同世代のレイモンド・レッドなどとともに、フィリピン映画史の中ではなかば〝不毛な時代〟と言われている時期に、社会派映画を作り続けて次の時代への橋渡し役となったと言える。

ところでこのラヴ独特の上映時間が長い作品スタイルは、過剰なほどのロング・テイクやゆったりとした時間表現に関係する。昨今そうした特徴のある映画を「スロー・シネマ」と呼称する場合があるが、例えば東南アジアでは他にタイのアピチャッポン・ウィーラセタクンなどの世界にも通じる表現スタイルと言える。そんな長尺、かつスローなスタイルについて何故こだわるのか、彼は三つの理由をあげている。第一に、作品の長さから解放されることが芸術的自立性を保証するということ。商業上映を前提とする映画産業による精神的束縛から自由でいたいということである。第二に、フィリピン人固有の生活感への固執、または原点回帰にある。マレー人種のフィリピン人は空間意識には敏感だが、時間感覚や時間と結びついた経済観念には無関心な民族だったという。第三に、長時間の映画を観ることによる忍耐に、フィリピン人民がスペイン、アメリカ、日本による植民地支配、さらにはマルコス独裁政権から虐げられ、忍耐してきた時間と重ね合わせているということである。「長尺の作品は通常の国際映画祭での上映にフィットしないが、他の五つの作品をあきらめても自分の作品を一つ観ることに意味がある。観てもらえればそこに必ずや興味深い人間性といったものを発見することを保証する」と、ラヴは確信犯めいた笑顔で語った。

『フィリピン人家族の進化』『メランコリア』

二〇〇五年には長編四作目となる『Ebolusyon ng Isang Pamilyang Pilipino〈Evolution of a Filipino Family〉（フィリピン人家族の進化）』で戒厳令下のある家族を描いた。前出のシーグリッドも女優として参加している。ラヴを世界的に著名な監督に押し上げたのが長編五本目になる『Melancholia（メランコリア）』（二〇〇八年）である。本作品でヴェネツィア国際映画祭の新人監督部門である「オリゾンテ」でグランプリを受賞した。オリゾンテに参加した昨今の日本映画といえば青山真治監督の『サッドバケイション』（二〇〇七年）などがあるが、フィリピン映画としてはラヴの一年後に前述のペペ・ディオクノ監督も『Engkwentro（衝突）』でグランプリを獲得している。この『メランコリア』も八時間に及ぶ超長編で、三人の若者の内省の物語である。全編白黒、ゆっくりと静かに、詩的な映像が延々と続く。

写真 151 『フィリピン人家族の進化』

『昔の始まり』

そして長編六作目『Norte, Hangganan ng Kasaysayan〈Norte, the End of History〉《北（ノルテ）――歴史の終わり》』に続き、次作が五時間半に及ぶ『Mula Sa Kung Ano Ang Noon〈From What Is Before〉《昔の始まり》』（以下、『昔の始まり』）である。本作品でラヴはロカルノ国際映画祭のコンペティション部門の最高賞である金豹賞を受賞したが、審査委員長は、「この作品は映画の時間と空間という概念を完全に打ち破るものだ。また映画とは何かという一般の認識さえも打ち破った。フィリピンの七〇年代の歴史的事実を超えて、濃密な物語の世界に観客を引き込んでゆく」とコメントした。『昔の始まり』は、マルコスによる戒厳令布告の二年前のミンダナオを舞台にした作品であるが、つまりラヴ自身が一二歳の少年だった頃の時代を想定した物語ということになる。ロケも全編ミンダナオで、監督自らの記憶に基づいた脚本である。

写真 152 『メランコリア』

クリスチャンとムスリムが平和的に共存していた小さな村に原因不明の事件が次々と起こる。水牛が盗まれたり、小屋が焼き討ちにあったり、ついには村人が殺害され、やがて国軍が村に宿営することとなり、不安に襲われた住民が徐々によそに避難して、村は荒廃してゆく。

一九七〇年代前半の重苦しい時代を背景に一つの村の消滅、そして普通の庶民の心の崩壊を五時間三八分の作品で描いている。本作の元になった実話は彼が高校二年の時に起きたことである。ムスリムとクリスチャンとの戦いで住んでいた家は焼かれ、ラヴは一週間ムスリム分離独立派に拘束されるという体験をした。その後、国軍による解放交渉がかろうじて成功し、無事にマニラに逃げることができたという。

植民地の時代からマルコスによる独裁を経て今日まで支配者から受け続けた傷による慢性的なトラウマは、もはやフィリピン人にとっては真実、文化そのものとも言える。自分はそこから逃れることはできない。自分の映画の本質だと思っている。

マジョリティ（支配者）がマイノリティ（被支配者）を迫害する。しかしそのマイノリティ（被支配者）であるはずの者も、マイノリティの中にさらなる支配と被支配の構造を抱えていたり、昨今はテロという手法によって不合理かつ不毛な悲劇を個人にもたらす。ラヴの映画が戒厳令（国家と人民）やミンダナオ問題（多数派クリスチャンと少数派ムスリム）や貧富の格差（富める者と貧しい者）といった強者と弱者がはっきりしているテーマを扱っていながら、勝ち負けを超越した世界観を提示しえているのは、このような決して忘れることのできない個人的な体験、そしてそこから生まれるトラウマに根差しているからではないだろうか。ミンダナオ南部という場所にクリスチャンという支配者的な立場に身を置きながら、国家権力、特にフィリピン国軍という軍事力に根本的な疑義や反発心を持ちながら、被支配者であるムスリムから迫害され家族の居場所を失い、結局は圧制者側の国軍に助けられる。もはや善と悪が表裏一体となった真実の中で彼の思想は強靭さを蓄えていったものと思われる。そんなラヴにとって映画とは、彼の言葉のとおり〝真実そのもの〟であるのかもしれない。

そして九作目が第七章でも詳述した『Ang Babaeng Humayon〈The Woman Who Left〉《立ち去った女》』（以下、『立ち去った女』）であり、ついに同作品でヴェネツィアでの最高賞を受賞した。彼の話を聞き、その生い立ちや映画に込めた思い以外に興味深かったのが役者との関わり方である。ラヴは自作のキャスティングは全て自らが行う。例えば『昔の始まり』では、主演のアンジェラ・バヤニとの初めての出会いでインスピレーションを感じ、彼女はそれ以前はフィリピンを代表する国立タンハラン・フィリピーノ劇団の看板女優だったのだが、そんな経歴も一切知らずに即決で主演に抜擢した。バヤニはこの作品を皮切りに、以後多くの映画作品に出演することになり、本書の冒頭で紹介した『イロイロ』や東京フィルメックス・グランプリ作品の『Bwaya《クロコダイル》』などで好演し、小さい体ながら貫禄ある大女優に成長した。そしてこの『立ち去った女』ではなんと言っても零落して流れ者となった自らの人生を呪うゲイ役で出演したジョン・ロイド・クルーズの怪演が光る。夜中に一人踊るダンスや癲癇による発作のシーンとレイプされた後の絶望など、辛酸を舐め、その悲哀の中にもどこか愛嬌と尊厳を失わない難しい役どころ（モデルはラヴのニューヨーク在住の知人だという）を胸を打つほど巧みに演じている。ラヴは演技指導はあまりせず、「映画とは役者を信じることだ」と明言する。撮影の際には「ロックに演技しろ」とだけ指示するのだそうだ。

『悪魔の季節』

長編一〇作目はやはりマルコス政権下の戒厳令時代の物語である『Ang Panahon ng Halimaw〈Season of The Devil〉《悪魔の季節》』（二〇一八年）。「あなたが殺された後、この村で暴力が始まって……」と物語がつづられてゆく作品は、

いわば『昔のはじまり』の後編といった設定である。しかしスタイルは実験的なもので、全二三曲のラヴ自身のオリジナル楽曲、それもアカペラソングによって彩られた〝ロックオペラ〟である。〝ロック〟といってもその曲調は「クンディマン」と呼ばれるフィリピンの伝統的な哀愁を帯びたラブソングである。女医師ロレーナはギント村という僻村で開業するが行方不明となり、失踪した恋人を追って主人公のフーゴが村に入るが、その村は武装した兵士に支配されており暴力が横行していた。「村の病気は　国の病気」とアカペラソングで歌われるように、どこと特定されることのない僻村の悲劇が、この時代のフィリピン全土を覆っていた雰囲気を暗示する。

ところでこの物語の中に夫と息子を失って半狂人となってしまったアリン・シンタという女性が登場する。不条理な暴力による家族の崩壊のシンボルとして重要な役柄であるが、おそらくこの役柄にはモデルが存在する。フィリピンで最も人気のある国民的ヒーローであるホセ・リサールが、一九世紀末にスペイン植民地体制の時代を批判的に描いた彼の代表作である『ノリ・メタンヘレ』[12]の中で、二人の息子をスペイン人カトリック司祭の陰謀により亡くし、そのために発狂して悲劇の末路をたどる「シーサ」という女性が登場する。このシーサは映画やテレビ・ドラマ、演劇などで繰り返し表象され、子供を想う母の怨念は時代を越えて今でも多くのフィリピン人に訴え続けている。ラヴはそうしたフィリピン人であれば誰しも想起する一九世紀末の独立運動にまつわる悲劇のイコンを暗示させるキャラクターを登場させ、マルコス戒厳令下に偏在する僻村の苦難の物語を、フィリピン近代の苦難の歴史に連結させる意図があったのではないだろうか。

写真 153　『悪魔の季節』

「戒厳令の犠牲者に捧げる……」とのエンディングロールでのメッセージにか

ぶせて、ラヴ自身の歌声によるクンディマン調の弾き語りが流れる。「真実は最も強い」との彼自身のメッセージの通り[13]、哀愁を帯びたその曲は、もしかしたらミンダナオ時代の彼自身、つまり音楽に浸りマリファナを吸う〝いかれたロック青年〟時代、そして映画に描かれたことが真実であった時代に作った歌なのかもしれない。本作はベルリン国際映画祭でワールド・プレミア上映された後、二〇一八年八月のシネマラヤに続き、同年一〇月の第三一回東京国際映画祭で国際交流基金アジアセンター主催「クロスカットアジア」部門にて上映された。

そして次回作は、いよいよわれわれ日本人にも直接関係する作品となる予定だ。第二次大戦中のミンダナオで起きた日本軍によるフィリピン人虐殺をテーマにした作品である。物語は生き証人である彼の叔母が経験した実話に基づくもので、彼女が住んでいた村での日本軍による虐殺の話である。主人公は日本人の女性文化人類学者で、物語は一通の手紙、彼女の祖父でありミンダナオに進駐した日本兵の話から始まるそうだ。ラヴいわく、許しの物語とのことだが、ステレオタイプで描かれることがほとんどの日本軍の姿が、善悪を越えて魂に訴えるラヴの手法でどのように描かれるか、今からとても楽しみである。

「映画製作は、どこにでもある社会課題を批評するという態度と同義で、スピリチュアル・ジャーニーであり、子供を育てることや農耕と同じ」という。彼の全作品をつらぬくヒューマニズム、単純な絶望や希望ではなく、その中間を漂うがごとく、あるがままの人生の真実を提示するような美学は、彼の少年時代、そして生を受けた一九五〇年代後半から七〇年代初頭のミンダナオ南部という一個人を超えた状況がもたらす閉塞感に覆い尽くされた時代思潮の影響が色濃いと筆者は考える。

少年時代に観た日本映画で最も記憶に残っている作品はと尋ねたところ、まず思い出したのが『生きる』（黒澤明監督、一九五二年）で、しかも日本語のタイトルを記憶していた。海外で評価の高い『羅生門』でも『七人の侍』でもなく、がんを宣告された市役所の老課長が生涯ただ唯一自ら進んで成し遂げた公園の美化事業を描いた『生きる』

という作品に強く感銘を受けたという。ミンダナオ南部の奥地の小さなシネマ・パラダイスで人生の指針を示す父親の隣で、こうして世界と向き合っていた体験に、ラヴの映画作品の生命線である人間のありのままの心の根を探ろうとする精神の原点があると思われた。

七　ブリランテ・メンドーサ——物語の探求者

ブリランテ・メンドーサ（一九六〇年生）は、シネマラヤと歩みを合わせるようにデジタルシネマの製作を開始してすぐに国際的な評価を高め、カンヌで監督賞を受賞して〝頂点〟を極めた。彼が歩んだ道のりは、フィリピンのインディペンデント映画の興隆と重なる。マニラ首都圏のほぼ真ん中、マンダルーヨン市の事務所には、これまでに獲得した国内外の数々の映画賞の受賞盾が所狭しと飾られている[14]。ラヴ・ディアスはミンダナオの紛争地に生まれ、カナカン・バリンタゴスはパラワンの先住民族の血筋を持ち、ローレンス・ファハルドはネグロスのサトウキビ畑の焼き付くような大地を背景に映画作りをしているが、メンドーサは「フィリピンという国のセンター（真ん中）で、ただただ真実の物語を伝えるフィルムメーカーでいたい」[15]と語る。

写真 154　ブリランテ・メンドーサ

実は今回のインタビューは筆者にとって約一〇年ぶりとなる二回目のインタビューであったが、前回に比べて今のメンドーサ監督は超多忙な日々を送っているようであった。その日も、次回作の協力交渉のためにマンダルーヨン市長との話し合いがあり、事務所に戻った後も一五分刻みで忙しいスケジュールの中、同じく次回作のための俳優オーディションの合間を縫って、四五分間の時間を与えられてインタビューは始まった。彼は「センター」という言葉を何度も使ったが、その言葉の通り彼の映画製作会社は「センター・ステージ・プロダクションズ」と名付けられている。マンダルーヨン市は、マニラ首都圏の中でもビジネスの中心であるマカティ市と学園都市のケソン市の間に挟まれた、都会のど真ん中の中産階級から庶民の住宅地という位置付けで、特にメンドーサの事務所の周囲は庶民的な生活空間が満ち満ちた場所である。「ここには多くの外国人を含む映画関係者やジャーナリストが訪れるが、いつもまずはこの事務所の周囲の環境をよく観察して欲しいとアドバイスするんだ。そこにある真実が自分の映画の出発点だから」と語る。

一六一一年に設立されたアジア最古の大学として歴史を刻むサント・トーマス大学の美術学科を卒業して広告業界に入り、約二〇年の間にマクドナルドやジョリビー、サンミゲルにグローブ[16]など数多くの巨大企業や有名ブランドのテレビCMなどを手掛けた。映画の仕事に携わったのはペケ・ガリャガ監督の『Virgin Forest』（一九八五年）にプロダクション・デザイナー[17]として参加したのが最初である。その後、モウェルファンド映画研究所のワークショップに参加してデオカンポらから実験映画などの指導を受けているが、若い頃からの夢であった映画製作に本格的にとりかかり始めたのは、広告業界で成功を収めて将来の地歩を築きつつあった四〇歳を過ぎた頃であった。そのままコマーシャリズムの最先端を疾走して何不自由ない生活をし続けることもできたはずだが、彼の人生を一八〇度方向展開することになるインディペンデント映画の製作に挑戦した。

『マニラ・デイドリーム』『里子』『サービス』

彼が長編劇映画の第一作目を発表した二〇〇五年はシネマラヤが産声を上げた年でもある。デビュー作は『Masahista《マニラ・デイドリーム》』というゲイ専門のマッサージパーラーを舞台にした作品で、製作費は二〇〇万

写真155　『里子』

写真156　『サービス』

円だった。当初映画製作はこの一作のみの予定だったが、同作品がいきなりロカルノ国際映画祭で金豹賞を受賞するなど海外の映画祭で高く評価され、その後の人生が大きく変わった。

長編二作目は『Manoro〈The Teacher〉』（二〇〇六年）。ネグリート系の先住民族アエタの子供が文字を覚えて教師になるという物語である。長編三作目でマニラのスラムを活写した『Foster Child（里子）』（二〇〇七年）は数々の国際映画祭で受賞し、地方の場末にある成人映画館の日常をリアルに描いた『Serbis〈Service〉（サービス）』は二〇〇八年カンヌ国際映画祭の監督週間で上映された。映画監督デビューからわずか四年間でカンヌ出品作家となったのだ。

この『Serbis〈Service〉』からアルモンド・ビン・ラオが脚本を書くようになったが、第一章で紹介したように、彼の脚本は「発見された時間」という独特の理念、そして方法論に基づいている。その理念は脚本のみならず撮影や俳優に対する演出方法にも影響を与えている。まずはロケーションであるが、『Serbis〈Service〉』の撮影場所に選ばれたのはメンドーサ自身の出身地であるパンパンガ州[18]に実在する古い映画館で、実際に家族が暮らしながら細々と経営していた。メンドーサやラオが考える映画では場所がとても重要で、物語が生まれるのは常にある特定の場所であるというところから出発する。特定の場所には特定の人々がいて、人と場所は切り離すことができない。そしてそこに物語が生まれるのだ。演出方法も独特である。例えば庶民が暮らすスラムの中で複数の役者がからむシーンを撮影する際、それぞれの役者には各々の行動の大筋を伝えるだけで、からむ相手の行動についてあらかじめ伝えることはしない。そしてさらに重要なポイントは、一度撮影が始まれば、周囲、つまり決められた役者以外のその場所で暮らす人々の間に何が起こっても撮影を止めないということだ。映像と同時に録音も行われるが、当然のことながら雑音も多い。実際『Serbis〈Service〉』はそのノイズの多さに批判するむきも多かったが、彼に言わせれば「その場所で撮影した時、とても雑音がうるさかった。でもそれが本当のその場所の環境だ。映画館の中にいてさえ、外の車の音が聞こえてくるんだよ」[19]。その場所、その音、そしてその物語をメンドーサは求めている。

二〇〇九年製作の『Kinatay〈屠殺〉〈Butchered〉《キナタイ——マニラ・アンダーグラウンド》』(以下、『キナタイ』)は請負殺人をテーマに娼婦の遺体切断といった猟奇的シーンがメインのサイコスリラー風の作品だが、ついに第六二回カンヌの監督賞を受賞して世界的名監督と並び称されることになった。映画の内容、特に暴力についての描写とその評価については第六章でも紹介したが、この出来事は彼の個人的名誉を超え、フィリピン映画の新しい波の到来を世界に告げる象徴的な事件となった。『キナタイ』によるカンヌ監督賞受賞は映画界の枠を超えて国家的な重大ニュースとしてフィリピンを駆け巡ったが、受賞を祝して当時のアロヨ大統領からマラカニアン宮殿に招かれ、一〇〇万ペソの賞金を授与されることになった。その際、アロヨ大統領はコメントで「メンドーサ監督は社会の真実を描き、自分の政権が追求してきた道徳の復権と社会の変革にとって目覚ましい成果を挙げた」と述べたが、当時様々な疑惑が衆目に晒され、特にジャーナリストの非合法殺害が政治・社会問題化していた真っ最中であったので深刻な冗談のような話であるが、そのコメントへの返答としてメンドーサは、映画に対する検閲の廃止を訴えた[20]。結果的にはその訴えは完全に無視され、生々しい凄惨で残酷な暴力シーンの連続であるこの作品が一般の劇場で公開されることは無かった。むしろメンドーサは最初から劇場公開はあきらめていて、検閲の無いフィリピン大学など学校のみの公開と腹を決めていた。それでもなるべく多くの若者に観せて、フィリピン映画の将来を担う観客を育てたいと抱負を語った。

『罠――被災地に生きる』

さらにカンヌ国際映画祭との関係では、二〇一五年に「ある視点」部門で特別言及された『Taklub《罠――被災地に生きる》』は、レイテ島を襲った超大型台風ヨランダ[21]の犠牲になった町の仮設避難所が舞台の作品である。フィリピンの環境省による委嘱作品だが、メンドーサ曰く「表現の自由を完全に保証するという条件で引き受けた」作品である。避難所の悲惨な現状をあますことなく伝え、環境問題や公的ガバナンス不在の恥部を描いているが、国からの委嘱作品でかつ地元の上院議員や行政、軍・警察などの全面的支援を受けている。また、「現地の状況とヨランダの犠牲になった人々の体験から理解を深め、そこから想を練りました。被災者たちの苦難に共感し、映画で描こうとしている論点に思いを寄せること、それがあれば作品は大きく違ってきます。映画は、自分自身や商業映画の観客のために作るものではなく、人々の心に触れて、変革するためにあるのです」と語っている[22]。この作品はフィリピン映画を取り巻く創造環境の自由度を示す、一つの到達点であると解釈することができるだろう。

彼の自由な創造環境を追及する精神は、シネマラヤの成功を受け継ぎ、シネマラヤに勝る次世代の映画人育成を目指して二〇一五年に立ち上げた「シナーグ・マイニラ・インディペンデント映画祭」で花を咲かせつつある。同映画祭は、シネマラヤが成功を収め、ある意味既に〝ブランド〟としての権威を持つようになり、商業主義的な傾向に染まり始めているとの認識のもと、より自由で実験的な作品創作の環境を求めて創設された。そしてメンドーサ自身、センター・ステージという製作会社を率いて、この映画祭を拠点に自らが作品プロデュースの陣頭指揮を執って後進の育成にも着手している。第一章で紹介した『Pailalim[23]（アンダーグラウンド）』（二〇一七年）はメンドーサ自身がクリエイティブ・コンサルタントとなり、センター・ステージの製作である。実在の場所、実在する人物、そして露悪とも思われる過酷な現実を隠蔽することなく描写し、それを本来は改善義務のある公僕たる政府当局者が公認し、ましてや支援しているという倒錯したような作品を取り巻く状況は、『Taklub《罠——被災地に生きる》』で実践・実験したメンドーサ自身の思想や手法が見事に受け継がれている作品である。

何よりも自由な創作環境を求め、民衆の声を掬いあげて物語を語ろうと努めてきたメンドーサにとって、第六章で紹介した二〇一八年に起きた『Amo（アモ）』を巡る世論によるバッシング事件は、大きな試練であったと想像される。今回のインタビューでもその件について触れたが、彼はいかなる政治家も信じないときっぱり述べていた。

確かなことは、マルコス時代から今の今まで、フィリピン社会に大きな変化、変革が起きなかったことだ。そして将来にわたってもおそらくそれは起きないだろう。

彼の映画はただ現実を語るだけで、それ以上のものではない。そこに政治的な主張などはないのだ。

フィリピン人は不安定な社会、不安定な世界に生きている。そこは、統制のきかないカオスだ。どんな悲惨な状況や悪徳でも、存在を否定することはできない。その不安定さを受け入れなくてはいけない。映画は現実を変えることはできないが、何度でも何度でも繰り返し、この現実を世界の人々に向けて伝え続けたい。僕の仕事はそれを映画の中で映像で伝えることだ。作った映画には責任を持つが、その後に何が起きるかは自分の責任ではない。

『アジア三面鏡2016：リフレクションズ』

そんなメンドーサも今では日本との関わりも深く、東京国際映画祭やアジアフォーカス・福岡映画祭などに招待されている。特に二〇一六年に国際交流基金アジアセンターと東京国際映画祭によって共同製作された『アジア三面鏡2016：リフレクションズ』では、三人のアジア人映画監督によるオムニバス映画の一人に選ばれて[24]、雪の北海道・帯広を舞台に「ばんえい競馬」の様子を取り入れながら、日本で不安定な日常を生きるフィリピン人労働者の姿を描いた。日本におけるフィリピン人不法労働の問題を取り上げようと決めた後、日本に在住するフィリピン人コミュニティへの取材、リサーチを重ねた。そのアプローチ方法は後にローレンス・ファハルドの『Imbisibol《インビジブル》』などにも受け継がれてゆくことになる。インタビューを行った当時も日本と関わりのある次回作品についてリサーチを行っている最中だった。実在する義足の日本人ボクサーが主人公となる映画で、まずはボクシングの盛んなフィリピンでプロのボクサーとなって研鑽を積んで日本でのプロボクサーを目指すという話である。二〇二〇年に開催される東京パラリンピック大会前後の公開を目指していた。ただしメンドーサ自身は他の作品を抱えて非常に多忙なため、彼はプロデューサー、クリエイティブ・コンサルタントとして参加し、実際の作品製作は彼のワークショップ参加者である他の若手監督に委ねるという。

写真157『アジア三面鏡2016：リフレクションズ』

ところで彼のインタビューの中で、たびたび「リサーチ」という言葉が語られた。彼にとってのリサーチとは、とにかくまずは設定したテーマに「自らどっぷりと浸る」ことから始まる。たとえば詐欺をテーマにする場合、脚本家とともに人々にインタビューを行い、住んでいる家を訪ね、実在の詐欺師がいたら彼にも話を聞く。それがメンドーサの全ての映画の出発点である。そうしたリサーチを経て物語は発見される。

多くのフィリピン人は、食べること、そして電気や水、または安全に住む場所を確保することに精一杯だ。それは人間のベーシックな問題との闘い、サバイバルとも言える。こうした問題そのものが、僕たちが映画を作っている理由だ。何故かって。それは僕が彼らをただの〝貧民〟とは見ていないからだ。たまたま貧困であるだけで、そこには尊厳というものが存在すると思っている。貧しい国、貧しい国の人々を描いているのではなく、尊厳のある国だということを世界に示したい。だからこそ人生の困難を描きたい。そうすれば映画は人生を豊かにしてくれる。

前回、一〇年前のインタビューの際に聞き、鮮明に記憶しているものの、いまだにその意味が明確にわからず、ずっと気になっていた言葉があった。

私の映画は貧困や犯罪など物語自体がネガティブで、全く救いのないように見える。でもそんな救いのない物語の中でも、そこで暮らす登場人物には生きようという意思が感じられる。自殺の多い社会に暮らす日本人から見ると、とても新鮮なんじゃないかな。

ビン・ラオはフィリピン人の美徳の一つとして「人生へのコミットメント（関与）」を挙げていた。メンドーサは人間を描き、真実を描き、一体何を求めているのだろうか。「映画は現実を変えることはできない」と悟る一方で、「〝最後の時〟がきたら、[25]世界を変えることが可能になっていなければならない」とも語る。絶望の中の生きようという意思とは、つまり、そのような一縷の望み、見果てぬ夢なのではないかと思う。カオスのただ中にあるフィリピンの、世界の〝センター（中心）〟でそう夢見るメンドーサは、極めてリアリスティックなロマンティストであると思われた。

注

（1）初出は福岡まどか他編『東南アジアのポピュラーカルチャー――アイデンティティ・国家・グローバル化』スタイルノート、二〇一八年。

（2）二〇一七年にインタビューを行った時点でのこと。

（3）初出『東南アジアのポピュラーカルチャー――アイデンティティ・国家・グローバル化』に加筆。

（4）Guiterrez Mangansakan II, *Children of the Ever-Changing Moon: Essays by Young Moro Writers*, Mandaluyong City, Anvil Publishing, INC., 2007.

（5）初出『東南アジアのポピュラーカルチャー――アイデンティティ・国家・グローバル化』に加筆。

（6）一九七八年生まれだが、二〇一六年に三八歳の若さで他界。映画製作で成功したために仕事が激増して過労が原因で死亡したのではないかと言われている。

（7）米国のほか、オーストラリア、マレーシア、インドネシア、ブルネイが援助ないしは後方支援を行った。日本は参加していない。

（8）Clodualdo del Mundo Jr., Introduction Riding the Waves of Cinemalaya, *Making Waves 10 Years of CINEMALAYA*, Mandaluyong City, Anvil Publishing, INC., 2014, p. 3.

（9）Nereo Cajilig Lujan, Teniente Gimo, Aswang: Cripping Superstition or Brilliant Tactic?, *The Aswang Project.*（ホームページ、二〇一九年四月三〇日閲覧）

（10）*PUSH ABS-CBN.COM*（オンライン・マガジン）、二〇一二年六月二六日。

（11）二〇一九年のQシネマ国際映画祭でワールドプレミア公開上映され、同年の東京国際映画祭でも上映された。

（12）ホセ・リサール『ノリ・メタンヘレ』井村文化事業社、一九七六年。

（13）東京国際映画祭での上映にあわせ主演女優のシャイーナ・マグダヤオが来日。二〇一八年一〇月三〇日に上映後のポストトークに参加してラヴ自身からのメッセージを代読した。

（14）インタビューは二〇一九年四月二九日、センター・ステージの事務所で行われた。

（15）「フィルムメーカー」という言葉には、映画監督のみならず、プロデュース、脚本、アートディレクション、編集、そして後進の育成など、映画製作に関わる仕事の全てを含む。実際メンドーサは本稿執筆時点で三一作品の監督である他、二五作品のプロデュース、二二作品のプロダクション・デザインなど多くの映画製作に関わっている。

(16) ジョリビーはファーストフード、サンミゲルはビールなどの飲料、グローブは通信といった分野でいずれもフィリピンを代表する巨大企業である。

(17) 映画製作の中におけるアートディレクションやビジュアルイメージ全般を任される仕事。監督に次ぐ重要な役割を担うと言われている。

(18) マニラ首都圏の北に位置する中部ルソンの州。

(19) Tilman Baumgartel, An inexpensive film should start with an inexpensive story, Interview with Brillante Mendoza and Armando Bing Lao, *Southeast Asian Independent Cinema*, Hong Kong, Hong Kong University Press, 2012, p.167.

(20) Patrick F. Campos, *The End of National Cinema: Filipino Film at the Turn of the Century*, Quezon City, University of the Philippines Press, 2016, p.321.

(21) フィリピンでは台風が多く発生して常に犠牲者を生み出しているが、毎年台風の発生する順番にアルファベットのAから〝愛称〟を付けている。特に二〇一三年に発生したスーパー台風〝YOLANDA〟は、実に七四〇〇名を超える死亡・行方不明の犠牲を伴った。

(22) 「Brillante Ma Mendoza: Filmmaking to Touch the World and Make Change ブリランテ・メンドーサ特別インタビュー」『CROSSCUT ASIA #02:The Heart of Philippine Cinema 熱風!フィリピン』カタログ、国際交流基金アジアセンター、二〇一五年、四一頁。

(23) フィリピン初公開は二〇一九年の第五回シナーグ・マイニラ映画祭で作品賞を受賞した。

(24) 他の二人は日本の行定勲とカンボジアのソト・クォーリーカー。

(25) ユダヤ教、キリスト教、イスラム教など多くの宗教が抱く終末論的世界観では、最後の時にあたって人間の生前の行いを神が審判する。

終章　インディペンデントの航海は続く

二〇一八年九月、釜山国際映画祭において「フィリピン映画一〇〇年記念　映画・国民国家への応答として」という特別プログラム（展示、出版、上映）が実施された。そこでも指摘されている通り、フィリピンの映画史において、一九一七年、一九一八年、一九一九年という約一〇〇年前の三年間で起きた一連の出来事は非常に重要なものであり歴史にしっかりと刻印されている。リュミエール兄弟が作り出した映画は一八九六年には早くもマニラで上映されたが、フィリピンにおいて最初の国産オリジナル作品が製作されたのが約一〇〇年前である。一九一七年には「フィリピン映画の父」と呼ばれているホセ・ネポムセノという写真スタジオのオーナーがマニラにマラヤン映画という映画製作会社を設立した。そして一九一八年には、当時のセブの政治家の妻の葬式を記録したフィリピン史上初のドキュメンタリー短編映画を製作した。さらに一九一九年には、『Dalagang Bukit（田舎の処女）』という長編劇映画をマニラで上映するに至り、そのワールド・プレミア上映の日である一九一九年九月一二日はフィリピン映画史上最も重要な日として繰り返し引用されることになる。[1]

この特別プログラムに合わせて出版されたカタログに収録されたエッセイの中でテディ・コーは、一九一七年を起点に現代のデジタル技術によるインディペンデント映画の隆盛までの映画史を、これまでとは異なる視点で時代区分を行っている。第一期は一九一七年から一九三二年でサイレント映画時代。第二期は一九三三年から一九六二年までで、トーキーの導入とスタジオ・システムの発展。第三期は一九六三年から一九八五年までで、スタジオ・システムの隆盛と小規模インディペンデント映画製作会社の勃興期。第四期は一九八六年から二〇〇四年までで、メジャー映画製作会社の世代交代と規模縮小と衰退。そして第五期が二〇〇五年から現在までで、デジタル映画のルネッサンスの時代。[2] ここでポイントなるのは、本稿でも紹介してきた一九八五年前後の動きであろう。これまで同時期は産業としての映画の衰退期、退潮期として語られてきた時代であったが、そのなかば〝暗黒〟扱いされていた時代が、実は今日のインディペンデント映画の隆盛を胚胎させた時代として再評価されている。そして現在の「黄金期」を〝ルネッサンス〟と位置付けて、その起点を二〇〇五年のシネマラヤ創設の年にしている。

その二〇〇五年七月前夜にはフィリピン映画界の変化を象徴する二つのできごとがあった。ひとつは俳優フェルナンド・ポー・ジュニア（自らの名前のイニシャルをとって〝FJP〟と呼ばれた）の死去である。彼は過去四〇年間にわたって「フィリピン映画界の王」として君臨し、その年に政界進出を目指して大統領選挙に立候補して落選したのだが、九日間続いた通夜には二〇〇万人の人々が参列したという。そんな一時代を築いた「フィリピン映画界の王」であるが、実は彼の父親はスペイン人で、母親はアメリカ人だった。フィリピンの国民的ヒーローが旧二大宗主国の民族の血を引いていて、フィリピン人固有の血ではなかったということはなんとも象徴的な事実である。またポーの死去ほど大きな事件ではないが、一九五一年の設立以来フィリピン映画のスタジオ・システムに基づいた黄金時代の一翼を担ってきたLVNスタジオが、既に映画製作から撤退してしばらくは編集作業のカラー・ラボラトリーとしてのみ活動してきたが、ついに二〇〇五年に完全に閉鎖された。今から振り返れば、このフィリピン映画の第二期黄金時代を築き、担ったヒーローと大手映画製作会社の映画界からの退場は、来るべき第三の波であるインディペンデント映画の世界への権力移譲のようにも見える。

いま世界の映画界で注目され始めているフィリピン映画は、三六五年に及ぶ諸外国による植民地支配に由来する西洋世界に対する劣等感や自己卑下の精神構造から抜け出す糸口をつかむ力の源泉となっているのかもしれない。そして、近代国民国家と資本主義経済や世界中を席巻しているグローバリゼーションから疎外され、他者から支配されて自尊の心を失いかけた地点にいる人々の心の飢えを癒す役割を担っているのかもしれない。インディペンデント映画の逆襲とは、そうした心の飢えを起爆剤にして、構造的でしばしば不公正な文化表象に対するフィリピン人アーティストたちの挑戦の軌跡である。国家、民主主義、資本主義といった近代の社会システムの不完全性や脆弱性を目の当たりにして内なる世界に沈潜することなく、フィリピンのアーティストたちは映画というメディアを通して自らを表現し、反骨精神を示している。そんなフィリピン映画の第三期黄金時代の勢いは、インディペンデント映画が持つ特性によって支えられている。第八章でも紹介しているアウラエウス・ソリートの言葉が最も端的にその本質を表しているので、再び引用する。

かつては入ることのできなかった所へも入り込むことができる。それはコミュニティの親密さを描くには欠かせない。その親密さこそが革命的な表現を生み出す。この裏の路地で『マキシモ』を撮影した時も人々は私のカメラを見ることすらなかった。三五ミリでは表現できなかった世界を現代の僕たちは手にしている。

日本のインディペンデント映画監督・脚本家の相澤虎之助(3)は、「僕たちが撮りたいのは、路上の、街のざわつきの中のものだから、そういう映画がなんで撮れないんだっていう思いが、僕には特にあった」と語っているが(4)、そのあたりの感覚はフィリピンのインディペンデント映画人とも共通するところがあるだろう。

一　自虐を超えて

本書では、二〇〇五年を起点に勃興したと言われているフィリピン・インディペンデント映画の成り立ち、その前史や背景、そして「わたしたちが本来あるべき姿」、「失われた自己」を求める彼ら彼女らの内なる声とその挑戦の姿を探ってきた。その中核となっているのは一九八一年から一九九六年生まれのミレニアル世代前後の若い世代であるが、その世代を支えている一九五〇年代から七〇年代生まれの映画人たちの存在も輝いている。そして、このフィリピン映画第三期黄金時代を演出してきた一群の映画人たちの向かう先には、さらに若い世代の息吹が待ち受けている。なにせ平均年齢が二四・三歳の若者が主流の国である。

第三期黄金時代を支えるインディペンデント映画の先にあるものについて、その一例として、デジタルフォーマットの可能性とそのフロンティアについて思いを馳せるニック・デオカンポの試みを紹介しておく。この本でもたびたびデオカンポは登場したが、祖父を日本人に斬首され、その影響で父親は半日ゲリラとなり、本人は物心つく頃から性同一性に違和感を持ち、ゲイであることをいち早くカミングアウトし[5]、以来三〇年にわたりドキュメンタリー映画の製作と映画史の研究、そしてLGBT映画の地位向上に尽くしてきた。海外経験も豊富で今では世界中の映画祭の審査員にひっぱりだこである[6]。彼がキャリアを着実に重ねてきた結果として到達した心境は、教育としての映画というものであった。そのためにセンター・フォー・ニュー・シネマ（Center for New Cinema）を立ち上げて若者の映画教育、映画リテラシーの向上に貢献してきた。

映画には三種類ある。一つは商業映画。二つ目にインディペンデント映画。そして三つ目が教育映画（エデュケーショナル・フィルム）である。今フィリピンには二〇〇〇万人の学生たちがいる。それもデジタル時代の若者たちだ。そうした若者はニュー・フロント（新しい前線）だと言える。映画は常に知識の源泉で、オーディオ・ビジュアル・リテラシーさえ持っていれば教育の可能性は限りなく開ける。[7]

ドイツの劇作家ベルトルト・ブレヒトが新しい演劇の在り方を模索してゆきついた先が「教育劇」であった。それは演ずる者にとって学ぶところがある演劇であり、そこではもはや観客を必要としないと考えられている。演劇と映画では分野こそ異なるが、もしかしたらデオカンポの夢想する「教育映画」というアイディアもそれに近い概念ではないだろうか。映画というと先入観から私たちは「マスメディア」とか「大衆文化」という切り口で考えがちであるが、マスの観衆から解放される映画の在り方というものもあってよいのではないだろうか。

写真158　ネストール・ハルディンとローリス・ギリエン

このシネマラヤを作り支えてきた人々について少しだけ触れておこう。五〇歳を過ぎてデビューを果たす監督もいる一方で、まだ十代半ばの将来の映画監督の卵が作品を発表できるのもシネマラヤのユニークさだ。コンペ出品作品以外にも大学の学部学生が短い習作を上映する枠もある。既に紹介した通り、二〇一一年目を迎えた二〇一五年から教育プログラムの充実を目指し「シネマラヤ・インスティテュート」を創設して若手の人材育成を開始した。シネマラヤは毎回多くの若い学生らの熱気に包まれるが、こうした熱烈なシネマラヤファンにも支えられている。学割の使える入場券は七五ペソ（約二〇〇円）と廉価であるため、観客全体の六割が学生である。映画祭全体の予算二五〇〇万ペソに対してチケット売上の合計は二〇〇万ペソで、もとから採算は度外視である。シネマラヤ財団前理事長のネストール・ハルディンは、「毎年一五〇〇万ペソの予算集めは本当に大変なこと。でも多くの人たちが待ち望んでいるイベントだ。特に学生にとっては年に一度の映画三昧の日々。作品を観て監督やキャストと話ができ、仲間同士で議論するまたとない機会。作品上映の合間に会場のあちこちで湧き上がる無数の声を聞いていると、すべての努力が報われる思いだ」と笑顔で語っていた。シネマラヤのこれからの一〇年に関して、もう一人の創設者であり二代目の財団理事長であるローリス・ギリエンはこんな言葉で表現してくれた。

私たちはアジアで最高の映画（ベスト・フィルム）を創りたいのではなく、アジアで最も自由な創造環境（クリエイティブ・フリーダム）を創りたいのだ。(8)

映画の中に夢を見る多くの若者がいて、その夢を実現する人たちがいて、映画を愛する人たちのボランティア精神がそれを支えている。

二〇一八年フィリピン映画誕生から一〇〇年の節目の年に、次の一〇〇年を夢想してクロデュアルド・デル・ムンドは語る。

フィリピン映画は映画産業の盛衰にかかわらず生き残るだろう。その生命は、映画産業から遠く隔たってはいないが、商業映画の束縛から逃れて自由を求める映画人によって、映画産業の周縁において維持されてゆく。映画素材を独自に調達可能にしたデジタル・ビデオの到来によって、映画製作はより民主的になり、映画人はメインストリームからの要求や因習からより自由になったのである。(9)

同じくデオカンポは述べる。

百年後、フィリピン映画の歴史はさらに豊かになっているだろう。地方の映画が国民の経験となり、そこでは異なる言葉で語られて様々な地方の文化が描かれている。フィリピン映画百周年の時にあたり、フィリピン映画は未来への挑戦へと開かれた、新たな章の幕開けを迎えている。(10)

彼らの力強い言葉の中には、もはや自信喪失や自虐の精神はない。「失われた自己」の回復を求めて開始された旅は、いま新しい局面を迎えていると言えるのかもしれない。

二　越境する「国民映画」

「失われた自己」を回復して自画像を再構築してゆくこと、そしてその行為を通して国民映画（ナショナル・シネマ）を新たに創出してゆくこと、その現在進行形の様子を探ってきたわけだが、ここでもう一つ確認しておきたいことは、「国民映画」といっても国民国家（ネイション・ステイツ）の国境線という枠に縛られたものではないということだ。グローバル化が進むなかで文化の越境交通はますます活発になっているが、人・モノ・金・情報のグローバル化が日常となっている現代において、そもそも境界とは一体何であるか。そして越境するということは何を意味し、またどのような状況にあり、これからどのようになってゆくのか。国民国家のシステムがいまだ盤石と見える現代において、特に東アジアにおける状況は国境による分断と対抗をますます強化しているともいえるが、異文化接触による文化変容の世界では、国境という物理的な境界だけでは説明できない状況がますます進展していると考えられる。岩渕功一編による『超える文化、交錯する境界――トランス・アジアを翔るメディア文化』で「地球上の各地がさまざまな移動（植民地の歴史、資本、市場、商品、移民、労働者、そしてメディア）によってますます緊密に連携されるようになるなかで、国や文化の「内部／ローカル」と「外部／グローバル」が明確に切り離されているという見方はますます説得力を失っている」[11]と指摘している通り、移動、もしくは越境そのものがいくつもの層を包摂して複雑にからまりあって様々なレベルで異文化接触を行っている。

映画は、その成立の根源から言っても本質的に「越境」を内在させていたメディアであると言える。パトリック・カンポスも「映画はその始まりから元来トランスナショナルなものであった」[12]と指摘している。特にフィリピンを含め東南アジアにおける映画の受容は、典型的にトランスナショナルであると言える。「東南アジア地域の国民映画（ナショナル・シネマ）は、もともと国家という空間に封じ込めることができない条件のもとに発展した。歴史的・文化的接触、国家間の侵略、そして商業的な映画製作の要求から、国民映画というものは国境を越えることを強要されてきた。（中略）より本質的には、モーションピクチャーはこの地域に偶然にもたらされたのであるが、映画技術はヨーロッパから輸入され、植民地体制の中で活用され、さらに後には植民地を経験して独立を果たす国民国家という環境下で発展してきた」[13]。その結果、様々な国や地域の映画の影響を受け、その上で各国の伝統や日常的なテイストを加えて、国境を越えていながらも、文化的には固有のローカル色を反映した独特なスタイルを勝ち得ることとなった。さらにデジタルテクノロジー時代が到来して、このグローバル化の流れは不可逆的に、そして決定的になった。しかし一方で、私たちはいまだにある意味便宜的に「フィリピン映画」とか「アメリカ映画」とか映画に「国籍」を与えるが、現代は、西側からの視線・枠組みで〝未開世界〟へ眼差しを向けることを批判したエドワード・サイードの「オリエンタリズム」の言説が必ずしも有効とはいえない、もしくは古臭くなってしまった状況を生み出しているのではないかと考えられる。

第一章のインディペンデント映画揺籃期において、その牽引者の一人として紹介したキドラット・タヒミックは、二〇一八年にその生涯の業績が認められてナショナル・アーティストに選定されたが、彼はまさに生き様そのものがインディペンデントであったといえる。UPを優秀な成績で卒業して米国のペンシルバニア大学でMBAを取得。その後パリに本部のある経済開発協力機構（OECD）で四年間働くことになる。まさにエリートの中のエリートとしての教育を受け、「先進国クラブ」とも言われたOECDに職を得て〝メインストリーム〟を歩む順風満帆な人生かに見えたが、突如その輝かしい学位も職業も投げ打ってアートの世界に飛び込んだ。その彼が選んだのは映画であったが、その映画製作にしても〝まっとうな〟教育を一切受けていないインディペンデントぶりであった[14]。植民地支配による自己喪失や自虐思想を徹底的に批判し、西洋人から「未開人」と蔑視されたイフガオ族の正装であるふんどしと、グローバル企業となったSONYのビデオ・カメラに対抗するためにおもちゃのような竹製のカメラをトレードマークに、ハリウッドに挑んで「第三世界」からローカルな映画を創り発信し続けてきた[15]。

写真159『500年の航海』

一九八二年に開催された国際交流基金主催の「南アジア映画祭」で『悪夢の香り』が上映されて以来、たびたび日本でも紹介され、二〇一二年には福岡アジア文化賞も受賞して日本にも多くのファンがいるが、二〇一九年一月には東京のイメージフォーラムで回顧上映が開催された。その上映会の目玉作品は『500年の航海　Balikbayan #1: Memories of Overdevelopment Redux VI』。二〇一五年の東京国際映画祭では『お里帰り』というタイトルで上映した作品の改定版であるが、マゼランの世界一周をモチーフに、マゼラン自身は旅の途中で命を落とし、実際に世界一周を果たしたのはマラッカ出身の奴隷エンリケであり、彼はフィリピンのイフガオ族の村の出身であったという壮大なフィクションである。[16]「500年の航海」というのは、フェルディナンド・マゼランが世界周航の旅のためにセビリアを出帆したのが一五一九年、そしてセブで命を落としたのが一五二一年。五〇〇年前の世界周航の末に故郷のフィリピンに戻ったイフガオ族のエンリケを主人公に位置付けて、〝新世界〟の〝発見〟という西洋中心の世界観を解体し、ルネッサンス以来の西洋啓蒙主義の知の体系とそれに強く影響を受けた植民地主義の残滓への異議申し立てを試みている。五〇〇年前に戻って自らを問い直そうというなんとも気宇壮大な物語である。この作品の邦題は『500年の航海』であるが原題の「Balikbayan（バリックバヤン）」は、タガログ語で祖国に帰ることを意味する。また英語のサブタイトルは「Memories of Overdevelopment Redux VI」とあるが、「行き過ぎた開発に対する復古の記憶」とでも訳すのだろうか。タイトルに付属している「#1」や「VI」は本作が完成ではなく、これからもこの作品が改変、増殖してゆく宣言とも言える。公開するごとに作品の内容が変わってしまうとは、なんとも規格はずれの配給会社泣かせではあるが、そうした映画を取り巻くあらゆる制度やシステムに対して挑発的であり続けたことにこのアーティストの真骨頂がある。そしていまフィリピンのインディペンデント映画全盛時代を迎えて世界中から注目を集めているちょうどその時に、「メインストリームを外れてひたすら道草をくっていた」アウトサイダーが、ナショナル・アーティストとして懸賞されるに至ったということは象徴的でもある。『500年の航海』の中のタヒミックのモノローグは、フィリピンの映画人全てに向けられたものであろう。

しっかりとした足取りで歩め／でも気をつけろ／まだ先は長い／未知の世界に向かって[17]

三　他者のまなざしに注視して

本書を書き終えるにあたり、序章で取り上げたシンガポール映画『イロイロ』が問いかけた問題、すなわち「人は、なんびとたりとも他者そのものになることは不可能である。しかし他者のまなざしに注視することはできる」のではないかということに関連し、これまでにシネマラヤから数多く産み落とされてきた作品の中で、最後にこの作品を紹介しておきたい。

『トランジット』（ハンナ・エスピア監督）

現在世界中に離散している「フィリピン人」に、なかば所与のものとして与えられている特殊な物語の中には、私たち日本人の想像をはるかに超えるものがある。『イロイロ』はシンガポール人監督によるシンガポールにやって来たフィリピン人家政婦の物語であったが、本書ではフィリピン人監督が描くＯＦＷ（海外フィリピン人労働者）を主人公とした作品も紹介してきた。一つは香港を舞台にしたドキュメンタリー『サンデー・ビューティー・クイーン』、もう一つは日本を舞台にした『Imbisibol《インビジブル》』であるが、ここで紹介する『Transit《トランジット》』（ハンナ・エスピア監督）はイスラエルへの出稼ぎとそれに伴うフィリピン人のディアスポラ（離散）を主題とした作品である。この作品は二〇一三年第九回シネマ

写真 160　『トランジット』

ラヤの長編コンペションで最優秀作品賞など一〇個もの賞を総なめにし、さらには海外でも釜山国際映画祭でのスペシャル・メンション（特別言及）賞や第一四回東京フィルメックスでの学生審査員賞などを獲得して評価の高い作品である。

物語はイスラエル政府の進める移民政策、特に「移民の五歳未満の子は、たとえイスラエル生まれであっても強制送還する」という政策をめぐり繰り広げられる様々な葛藤が基調をなす。フィリピン人移住労働者であるモイゼスは、半身不随の敬虔なユダヤ教徒エリアヴの介護を生業にいまだ五歳に達していない息子ジョシュアと暮らしているが、強制送還を恐れて彼の存在を隠そうとする。また同居している姉ジャネットは家政婦として働き一人娘のヤエルを育てているが、その娘はイスラエル人ボーイフレンドと付き合う中で自分のアイデンティティに悩み苦しんでいる。そこへフィリピンからジャネットを頼って親戚のティナがやってくるが、彼女もやがて過ちから妊娠して雇用主から追放される。映画はこの五人のフィリピン人のそれぞれの視点から一つの物語をオムニバスで紡ぎ、家族の愛と葛藤を描いてゆく。途中、イスラエルに実在すると思われるフィリピン人ＯＦＷのグループと出演者が会話するシーンがあるが、そこでは「イスラエルに住んでいるフィリピン人の子供は滞在許可書を持っていないので外に出る自由がなく、家の中にこもらざるをえない。警察に捕まれば、子供のみならず親も強制送還される危険がある。そのためここに住むフィリピンの子供たちは幼少の頃から嘘をつくことを覚えるのだ」と生々しく語る。

さらに、イスラエルで生まれたフィリピン人の子供は地元の学校に通い、ヘブライ語が第一言語となるためタガログ語を話すことができない者が多いという。ボーイフレンドのことをめぐって争うヤエルには母親のタガログ語が理解できず、「あなたはフィリピン人。母親とのつながりを断ち切ることはできない！」と言い放つジャネットと、必死で「私はイスラエル人！」とヘブライ語で反抗するヤエルの間には、深くて大きな断絶がある。お互い血はつながっているが、国家、国境、公用語、社会システムという生身の人間を取り巻く仕組みによって隔てられている。しかもそれは人間自身が作り出したものだ。ディアスポラは何も物理的・距離的な離散だけを意味するものではない。心の中の離散もまたありうる。ジャネットとヤエルの関係は、人と人、特に家族という関係性の中における繋がりと離散にまつわるぎりぎりの葛藤を見事に描き出している。

物語のクライマックスで、ジョシュアがある事件から警察につかまりフィリピン人であること、さらには五歳に満たないことが露見する場面がある。五歳未満は強制送還の対象となる。必死で抵抗する父親と法に従わざるをえない警察官が言い争うさなか、ジョシュアが口にしたのは、ユダヤ教の聖典「トーラー」（聖書における最初の「モーセ五書」の部分）の冒頭。イスラエルの男子が成人に達したとき（通常は一三歳）に行われる「バル・ミツワー」の通過儀礼の際に唱える有名な一節で、ジョシュアはこれをエリアヴから学んでいたのである。その小さなジョシュアのあどけないが清冽なユダヤの詠唱が警察署の中で切なく響く。そこで暗示されるのは、ジョシュアはいったい〝何人〟であるのか、または人が国籍で規定されるということにどれほどの意味があるのかという根源的な問いである。むろんそうした問いに対する回答はなく最終的にジョシュアは強制送還される。マニラの空港の荷物受取所で延々と荷物を待ち続けるジョシュアと父親モイゼスの長回しのラストシーンは、実はこのフィリピンにも二人の安住の地はないのではないか、彼らのアイデンティティの拠り所は常に不安定で、作品タイトルの『トランジット』が示すように、居場所がどこであろうとも、それは通過点に過ぎないのではないかということを暗示しているようにも思える。ディアスポラが突き付けたアイデンティティの揺らぎ、それは人間存在そのものへの不安となって彼らを覆うこととなる。『Transit《トランジット》』という作品に挿入されている多くの余韻は、『イロイロ』が与えた課題、「イロイロ」という響きの中に内在している哀しみに対して向けられるべき「他者の苦痛へのまなざし」というものを私たちにあらためて想起させてくれる。その意味で、この作品は数多くの秀作を産み落としたシネマラヤの中でも代表的な作品であると評価できるだろう。

そもそも国家やイデオロギー、政治、ジェンダーや階級、または人種の違いによって、自己と他の人々を区別、そして差別することは深いところに根差しているように思われる。そうした差別や抑圧の構造について考え、それに対する解決の道筋を探求することは、現代の思索者やアーティストに課された大きな課題の一つであるだろう。ポストコロニアルを考察する思想家ガヤトリ・スピヴァクが語りかける。「私たちが自分自身の中に聞かなくてはならない、他者の様々な声を思い出すこと」または「私たち自身の内に存在する聴くべき声を呼び起こすこと」[18]、とはいったい何を示すのであろうか。そしてどうすればその声を呼び起こし思い出すことができるのだろうか。「何を」と聞かれれば、おそらく本書を書く行為そのものが、その回答を求めるための思索であり想起の過程であったと思う。そして「どうすれば」と聞かれれば、私は迷うことなく、フィリピンの偏在する庶民街の雑踏の中で、人々の営みの喧噪と様々な臭いで過剰に満たされた豊穣に身を浸し、貧しさと豊かさのアンバランスとバランスの中を漂い、ただただ安堵感に包まれながら実感すること、と答えるだろう。

五〇〇年の航海には終わりはなく、フィリピン・インディペンデント映画を巡る私たちの旅もまだまだ続き、今日も新たな作品が生まれ、歴史は上書きされてゆくだろう。本書はただその途中経過報告である。

注

（1）Teddie Co, Reconfiguring Philippine Cinema: Thoughts on the First Hundred Years of Philippine Cinema, *Centennial Anniversary of the Philippine Cinema*, 釜山国際映画祭, 2018, p.17.

（2）同右、一八頁。

（3）主な監督作品『花物語バビロン』（一九九七年）、脚本は『国道20号線』（二〇〇六年）、『サウダーヂ』（二〇一一年）。

（4）寺岡裕治・森宗厚子他編『映画はどこにある　インディペンデント映画の新しい波』フィルムアート社、二〇一四年、五〇頁。

（5）筆者が二〇一八年一〇月二七日にSMノースエドサにて実施したインタビューでは、デオカンポ自身「アジアで最も早くゲイをカミングアウトした映画人である」と語った。
（6）二〇一七年には第三〇回東京国際映画祭の審査委員として来日した。
（7）二〇一八年一〇月二七日、SMノースエドサにて実施したインタビュー。
（8）二〇一五年八月九日、CCPにて実施したインタビュー。
（9）Clodualdo del Mundo Jr., Introduction Riding the Waves of Cinemalaya, *Making Waves 10 Years of CINEMALAYA*, Mandaluyong City, Anvil Publishing, INC., 2014, p.96.
（10）（1）に同じ、三八頁。
（11）岩渕功一編『超える文化、交錯する境界――トランス・アジアを翔るメディア文化』山川出版社、二〇〇四年、六頁。
（12）Patrick F. Campos, *The End of National Cinema: Filipino Film at the Turn of the Century*, Quezon City, University of the Philippines Press, 2016, p.275.
（13）同右、二一三頁。
（14）イメージフォーラム主催の「キドラット・タヒミック回顧上映」に合わせて来日し、二〇一九年一月二六日の上映後のアフタートークで語った。
（15）キドラット・タヒミックによる第三世界からのグローバリゼーションに対する異議申し立てについては、清水展『草の根グローバリゼーション　世界遺産棚田村の文化実践と生活戦略』（京都大学学術出版会、二〇一三年）を参照。
（16）エンリケはマゼランが〝世界周航〟に先だってマラッカで購入した奴隷でマレー語を話し、そのためセブに到着した際には現地の人々との通訳を務めたということは、マゼランに同行したピガフェッタの日誌に記されていて〝史実〟として今に伝わっている。
（17）キドラット・タヒミック『500年の航海』より。
（18）ガヤトリ・スピヴァクが二〇一二年に京都賞を受賞した際の記念講演録より。

あとがき

本書を執筆中のとある日、筆者のもとに大変嬉しいニュースが飛び込んできた。シネマラヤの実施団体であるシネマラヤ財団が、二〇一九年度の日経アジア賞文化部門賞を受賞することになったのである。そのシネマラヤの創設に中心的役割を果たした国立フィリピン文化センター（ＣＣＰ）も同年に五〇周年を迎え、記念すべき年にふさわしい受賞となった。シネマラヤが始まった時は、フィリピンの映画、ましてやインディペンデント映画に注目する日本人など、一部の人たちを除いてほとんど存在しなかったことを考えると、一五年目を迎えて、いまや日本のメインストリームにあるメディアにも評価され、多くの日本人がシネマラヤの名前を目にすることとなった。

同賞のプレスリリースには「世界の映画界がデジタル化に懐疑的な中、フィリピン初の大規模デジタル映画祭を立ち上げた。審査対象を企画・脚本とし、勝ち抜いたクリエーターに製作費を援助して作品を出展させる方法で、多くの若い才能を発掘した。凋落傾向だったフィリピン映画産業を再興した」とある。

五月二九日に東京で行われた授賞式において、シネマラヤの創設者の一人で、メインスポンサーとして支え続けたアントニオ・コファンコは受賞スピーチで次のように語った。

写真161　日経アジア賞を受賞するアントニオ・コファンコ（右）

我々は、フェイクニュースやソーシャルメディアが武器にもなるこの時代の中で、我々のフェスティバルを、真実を語るためのもう一つの場所として提供したいと考えている。（中略）フェスティバルの期間中、映画上映が終わると多くの観客が映画館から流れ出てくるが、その様子を三階のバルコニーから眺めるのが好きだ。ロビーは徐々に多くの観客で埋め尽くされ、今観てきた映画の話で盛り上がり、映画人の周りに人々が群がる。そこには映画ファンのみならず、新しく目覚めた人たちがいる。まるで夢や記憶から今日が覚めたように（今観た映画について語り合っている）。おそらく時には悪夢からの目覚めもあるかもしれないが。そして、その目覚めが毎日の人生に何か新たな変化を起こすよう願っている。

私自身、おそらくこれからもその夢や悪夢を求めて、またあの映画館の中に、フィリピンの人々のもとに入ってゆくだろう。なぜならば、普段私たちがメディアなどの表象の世界から受け取ることができるのは、真実のごく一部でしかないことを映画は教えてくれるからである。もしかしたら、それは自分自身の内なる辺境を訪ねる旅なのかもしれない。そして、その旅には必ず新たな日常の第一歩があるのだと思う。

本書は多くの人たちのご協力によって完成をすることができた。特にＣＣＰの元館長でシネマラヤ財団の前理事長であるネストール・ハルディン氏、現フェスティバル・ディレクターのクリス・ミリアド氏、そしていつも筆者のわがままな要請に丁寧に応えてくれたＣＣＰ映画部門のヴィクトリア・ベラルミーノ女史、また快くインタビューに応じてくれたフィルムメーカーたち、さらにはマニラ日本文化センター時代にともに働いたセシリア・アキノ女史とローランド・サムソン氏、最後に私をここまで導いてくれた母に、この場をお借りして厚く御礼申し上げたい。

二〇一九年六月　マニラにて

鈴木　勉

■ SCHOOL SERVICE by Louie Ignacio

•Cinemalaya Independent Film Festival 2018

Winner: Balanghai Trophy / Best Actress: Ai-Ai de las Alas / Best Supporting Actress: Therese Malvar
Winner: Special Jury Prize in Acting

•Warsaw International Film Festival 2018

Official Selection International Competition Program

CINEMALAYA 2019 FINALISTS

■ JOHN DENVER TRENDING byArden Rod Condez

•Busan International Film Festival

CINEMALAYA 2018 FINALISTS

■ DISTANCE by Perci Intalan

•Cinemalaya Independent Film Festival 2018

Winner: Balanghai Trophy / Best Supporting Actress: Therese Malvar

•Tokyo International Film Festival 2018

Official Selection: Asian Future Section

■ KUNG PAANO HINIHINTAY ANG DAPITHAPON by Carlo Enciso Catu

•Cinemalaya Independent Film Festival 2018

Winner: Balanghai Trophy / Best Film: Carlo Catu / Best Screenplay: John Carlo Pacala / Best Cinematography: Neil Daza / Best Production Design: Marielle Hizon

Winner: NETPAC Award Main Competition / Carlo Catu

■ LIWAY by Kip Oebanda

•Cinemalaya Independent Film Festival 2018

Winner: Audience Award Main Competition / Kip Oebanda

Winner: Special Jury Commendation / Kip Oebanda

Winner: Special Jury Prize in Acting / Kenken Nuyad

■ MAMANG by Denise O'Hara

•Cinemalaya Independent Film Festival 2018

Winner: Balanghai Trophy / Best Supporting Actor: Ketchup Eusebio

■ ML by Benedict Mique

•Cinemalaya Independent Film Festival 2018

Winner: Balanghai Trophy / Best Actor: Eddie Garcia / Best Editing: Mikael Angelo Pestaño

■ MUSMOS NA SUMIBOL SA GUBAT NG DIGMA by Iar Arondaing

•Cinemalaya Independent Film Festival 2018

Winner: Balanghai Trophy / Best Sound: Wild Sound

Winner: Special Jury Prize in Acting / Juan Miguel Emmanuel Salvado

■ PAN DE SALAWAL by Che Espiritu

•Cinemalaya Independent Film Festival 2018

Winner: Balanghai Trophy / Best Director: Che Espiritu / Best Original Music Score: Len Calvo

Winner: Special Jury Prize in Acting / Che Espiritu

資料２　シネマラヤ長編劇映画作品の映画祭受賞リスト

•Bucheon International Fantastic Film Festival 2018
Official Selection

•Calgary International Film Festival 2018
Official Selection

•Cyprus Film Days International Festival 2018
Winner: Glocal Images / Best Film: Treb Monteras II / Best Director: Treb Monteras II / Audience Choice Award

•Darwin International Film Festival 2018
Official Selection

•Entertainment Editor's Awards 2018
Winner: Best Film / Treb Monteras II / Best Supporting Actor: Dido de la Paz / Best Supporting Actress: Chai Fonacier / Best Original Theme Song / Best Sound Design: Corinne De San Jose / Best Musical Score: Jay Durias

•FAMAS Awards 2018
Winner: FAMAS Award / Best Musical Score: Jay Durias
Winner: Grand Jury Prize Best Picture / Treb Monteras II

•Gawad Tanglaw 2018
Winner: Best Film / Treb Monteras II / Best Director: Treb Monteras II / Best Production Design / Best Score

•Gawad Urian Awards 2018
Winner: Gawad Urian Award / Best Actor: Abra / Best Supporting Actor: Dido de la Paz / Best Editing: Lawrence Ang / Best Sound: Corinne De San Jose

•New York International Film Festival 2018
Winner: Silver Tiger Uncaged Award / Best Feature Film: Treb Monteras II

•Rotterdam International Film Festival 2018
Winner: Top 20 Audience Award
Nominee: Bright Future Award / Best First Film: Treb Monteras II

•Shanghai International Film Festival 2018
Nominee: Asian New Talent Award / Best Director: Treb Monteras II / Best Actor: Abra

•Star Awards for Movies 2018
Winner: Star Award / Indie Movie Original Theme Song of the Year: Abra (lyrics, interpreter), Loonie (lyrics, interpreter), Jay Durias (music), Bboy Garcia (beats), Song: "Respeto"

•Urbanworld Film Festival 2018
Official Selection World Narratives Featrure

■ NABUBULOK by Sonny Calvento

•Cinemalaya Independent Film Festival 2017
Winner: Balanghai Trophy / Best Production Design: Maolen Fadul

•Busan International Film Festival 2017
Official Selection: A Window On Asian Cinema Section

•Dhaka International Film Festival 2017
Official Selection Cinema of the World Section

•Asian Film Festival 2018
Winner: Best Film New Director's Category / Sonny Calvento

•Asian Film Festival of Dallas 2018
Winner: Grand Jury / Best Narrative Feature: Sonny Calvento

•Asian Film Festival Rome 2018
Official Selection

•Balinale International Film Festival 2018
Official Selection

•Delhi International Film Festival 2018
Official Selection

•Formosa Festival of International Filmmakers Awards 2018
Official Selection

■ REQUITED by Nerissa Picadizo

•Tehran International Sports Film Festival 2018
Official Selection

■ RESPETO by Alberto Monteras II

•Cinemalaya Independent Film Festival 2017
Winner: Audience Award / Treb Monteras II
Winner: Balanghai Trophy / Best Film: Treb Monteras II / Best Sound: Corinne De San Jose / Best Editing: Lawrence Ang / Best Cinematography: Ike Avellana / Best Supporting Actor: Dido de la Paz
Winner: NETPAC Award Main Competition / Treb Monteras II

•Frederich Naumann Foundation (2017)
Winner: Freedom Flame Award / Treb Monteras II

•Asia-Pacific Film Festival 2018
Winner: Best Supporting Actor / Dido de la Paz

•Dhaka International Film Festival 2018
Official Selection: Asian Competition Section

•Harlem International Film Festival 2018
Official Selection: International Competition Section

•Young Critics Circle, Philippines 2018
Winner: YCC Award / Best Film / Best Achievement in Cinematography and Visual Design: TM Malones (cinematography), Marielle Hizon (production design)

■ BAGAHE by Zig Dulay

•Cinemalaya Independent Film Festival 2017
Winner: Balanghai Trophy / Best Screenplay: Zig Madamba Dulay / Best Actress: Angeli Bayani

•Asia Independent Film Festival 2018
Winner: Best International Fiction Feature Award / Zig Madamba Dulay

•Fukuoka International Film Festival 2018
Official Selection: Focus on Asia

•Vesoul International Film Festival 2018
Winner: Golden Cyclo Award / Best Film: Zig Madamba Dulay

•World Film Festival 2018
Official Selection

■ KIKO BOKSINGERO by Thop Nazareno

•Cinemalaya Independent Film Festival 2017
Winner: Balanghai Trophy / Best Original Music Score: Pepe Manikan / Best Supporting Actress: Yayo Aguila / Best Actor: Noel Comia Jr.

•Cleveland International Film Festival 2018
Official Selection

•Pista ng Pelikulang Pilipino 2018
Winner: Star Award / Movie Child Performer of the Year: Noel Comia Jr.

•San Diego Asian Film Festival 2018
Official Selection: Spring Showcase

•Star Awards for Movies 2018
Winner: Audience Choice Award / Thop Nazareno

•Young Critics Circle, Philippines 2018
Winner: YCC Award / Best First Feature: Thop Nazareno

•Silk Road International Film Festival 2017
Official Selection

•Sydney International Film Festival 2017
Official Competition

•Vilnius International Film Festival 2017
Official Selection

■ TUOS by Derick Cabrido
•Cinemalaya Independent Film Festival 2016
Winner: Audience Award Main Competition / Roderick Cabrido
Winner: Balanghai Trophy / Best Sound: Bryan Dumaguina, Monoxide Works / Best Original Music Score: Jema Pamintuan / Best Production Design: Steff Dereja / Best Cinematography: Mycko David

•Tallin Awards, Philippines 2017
Nominee: International Competition

•Gawad Urian Awards 2017
Winner: Gawad Urian Award / Best Music: Jema Pamintuan

•Mostra Internacional de Cinema / São Paulo International Film Festival 2017
International Perspective Section

CINEMALAYA 2017 FINALISTS

■ BACONAUA by Joseph Israel Laban
•Cinemalaya Independent Film Festival 2017
Winner: Balanghai Trophy / Best Director: Joseph Israel Laban / Best Cinematography: TM Malones
Winner: Special Jury Prize / Joseph Israel Laban

•Busan International Film Festival 2017
Official Selection

•Chennai International Film Festival 2017
Official Selection

•Tallinn Black Nights Film Festival 2017
Official Selection

•Asian Film Festival 2018
Official Selection: Competition Category

•Taipei Golden Horse Film Festival 2016
Official Selection

•Tallinn International Film Festival 2016
Panorama Section / Eduardo W. Roy Jr.

•Tokyo FILMeX 2016
Winner: Student Jury Prize / Eduardo W. Roy Jr.
Nominee: Grand Prize / Eduardo W. Roy Jr.

•Venice Film Festival 2016
Winner: BNL People's Choice Award / Eduardo W. Roy, Jr.
Nominee: Queer Lion / Eduardo W. Roy Jr.

•Brisbane International Film Festival 2017
Official Selection

•Buenos Aires International Festival of Independent Cinema 2017
Official Selection

•Dhaka International Film Festival 2017
Asian Competition

•FAP Awards, Philippines 2017
Winner: FAP Award / Best Actress: Hasmine Kilip

•Gawad Urian Awards 2017
Winner: Gawad Urian Award / Best Actress: Hasmine Kilip

•Harlem International Film Festival 2017
Winner: Best Actress: Hasmine Kilip / Best Actor: Ronwaldo Martin

•IndieLisboa International Independent Film Festival 2017
Nominee: Grand Prize City of Lisbon / International Competition: Eduardo W. Roy Jr.

•Oporto International Film Festival 2017
Winner: Director's Week Best Film / Eduardo W. Roy Jr. / Best Actress: Hasmine Kilip

•Star Awards for Movies 2017
Winner: Star Award / Indie Movie of the Year, Indie Movie Director of the Year: Eduardo W. Roy Jr. / New Movie Actress of the Year: Hasmine Kilip / Indie Movie Editor of the Year: Carlo Francisco Manatad

•Rainbow Film Festival London 2017
Official Competition

•Shanghai International Film Festival 2017
Panorama

■ LANDO AT BUGOY by Vic Acedillo, Jr.

•Kolkota International FilmFestival 2017

Official Selection: Asian Select Category Nominee: NETPAC Award / Vic Acedillo

■ MERCURY IS MINE by Jason Paul Laxamana

•Cinemalaya Independent Film Festival 2016

Winner: Balanghai Trophy / Best Screenplay: Jason Paul Laxamana

Winner: Special Jury Prize / Jason Paul Laxamana

•Annual International Screenings Program 2017 - Chicago Cultural Center Official Entry

■ PAMILYA ORDINARYO by Eduardo Roy, Jr.

•Cinemalaya Independent Film Festival 2016

Winner: Balanghai Trophy / Best Film: Eduardo W. Roy Jr. / Best Editing: Carlo Franciso Manatad / Best Actress: Hasmine Kilip / Best Director: Eduardo W. Roy Jr.

Winner: NETPAC Award / Eduardo W. Roy Jr.

•Asia Pacific Screen Awards 2016

Winner: Asia Pacific Screen Award Best Performance by an Actress / Hasmine Kilip

•Chicago International Film Festival 2016

World Cinema / Eduardo W. Roy, Jr.

•Ex-Ground Film Festival 2016

Official Selection

•Five Flavours Film Festival 2016

Winner: New Asian Cinema / Special Mention: Eduardo W. Roy Jr.

•Hanoi International Film Festival 2016

Winner: Best Director: Eduardo Roy, Jr. / Best Actress: Hasmine Kilip

•London East Asia Film Festival 2016

Winner: Young Cinema Competition / Special Jury Mention for Direction and Performance: Eduardo W. Roy Jr.

•San Cristobal De Las Casa International Film Festival 2016

Official Competition

•San Diego Asian Film Festival 2016

Official Selection

•Stockholm Film Festival 2016

Nominee: Bronze Horse / Best Film: Eduardo W. Roy Jr.

Nominee: Grand Jury Award for Best Narrative Feature
Nominee: Achievement in Acting Award /Benjamin Alves

•The World's Independent Film Festival in San Francisco 2017
Winner: Best Narrative Feature / Official Selection: Atom Magadia

•Madrid International Film Festival 2017
Winner: Best Costume / Jona Ballaran
Nominee: Best Foeign Language Feature Film
Nominee: Best Lead Actress in a Foreign Language Feature Film / Lotlot De Leon
Nominee: Best Editing of a Foreign Language Feature Film

•ASEAN International Film Festival 2017
Official Selection / Atom Magadia

•Inquirer Indie Bravo 2017
Award of Distinction / Atom Magadia

■ HIBLANG ABO by Ralston Jover
•Cinemalaya Independent Film Festival 2016
Winner: Balanghai Trophy / Best Supporting Actor: Lou Veloso, Jun Urbano, Leo Rialp, Nanding Josef

•41st Montreal World Film Festival
Official Selection: Focus on World Cinema Section

■ I AMERICA by Ivan Andrew Payawal
•Cinemalaya Independent Film Festival 2016
Winner: Balanghai Trophy / Best Supporting Actress: Elizabeth Oropesa

•Tokyo International Film Festival 2016
Official Selection: Asian Future Section

•CinemAsia Film Festival - Amsterdam 2017
Official Selection

■ KUSINA (HER KITCHEN) by Cenon Obispo Palomares & David Corpuz
•Star Awards for Movies 2017
Winner: Star Award / Indie Movie Sound Engineer of the Year: Raffy Magsaysay

•Urduja Film Festival 2017
Winner: Best Heritage Film / Cenon Obispo Palomares and David Corpuz
Best Director: Cenon Obispo Palomares and David Corpuz / Best Actress: Judy Ann Santos

■ KASAL (THE COMMITMENT) by Jose Altarejos

•Cinemalaya Independent Film Festival 2014

Winner: Balanghai Trophy / Best Film: Joselito Altarejos / Best Original Music Score: Richard Gonzales / Best Production Design: Harley Alcasid / Best Cinematography: Mycko David

■ THE JANITOR by Michael Tuviera

•Cinemalaya Independent Film Festival 2014

Winner: Balanghai Trophy / Best Sound: Albert Michael Idioma / Best iting: Tara Illenberger / Best Screenplay: Aloy Adlwan, Michael Tuviera / Best Supporting Acor: Nicco Manalo / Best Director: Michael Tuviera

•Fantasporto 2015

Winner: Directors' Week Award / Best Actor: Richard Gomez

•Star Awards for Movies 2015

Winner: Star Award / Indie Movie of the Year, Indie Movie Director of the Year: Michael Tuviera / Movie Supporting Actor of the Year: Nicco Manalo / Indie Movie Editor of the Year: Tara Illenberger / Indie Movie Sound Engineer of the Year: Albert Michael Idioma, Alex Tomboc

CINEMALAYA 2016 FINALISTS

■ ANG BAGONG PAMILYA NI PONCHING by Inna Salazar and Dos Ocampo

•Cinemalaya Independent Film Festival 2016

Winner: Balanghai Trophy / Best Supporting Actress: Lollie Mara

■ DAGSIN by Atom Magadia

•Cinemalaya Independent Film Festival 2016

Winner: Balanghai Trophy / Best Actor: Tommy Abuel

•Urduja Film Festival 2017

Winner: Best Heritage Film / Atom Magadia / Best Director: Atom Magadia

•Asian Film Festival - Barcelona 2017

Official Selection: Discoveries Section / Atom Magadia

•2nd Los Angeles Philippine International Film Festival 2017

Winner: Best Actor: Tommy Abuel

•Guam International Film Festival 2017

Official Selection: Centerpiece Film / Atom Magadia

Winner: Audience Award / Janice O'Hara

DIRECTORS SHOWCASE

■ ASINTADO (BETWEEN THE EYES) by Louie Ignacio

•Cinemalaya Independent Film Festival 2014
Winner: Special Citation / Justin Brian Besana For poster design.

•FAMAS Awards 2015
Winner: FAMAS Award / Best Supporting Actor: Gabby Eigenmann / Best Child Performer: Miggs Cuaderno

•Star Awards for Movies 2015
Winner: Star Award / Movie Child Performer of the Year: Miggs Cuaderno

•World Fest Houston 2015
Winner: Gold Award / Family - Children: Louie Ignacio
Winner: Gold Remi Award / Rising Star - Actor: Jake Vargas

■ HARI NG TONDO by Carlos Siguion-Reyna

•Cinemalaya Independent Film Festival 2014
Winner: Balanghai Trophy / Best Supporting Actress: Cris Villonco / Best Actor: Robert Arevalo
Winner: Special Jury Prize / Carlos Siguion-Reyna

•Star Awards for Movies 2015
Winner: Star Award / Indie Movie Original Theme Song of the Year: Myke Salomon (music), Bibeth Orteza (lyrics), Aiza Seguerra (interpreter), Rafael Siguion-Reyna (interpreter), Cris Villonco (interpreter), Song: "Sige lang nang sige"

■ HUSTISYA by Joel Lamangan

•Cinemalaya Independent Film Festival 2014
Winner: Audience Award: Joel Lamangan
Winner: Balanghai Trophy / Best Actress: Nora Aunor
Winner: NETPAC Award Directors: Joel Lamangan

•Asia Pacific Screen Awards 2014
Nominee: Asia Pacific Screen Award / Best Performance by an Actress: Nora Aunor

•Nantes Three Continents Festival 2014
Nominee: Golden Montgolfiere / Joel Lamangan

•Warsaw International Film Festival 2014
Nominee: Grand Prix / Joel Lamangan

Winner: Excellent Asia-Pacific Young Director Award / Roderick Cabrido

■ DAGITAB by Giancarlo Abrahan

•Cinemalaya Independent Film Festival 2014

Winner: Balanghai Trophy / Best Screenplay: Giancarlo Abrahan / Best Director: Giancarlo Abrahan / Best Actress: Eula Valdez

•Asia Pacific Screen Awards 2014

Nominee: Asia Pacific Screen Award / Best Screenplay: Giancarlo Abrahan

•Gawad Urian Awards 2015

Winner: Gawad Urian Award / Best Actress: Eula Valdez / Best Supporting Actor: Martin del Rosario

•Young Critics Circle, Philippines 2015

Winner: YCC Award / Best Performance by Male or Female, Adult or Child, Individual or Ensemble in Leading or Supporting Role: Eula Valdez, Nonie Buencamino, Duo performance / Best Achievement in Cinematography and Visual Design: Rommel Sales(cinematography), Whammy Alcazaren (production design), Thesa Tang (production design) / Best First Feature: Giancarlo Abrahan

■ K'NA, THE DREAMWEAVER by Ida Anita Del Mundo

•Cinemalaya Independent Film Festival 2014

Winner: Balanghai Trophy / Best Production Design: Toym Imao

Winner: Special Jury Prize / Ida Anita Del Mundo

•Toronto Female Eye Film Festival 2015

Winner: Jury Awar / Best of Sho: Ida Anita Del Mundo

■ MARIQUINA by Milo Sogueco

•Cinemalaya Independent Film Festival 2014

Winner: Balanghai Trophy / Best Supporting Actress: Barbie Forteza

•Pusan International Film Festival 2014

Nominee: New Currents Award / Milo Sogueco

•Osaka Asian Film Festival 2015

Nominee: Grand Prix / Milo Sogueco

•Young Critics Circle, Philippines 2015

Winner: YCC Award / Best Achievement in Film Editing: Benjamin Gonzales Tolentino

■ SUNDALONG KANIN by Janice O'Hara

•Cinemalaya Independent Film Festival 2014

Winner: Balanghai Trophy / Best Actor: Dante Rivero

•London Film Awards 2014
Winner: Special Jury Award Film Competition / Best Director: Real Florido

•QCinema International Film Festival 2014
Winner: Gender Sensitivity Award / Real Florido

•Canada International Film Festival 2015
Winner: Rising Star Award / Best Feature Film: Real Florido

■ BWAYA by Francis Xavier Pasion

•Cinemalaya Independent Film Festival 2014
Winner: Balanghai Trophy / Best Film: Francis Xavier Pasion / Best Original MusicScore: Erwin Fajardo / Best Cinematography: Neil Daza
Winner: NETPAC Award / Francis Xavier Pasion

•Tokyo FILMeX 2014
Winner: Grand Prize / Francis Xavier Pasion

•Five Flavours Film Festival 2015
Nominee: New Asian Cinema / Best Film: Francis Xavier Pasion

•Gawad Urian Awards 2015
Winner: Gawad Urian Award / Best Cinematography: Neil Daza / Best Music: Erwin Fajardo

■ CHILDREN'S SHOW by Derick Cabrido

•Cinemalaya Independent Film Festival 2014
Winner: Balanghai Trophy / Best Sound: Jonathan Hee, Bryan Dumaguina / Best Editing: Gerone Centno / Best Supporting Actor: Miggs Cuaderno
Winner: Canon Award / Best Cinematography: Mycko David

•Fantasporto 2015
Winner: Orient Express Section Special Jury Award / Roderick Cabrido

•Fantastic Cinema Festival 2015
Winner: Film Society of Little Rock Executive Director Award Emerging Filmmaker / Roderick Cabrido
Winner: Grand Jury Award / Best Screenplay (Feature): Ralston Jover
Winner: Special Jury Award / Feature Film

•Fribourg International Film Festival 2015
Nominee: Grand Prix / Roderick Cabrido

•Gwangju International Film Festival 2015

Best Supporting Actress: Ruby Ruiz / Best Actress: Vilma Santos
Winner: NETPAC Award / Jeffrey Jeturian
Winner: Special Jury Prize / Jeffrey Jeturian

•Black Movie Film Festival 2014
Nominee: Audience Award / Jeffrey Jeturian

•Dhaka International Film Festival 2014
Winner: Jury Prize / Best Actress: Vilma Santos

•Golden Screen Awards, Philippines 2014
Winner: Golden Screen Award / Best Performance by an Actress in a Leading Role (Drama): Vilma Santos

■ PORNO by Adolfo Alix, Jr.
•Gawad Urian Awards 2014
Winner: Gawad Urian Award / Best Production Design: Adolfo Alix Jr.

•Young Critics Circle, Philippines 2014
Winner: YCC Award / Best Film: Adolfo Alix Jr. / Best Performance: Carlo Aquino / Best Screenplay: Rlston Jover / Best Achievement in Film Editing: Aleks Castañeda / Best Achievement in Sound and Aural Orchestration: Albert Michael Idioma

■ SANA DATI by Jerrold Tarog
•Cinemalaya Independent Film Festival 2013
Winner: Balanghai Trophy / Best Film: Jerrold Tarog / Best Director: Jerrold Tarog / Best Sound：Jerrold Tarog / Best Original Music Score: Jerrold Tarog / Best Editing: Jerrold Tarog / Best Production Design: Ericson Navarro / Best Cinematography: Mackie Galvez / Best Supporting Actor: TJ Trinidad

•Osaka Asian Film Festival 2014
Nominee: Grand Prix / Jerrold Tarog

CINEMALAYA 2014 FINALISTS

NEW BREED CATEGORY

■ #Y by Gino Santos
•Cinemalaya Independent Film Festival 2014
Winner: Special Citation / Elmo Magalona, Coleen Garcia, Sophie Albert, Kit Thompson, For ensemble acting.

■ 1ST KO SI 3RD by Real Florido
•Cinemalaya Independent Film Festival 2014

•Gwangju International Film Festival 2014
Winner: Excellent Asia-Pacific Young Director Award / Mikhail Red

•Vancouver International Film Festival 2014
Winner: Best New Director Award / Mikhail Red

■ TRANSIT by Hannah Espia

•Cinemalaya Independent Film Festival 2013
Winner: Audience Award / Hannah Espia
Winner: Balanghai Trophy / Best Film: Hannah Espia / Best Original Music Score: Mon Espia / Best Editing: Benjamin Gonzales Tolentino: Hannah Espia / Best Cinematography: Ber Cruz, Lyle Sacris / Best Supporting Actress: Jasmine Curtis / Best Actress: Irma Adlawan / Best Director: Hannah Espia
Winner: NETPAC Award / Hannah Espia
Winner: Special Citation / Irma Adlawan, Ping Medina, Jasmine Curtis, Mercedes Cabral, Marc Justine Alvarez, Yatzuck Azuz

•Hong Kong Asian Film Festival 2013
Nominee: New Talent Award / Hannah Espia

•Pusan International Film Festival 2013
Winner: New Currents Award - Special Mention / Hannah Espia
Nominee: New Currents Award / Hannah Espia

•Tokyo FILMeX 2013
Winner: Student Jury Prize / Hannah Espia
Nominee: Grand Prize / Hannah Espia

•Gawad Urian Awards 2014
Winner: Gawad Urian Award / Best Direction: Hannah Espia

•Golden Screen Awards, Philippines 2014
Winner: Gawad Lino Brocka Award / Best Cinematography: Lyle Sacris, Ber Cruz
Winner: Golden Screen Award / Best Motion Picture (Drama): Breakthrough Performance by an Actress: Jasmine Curtis / Breakthrough Performance by an Actor: Marc ustine Alvarez / Best Director: Hannah Espia / Best Original Screenplay: Giancarlo Abrahan, Hannah Espia / Best Editing: Benjamin Gonzales Tolentino, Hannah Espia / Best Production Design: Thesa Tang / Best Musical Score: on Espia

DIRECTORS SHOWCASE

■ EKSTRA by Jeffrey Jeturian

•Cinemalaya Independent Film Festival 2013
Winner: Audience Award / Jeffrey Jeturian
Winner: Balanghai Trophy / Best Screenplay: Zig Madamba Dulay, Antoinette Jadaone, Jeffrey Jeturian /

•Hamburg Film Festival 2014
Nominee: Michel Award / Carlo Obispo

•Lucas - International Festival of Films for Children and Young People2014
Winner: Lucas / Best Film: Carlo Obispo

•Orlando Film Festival 2014
Nominee: Best Foreign Language Feature / Rough Road Productions

■ QUICK CHANGE by Eduardo Roy, Jr.

•Cinemalaya Independent Film Festival 2013
Winner: Balanghai Trophy / Best Sound: Albert Michael Idioma / Best Screeplay: Eduardo Roy Jr. / Best Actor: Mimi Juareza
Winner: Special Jury Prize / Eduardo Roy Jr.

•Chéries-Chéris 2014
Winner: Acting Prize / Miggs Cuaderno
Nominee: Grand Prize Chéries-Chéris / Feature Film: Eduardo Roy Jr.

•Five Flavours Film Festival 2014
Nominee: New Asian Cinema / Best Film: Eduardo Roy Jr.

•Fribourg International Film Festival 2014
Nominee: Grand Prix / Eduardo Roy Jr.

•Vesoul Asian Film Festival 2014
Winner: Critics Jury Award / Eduardo Roy Jr.
Nominee: Golden Wheel / Eduardo Roy Jr.

■ REKORDER by Mikhail Red

•Cinemalaya Independent Film Festival 2013
Winner: Balanghai Trophy / Best Production Design: Ronald Red

•Tokyo International Film Festival 2013
Nominee: Asian Future Best Film Award / Mikhail Red

•Annonay International Festival of First Films 2014
Winner: Award for Best Music / Pepe Manikan
Winner: Special Jury Prize / Mikhail Red
Nominee: Grand Jury Prize / Mikhail Red

•Barcelona International Film Festival 2014
Winner: El Rey Award / Excellence in Acting in a Lead Role: Ronnie Quizon

Winner: Special Jury Prize / Raymond Red

CINEMALAYA 2013 FINALISTS

NEW BREED CATEGORY

■ BABAGWA (THE SPIDER'S LAIR) by Jason Paul Laxamana

•Cinemalaya Independent Film Festival 2013
Winner: Balanghai Trophy / Best Supporting Actor: Joey Paras

•Hawaii International Film Festival 2013
Nominee: Halekulani Golden Orchid Award Narrative Feature / Jason Paul Laxamana

•Warsaw International Film Festival 2013
Nominee: Competition 1-2 Award / Jason Paul Laxamana

■ NUWEBE by Joseph Israel Laban

•Harlem International Film Festival 2013
Winner: Hi Award / Best Actress: Barbara Miguel

•Lume International Film Festival 2013
Winner: Youth Jury Award - Special Mention / Feature Film: Joseph Israel Laban
Nominee: Jury Award / Best Feature Film: Joseph Israel Laban

•Black Movie Film Festival 2014
Nominee: Audience Award / Joseph Israel Laban

•Queens World Film Festival 2014
Winner: Honorable Mention / Director - Narrative Feature: Joseph Israel Laban
Nominee: Jury Award / Best Narrative Feature: Joseph Israel Laban / Best Director - Narrative FeatureJseph Israel Laban / Best Actor - Narrative Feture: Jake Cuenca / Best Actress - Narrative Feature: Barbara Miguel

•Tirana International Film Festival, AL 2014
Winner: Online Award / Best Feature: Joseph Israel Laban

•ASEAN International Film Festival and Awards 2015
Winner: AIFFA Award / Best Director: Joseph Israel Laban
Nominee: AIFFA Award / Best Film / Best Actress: Barbara Miguel

■ PUROK 7 by Carlo Obispo

•Calgary International Film Festival 2014
Nominee: Discovery Award / Best First Narrative Feature: Rough Road Productions

•Hong Kong International Film Festival 2013
Nominee: SIGNIS Award / Jun Lana

•L.A. Outfest 2013
Nominee: Grand Jury Award / Outstanding International Narrative Feature: Jun Lana

•Vesoul Asian Film Festival 2013
Winner: Emile Guimet Award / Jun Lana
Winner: Grand Prize of the International Jury / Jun Lana

■ KALAYAAN by Adolfo Alix, Jr.
•Cinemalaya Independent Film Festival 2012
Winner: Balanghai Trophy / Best Sound: Ditoy Aguila / Best Production esign: Adolfo Alix Jr. / Best Cinematography: Albert Banzon

•Warsaw International Film Festival 2012
Winner: NETPAC Award / Adolfo Alix Jr.

•Gawad Urian Awards 2013
Winner: Gawad Urian Award / Best Editing: Aleks Castañeda

•Young Critics Circle, Philippines 2013
Winner: YCC Award / Best Achievement in Cinematography and Visual Design: Albert Banzon (cinematography), Adolfo Alix Jr. (production design) / Best Achievement in Sound and Aural Orchestration: Teresa Barrozo (music), Ditoy Aguila (sound design), Tied with Qiyamah

■ MGA MUMUNTING LIHIM (THOSE LITTLE SECRETS) by Jose Javier Reyes
•Cinemalaya Independent Film Festival 2012
Winner: Balanghai Trophy / Best Editing: Vanessa De Leon / Best Screenplay: Jose Javier Reyes / Best Actress: Judy Ann Santos, Iza Calzado, Janice de Belen, Agot Isidro, Ensemble.

•Star Awards for Movies 2013
Winner: Star Award / New Movie Actress of the Year: Kim Rodriguez

■ POSAS (SHACKLED) by Lawrence Fajardo
•Cinemalaya Independent Film Festival 2012
Winner: Balanghai Trophy / Best Film: Lawrence Fajardo / Best Supporting Actor: Arthur Acuña

•Gawad Urian Awards 2013
Winner: Gawad Urian Award / Best Supporting Actor: Arthur Acuña

■ KAMERA OBSKURA by Raymond Red
•Cinemalaya Independent Film Festival 2012
Winner: Balanghai Trophy / Best Original Music Score: Diwa de Leon / Best Director: Raymond Red

•Kerala International Film Festival 2012
Winner: Golden Crow Pheasant / Manny Palo

•ASEAN International Film Festival and Awards 2013
Winner: AIFFA Award / Best Supporting Actress: Anita Linda / Best Actress: Alessndra de Rossi / Best Picture: Coco Martin (producer), Manny Palo (director)

•Gawad Urian Awards 2013
Winner: Gawad Urian Award / Best Supporting Actress: Alessandra de Rossi

•Golden Screen Awards, Philippines 2013
Winner: Golden Screen Award / Best Performance by an Actress in a Supporting Role: Anita Linda

■ THE ANIMALS by Gino Santos
•Cinemalaya Independent Film Festival 2012
Winner: Balanghai Trophy / Best Editing: Rona Delos Reyes, John Anthony L. Wong

DIRECTORS SHOWCASE

■ BWAKAW by Jun Robles Lana
•Cinemalaya Independent Film Festival 2012
Winner: Audience Award Directors Showcase / Jun Lana
Winner: Balanghai Trophy / Best Actor: Eddie Garcia
Winner: NETPAC Award Directors Showcase / Jun Lana

•Asia-Pacific Film Festival 2012
Winner: Best Acto / Eddie Garcia

•Hawaii International Film Festival 2012
Nominee: Halekulani Golden Orchid Award Narrative Feature / Jun Lana

•Tokyo International Film Festival 2012
Winner: Asian Film Award - Special Mention / Jun Lana

•Asian Film Awards 2013
Winner: Asian Film Award / Best Actor: Eddie Garcia
Winner: People's Choice Award / Favorite Actor: Eddie Garcia

•Fribourg International Film Festival 2013
Nominee: Grand Prix / Jun Lana

•Golden Screen Awards, Philippines 2013
Winner: Golden Screen Award / Best Motion Picture (Drama) / Best Performance by an Actor in a Leading Role (Drama): Eddie Garcia / Best Director: Jun Lana / Best Original creenplay: Jun Lana / Best Story: Jun Lana / Best Cinematography: Carlo Mendoza

■ MGA DAYO (RESIDENT ALIENS) by Julius Sotomayor Cena

•Guam International Film Festival 2012

Winner: Audience Choice Award / Julius Sotomayor Cena

Winner: Best Made in the Marianas Award / Julius Sotomayor Cena

■ DIABLO by Mes De Guzman

•Cinemalaya Independent Film Festival 2012

Winner: Balanghai Trophy / Best Film: Mes De Guzman / Best Cinematography: Tristan Salas / Best Actress: Ama Quiambao / Best Director: Mes De Guzman

Winner: NETPAC Award / Mes De Guzman

•Gawad Urian Awards 2013

Winner: Gawad Urian Award / Best Screenplay: Mes De Guzman

■ INTOY SYOKOY SA KALYE MARINO by Lemuel Lorca

•Cinemalaya Independent Film Festival 2012

Winner: Balanghai Trophy / Best Production Design: Ben Payumo / Best Supporting Actor: Joross Gamboa

•Golden Screen Awards, Philippines 2013

Winner: Golden Screen Award / Best Adapted Screenplay: Eros S. Atalia

■ OROS by Paul Sta. Ana

•Cinemalaya Independent Film Festival 2012

Winner: Balanghai Trophy / Best Actor: Kristoffer King

•Golden Screen Awards, Philippines 2013

Winner: Golden Screen Award / Best Performance by an Actor in a Supporting Role (Drama, Musical or Comedy): Kristoffer Martin

•Washington DC Independent Film Festival 2013

Winner: Audience Award Best Feature / Paul Sta. Ana

■ REQUIEME! by Loy Arcenas

•Cinemalaya Independent Film Festival 2012

Winner: Balanghai Trophy / Best Screenplay: Rody Vera

Winner: Special Jury Prize / Loy Arcenas

■ STA. NIŇA by Emmauel Quindo Palo

•Cinemalaya Independent Film Festival 2012

Winner: Balanghai Trophy / Best Supporting Actress: Anita Linda

•Golden Screen Awards, Philippines 2012
Winner: Golden Screen Award / Best Story: Kristoffer Brugada / Breakthrough Performance by an Actress: Angeli Nicole Sanoy

•Star Awards for Movies 2012
Winner: Star Award / Digital Movie Sound Engineer of the Year: Ditoy Aguila

CINEMALAYA 2012 FINALISTS

NEW BREED CATEGORY

■ APARISYON by Vincent Sandoval
•Cinemalaya Independent Film Festival 2012
Winner: Balanghai Trophy / Best Sound: Albert Michael Idioma

•Hawaii International Film Festival 2012
Winner: Netpac Award / Isabel Sandoval

•Pusan International Film Festival 2012
Nominee: New Currents Award / Isabel Sandoval

•Deauville Asian Film Festival 2013
Winner: Award / Isabel Sandoval

■ ANG NAWAWALA (WHAT ISN'T THERE) by Marie Jamora
•Cinemalaya Independent Film Festival 2012
Winner: Audience Award / Marie Jamora
Winner: Balanghai Trophy / Best Original Music Score: Diego Mapa, Mikey Amistoso, Jazz Nicolas

•ASEAN International Film Festival and Awards 2013
Nominee: AIFFA Award / Best Film: Marie Jamora

•Durango Film Festival 2013
Nominee: Jury Award / Best Film: Marie Jamora

•Luang Prabang Film Festival 2013
Nominee: Grand Jury Prize / Best Film: Marie Jamora

•Slamdance Film Festival 2013
Nominee: Grand Jury Prize / Best Narrative Feature: Marie Jamora

•VC FilmFest - Los Angeles Asian Pacific Film Festival 2013
Nominee: Grand Jury Prize / International Competition: Marie Jamora

Winner: YCC Award / Best Achievement in Cinematography and Visual Design: Dexter Dela Peña (cinematographer), Paul Alfonse J. Marquez (production designer)

DIRECTORS SHOWCASE

■ BISPERAS by Jeffrey Jeturian

•Cinemalaya Independent Film Festival 2011

Winner: Balanghai Trophy / Best Film: Jeffrey Jeturian / Best Actress: Raquel Villavicencio / Best Supporting Actress: Julia Clarete / Best Cinematograph: Boy Yniguez / Best Production Design: Digo Ricio

•Tokyo International Film Festival 2011

Winner: Asian Film Award / Jeffrey Jeturian

■ BUSONG by Aureaus Solito

•Cinemalaya Independent Film Festival 2011

Winner: Balanghai Trophy / Best Director: Auraeus Solito / Best Original Music Score: Diwa de Leon / Best Sound: Diwa de Leon

•Brussels International Independent Film Festival 2011

Winner: 'Emile Cantillon' Award / International Competition: Auraeus Solito

Nominee: Grand Prize / International Competition: Auraeus Solito

•Cannes Film Festival 2011

Nominee: C.I.C.A.E. Award / Auraeus Solito Nominee: Queer Palm / Auraeus Solito

■ ISDA by Adolfo Alix, Jr.

•Cinemalaya Independent Film Festival 2011

Winner: Balanghai Trophy / Best Actor: Bembol Roco / Best Editing: Benjamin Gonzales Tolentino

•Nantes Three Continents Festival 2011

Nominee: Golden Montgolfiere / Adolfo Alix Jr.

•Fribourg International Film Festival 2012

Nominee: Grand Prix / Adolfo Alix Jr.

■ PATIKUL by Joel Lamangan

•Cinemalaya Independent Film Festival 2011

Winner: Audience Award / Joel Lamangan

Winner: Balanghai Trophy / Best Supporting Actor: Jim Pebanco

Winner: National Council for Children's Television Award / Joel Lamangan

■ LIGO NA U, LAPIT NA ME (STAR-CROSSED LOVED) by Erick Salud

•Cinemalaya Independent Film Festival 2011

Winner: Balanghai Trophy / Best Actor: Edgar Allan Guzman

•Golden Screen Awards, Philippines 2012

Winner: Golden Screen Award / Best Performance by an Actor in a Leading Role (Musical or Comedy): Edgar Allan Guzman / Best Adapted Screenplay: Jerry Gracio / Best Original Song: Jude Gitamondoc (music/lyrics), Daryl Leong (interpreter)

■ NIŇO by Loy Arcenas

•Cinemalaya Independent Film Festival 2011

Winner: Balanghai Trophy / Best Supporting Actress: Shamaine Buencamino / Best Supporting Actor: Arthur Acuña / Best Production Design: Laida Lim-Perez

Winner: Special Jury Prize / Loy Arcenas

•Pusan International Film Festival 2011

Winner: New Currents Award / Loy Arcenas

•Asian Film Awards 2012

Winner: Asian Film Award / Best Supporting Actress: Shamaine Buencamino

•Gawad Urian Awards 2012

Winne: Gawad Urian Award / Best Supporting Actor: Arthur Acuña

•Golden Screen Awards, Philippines 2012

Winner: Golden Screen Award / Best Motion Picture (Drama), Cinemalaya Foundation, Handurawan Films / Best Performance by an Actress in a Supporting Role (Drama, Musical or Comedy): Shamaine Buencamino / Best Performance by an Actor in a Supporting Role (Drama, Musical or Comedy): Arthur Acuña

•Star Awards for Movies 2012

Winner: Star Award / Digital Movie Production Designer of the Year: Laida Lim-Perez

•Vesoul Asian Film Festival 2012

Winner: Emile Guimet Award - Special Mention / Loy Arcenas

Winner: Special Mention of the International Jury / Loy Arcenas For the intense and dramatic look it casts on a once wealthy family, mingling new and prevailing ... More

•Young Critics Circle, Philippines 2012

Winner: YCC Award / Best Screenplay: Rody Vera

■ TEORIYA by Zurich Chan

•Young Critics Circle, Philippines 2012

Nominee: Golden Precolumbian Circle / Best Film: Alvin Yapan

•Hawaii International Film Festival 2011
Nominee: Halekulani Golden Orchid Award Narrative Feature / Alvin Yapan

•Gawad Urian Awards 2012
Winner: Gawad Urian Award / Best Picture, Best Actor: Paulo Avelino / Best Supporting Actress: Jean Garcia / Best Direction: Alvin Yapan / Best Screenplay: Alvin Yapan / Best Music: Christine Muyco, Jema Pamintuan / Best Cinematography: Arvin Viola

•Golden Screen Awards, Philippines 2012
Winner: Golden Screen Award / Best Performance by an Actress in a Leading Role (Drama): Jean Garcia / Breakthrough Performance by an Actor: Rocco Nacino

•SoHo International Film Festival 2012
Nominee: Festival Prize / Best World Showcase: Alvin Yapan

•Star Awards for Movies 2012
Winner: Star Award / New Movie Actor of the Year: Rocco Nacino

•Young Critics Circle, Philippines 2012FrancisFrancis
Winner: YCC Award / Best Achievement in Sound and Aural Orchestration: Arnold Reodica (sound designer and engineer), Christine Muyco (musical scorer), Jema Pamintuan (musical scorer)

■ BAHAY BATA by Eduardo Roy, Jr.
•Vancouver International Film Festival 2011
Winner: Dragons and Tigers Award - Special Mention / Eduardo W. Roy Jr.
Nominee: Dragons and Tigers Award / Eduardo W. Roy Jr.

•Deauville Asian Film Festival 2012
Winner: Lotus / Jury Prize: Eduardo W. Roy Jr.
Nominee: Lotus / Best Film: Eduardo W. Roy Jr.

•Las Palmas Film Festival 2012
Winner: Best First Time Director / Eduardo W. Roy Jr.
Nominee: Golden Lady Harimaguada / Eduardo W. Roy Jr.

•Young Critics Circle, Philippines 2012
Winner: YCC Award / Best Performance by Male or Female, Adult or Child, Individual or Ensemble in Leading or Supporting Role: Diana Zubiri

■ CUCHERA by Joseph Israel Laban
•Stockholm Film Festival 2011
Nominee: Bronze Horse / Best Film: Joseph Israel Laban

■ ANG BABAE SA SEPTIC TANK by Marlon Rivera

•Cinemalaya Independent Film Festival 2011
Winner: Audience Award / Marlon Rivera
Winner: Balanghai Trophy / Best Film: Marlon Rivera / Best Director: Marlon Rivera / Best Actress: Eugene Domingo / Best Screenplay: Chris Martinez

•Vancouver International Film Festival 2011
Nominee: Dragons and Tigers Award / Marlon Rivera

•Asia Pacific Screen Awards 2012
Winner: APSA NETPAC Development Prize / Marlon Rivera

•Asian Film Awards 2012
Winner: People's Choice Award / Favorite Actress: Eugene Domingo

•Buenos Aires International Festival of Independent Cinema 2012
Nominee: Best Film / Marlon Rivera

•Golden Screen Awards, Philippines 2012
Winner: Golden Screen Award / Best Motion Picture (Musical or Comedy): Cinemalaya, Martinez Rivera Films, Quantum Films / Best Performance by an Actress in a Leading Role (Musical or Comedy): Eugene Domingo / Best Director: Marlon Rivera / Best Original Screenplay: Chris Martinez / Best Editing: Ike Veneracion / Best Musical Score: Vincent de Jesus

•Granada Film Festival Cines del Sur 2012
Winner: Bronze Alhambra / Special Jury Prize: Marlon Rivera

•Hong Kong International Film Festival 2012
Nominee: FIPRESCI Prize / Marlon Rivera

•Philadelphia Film Festival 2012
Winner: Best First Time Director / Marlon Rivera

•Star Awards for Movies 2012
Winner: Star Award / Digital Movie Editor of the Year: Ike Veneracion / Digital Movie Musical Scorer of the Year: Vincent de Jesus

■ ANG SAYAW NG DALAWANG KALIWANG PAA by Alvin Yapan & Alemberg Ang

•Cinemalaya Independent Film Festival 2011
Winner: Balanghai Trophy / Best Cinematography: Arvin Viola / Best Original Music Score: Christine Muyco, Jema Pamintuan

•Bogota Film Festival 2011
Winner: Bronze Precolumbian Circle / Alvin Yapan

Winner: Grand Prize / International Competition: Mark Meily

•Deauville Asian Film Festival 2011
Nominee: Lotus Best Film / Mark Meily

■ SIGWA by Joel Lamangan
•Cinemalaya Independent Film Festival 2010
Winner: Balanghai Trophy / Best Supporting Actor: Tirso Cruz III / FAMAS Awards 2011
Winner: FAMAS Award / Best Story: Bonifacio Ilagan, Joel Lamangan / Best Screenplay: Bonifacio Ilagan / Best Supporting Actor: Allen Dizon

•Golden Screen Awards, Philippines 2011
Winner: Golden Screen Award / Best Motion Picture (Drama): Beginnings at Twenty Plus / Best Performance by an Actor in a Supporting Role (Drama, Musical or Comedy): Tirso Cruz III / Best Performance by an Actress in a Supporting Role (Drama, Musical or Comedy): Zsa Zsa Padilla / Best Original Screenplay: Bonifacio Ilagan

•Star Awards for Movies 2011
Winner: Star Award / Digital Movie of the Year Beginnings at Twenty Plus: Sine Totoo, Star Express / Digital Movie Director of the Yea: Joel Lamangan / Movie Supporting Actor of the Year: Tirso Cruz III / Digital Movie Editor of the Year: Chrliebebs Gohetia / Digital Movie Production Designer of the Year: Edgar Martin Littaua / Digital Movie Cinematographer of the Year: Monino Duque / Digital Movie Sound Engineer of the Year: Alfredo Ongleo

■ TWO FUNERALS by Gil Portes
•Cinemalaya Independent Film Festival 2010
Winner: Audience Award Directors Showcase / Gil Portes
Winner: Balanghai Trophy / Best Director: Gil Portes / Best Screenplay: Enrique Ramos / Best Cinematography: Arvin Viola
Winner: Special Jury Prize / Gil Portes

CINEMALAYA 2011 FINALISTS

NEW BREED CATEGORY

■ AMOK by Lawrence Fajardo
•Cinemalaya Independent Film Festival 2011
Winner: Balanghai Trophy / Best Editing: Lawrence Fajardo / Best Sound: Albert Michael Idioma

•Gawad Urian Awards 2012
Winner: Gawad Urian Award / Best Sound: Albert Michael Idioma, Addiss Tabong / Best Editing: Lawrence Fajardo

■ MAYOHAN by Dan Villegas & Paul Sta. Ana

•Cinemalaya Independent Film Festival 2010

Winner: Balanghai Trophy / Best Actress: Lovi Poe / Best Screenplay: Paul Sta. Ana / Best Cinematography: Dan Villegas / Best Original Music Score: Emerzon Texon

•Golden Screen Awards, Philippines 2011

Winner: Golden Screen Award / Best Performance by an Actress in a Leading Role (Drama): Lovi Poe

■ REKRUT by Danny Añonuevo

•Cinemalaya Independent Film Festival 2010

Winner: Balanghai Trophy / Best Supporting Actor: Emilio Garcia / Best Sound: Albert Michael Idioma

•Montréal World Film Festival 2010

Nominee: Golden Zenith / Danny Añonuevo

■ SAMPAGUITA by Francis Xavier Pasion

•Cinemalaya Independent Film Festival 2010

Winner: Special Jury Prize / Francis Xavier Pasion

•Jogja-NETPAC Asian Film Festival 2010

Nominee: Golden Hanoman Award / Francis Xavier Pasion

•Pusan International Film Festival 2010

Nominee: New Currents Award / Francis Xavier Pasion

•Nuremberg International Human Rights Film Festival 2011

Nomine: Open Eyes Jury Award / Francis Xavier Pasion

■ THE LEAVING by Ian-Dean S. Loreños

•Cinemalaya Independent Film Festival 2010

Winner: Balanghai Trophy / Best Supporting Actress: LJ Reyes / Best Cinematography: Rommel Sales / Best Production Design: Syrel Lopez, Ivan Zaldarriaga

DIRECTORS SHOWCASE

■ DONOR by Mark Meily

•Cinemalaya Independent Film Festival 2010

Winner: Balanghai Trophy / Best Actress: Meryll Soriano / Best Actor: Baron Geisler / Best Supporting Actress: Karla Pambid / Best Production Design: Aped Santos / Best Film: Mark Meily

•Brussels International Independent Film Festival 2010

Winner: Best Actress / International Competition: Meryll Soriano

■ NERSERI by Vic Acedillo, Jr.

•Cinemalaya Independent Film Festival 2009

Winner: Balanghai Trophy / Best Screenplay: Vic Acedillo

■ SANGLAAN by Milo Sogueco

•Cinemalaya Independent Film Festival 2009

Winner: Balanghai Trophy / Best Actress: Ina Feleo / Best Supporting Actress: Tessie Tomas

CINEMALAYA 2010 FINALISTS

NEW BREED CATEGORY

■ HALAW by Sheron Dayoc

•Cinemalaya Independent Film Festival 2010

Winner: Balanghai Trophy / Best Film: Sheron Dayoc / Best Director: Sheron Dayoc / Best Actor: John Arcilla / Best Editing: Lester Olayer, Chuck Gutierrez

•Jogja-NETPAC Asian Film Festival 2010

Nominee: Golden Hanoman Award / Sheron Dayoc

•Pusan International Film Festival 2010

Nominee: New Currents Award / Sheron Dayoc

•Asia Pacific Screen Awards 2011

Winner: APSA NETPAC Development Prize / Sheron Dayoc

•Berlin International Film Festival 2011

Winner: Netpac Award - Special Mention / Sheron Dayoc

■ LIMBUNAN by Gutierrez Mangansakan II

•Jogja-NETPAC Asian Film Festival 2010

Nominee: Golden Hanoman Award / Gutierrez Mangansakan II

•Gawad Urian Awards 2011

Winner: Gawad Urian Award / Best Sound: Dempster Samarista

•Vesoul Asian Film Festival 2011

Nominee: Golden Wheel / Gutierrez Mangansakan II

■ MAGKAKAPATID by Kim Homer Garcia

•Cinemalaya Independent Film Festival 2010

Winner: Audience Award New Breed / Kim Homer Garcia

■ DINIG SANA KITA by Mike Sandejas
•Cinemalaya Independent Film Festival 2009
Winner: Audience Award Main Competition / Mike Sandejas
Winner: Balanghai Trophy / Best Original Music Score: Francis Reyes
Winner: National Council for Children's Television Award / Mike Sandejas

•Star Awards for Movies 2010
Winner: Star Award / New Movie Actor of the Year: Romalito Mallari / Digital Movie Musical Scorer of the Year: Francis Reyes / Digital Movie Sound Engineer of the Year: Ronald de Asis, Mark Locsin / Digital Movie Original Theme Song of the Year: Francis Reyes, Nina Sandejas

■ ENGKWENTRO by Pepe Diokno
•Cinemalaya Independent Film Festival 2009
Winner: Special Citation / Pepe Diokno

•Venice Film Festival 2009
Winner: Luigi De Laurentiis Award / Pepe Diokno
Winner: Venice Horizons Award / Pepe Diokno

•Gawad Urian Awards 2010
Winner: Gawad Urian Award / Best Editing: Orlean Joseph Tan, Ralph Crisostomo, Miguel Araneta

•Golden Screen Awards, Philippines 2010
Winner: Golden Screen Award / Breakthrough Performance by an Actor: Zyrus Desamparado

•Jeonju Film Festival 2010
Winner: Netpac Award / Pepe Diokno

•Young Critics Circle, Philippines 2010
Winner: YCC Award / Best Achievement in Film Editing: Ralph Crisostomo, Miguel Araneta, Orlean Joseph Tan

■ LAST SUPPER NO. 3 by Veronica Velasco & Jinky Laurel
•Cinemalaya Independent Film Festival 2009
Winner: Balanghai Trophy / Best Film: Veronica Velasco

■ MANGATYANAN by Jerrold Tarog & Ramon Ukit
•Cinemalaya Independent Film Festival 2009
Winner: Balanghai Trophy / Best Production Design: Benjamin Padero

CINEMALAYA 2009 FINALISTS

■ 24K by Ana Agabin

•Cinemalaya Independent Film Festival 2009

Winner: Balanghai Trophy / Best Cinematography: Pao Orendain

•Hawaii International Film Festival 2009

Nominee: Halekulani Golden Orchid Award Narrative Feature / Ana Agabin

■ ANG PANGGAGAHASA KAY FE by Alvin Yapan

•Cinemalaya Independent Film Festival 2009

Winner: Special Jury Prize / Main Competition: Alvin Yapan

•Cairo International Film Festival 2009

Winner: Golden Award - Digital Films / Alvin Yapan (producer/director), Alemberg Ang (producer)

•Chicago International Film Festival 2009

Nominee: Gold Hugo / After Dark Competition: Alvin Yapan

■ ASTIG by GB Sampedro, Noel Ferrer, Jerry Gracio

•Cinemalaya Independent Film Festival 2009

Winner: Balanghai Trophy / Best Director: G.B. Sampedro / Best Editing: Charliebebs Gohetia / Best Sound: Ditoy Aguila, Junel Valencia / Best Supporting Actor: Arnold Reye

•Pusan International Film Festival 2009

Winner: New Currents Award - Special Mention / G.B. Sampedro

•Star Awards for Movies 2010

Winner: Star Award / Digital Movie Original Screenplay of the Year: Jerry Gracio / Digital Movie Editor of the Year: Charliebebs Gohetia

■ COLORUM by Jobin Ballesteros

•Cinemalaya Independent Film Festival 2009

Winner: Balanghai Trophy / Best Actor: Lou Veloso

Winner: Special Jury Prize / Main Competition: Jobin Ballesteros

•Tokyo International Film Festival 2009

Nominee: Asian Film Award / Jobin Ballesteros

•Gawad Urian Awards 2010

Winner: Gawad Urian Award / Best Actor: Lou Veloso

資料２　シネマラヤ長編劇映画作品の映画祭受賞リスト

■ CONCERTO by Paul Alexander Morales

•Golden Screen Awards, Philippines 2009

Winner: Golden Screen Award / Best Adapted Screenplay: Paul Alexander Morales / Best Production Design: Gerry Santos

•Star Awards for Movies 2009

Winner: Star Award / Digital Movie Sound Engineer of the Year: Jethro Joaquin, Ronald de Asis

■ HULING PASADA by Paul Sta. Ana & Alvin Yapan

•Cinemalaya Independent Film Festival 2008

Winner: Balanghai Trophy / Best Cinematography: Dan Villegas

■ JAY by Francis Xavier Pasion

•Cinemalaya Independent Film Festival 2008

Winner: Balanghai Trophy / Best Actor: Baron Geisler / Best Editing: Kats Serraon, Chuck Gutierrez, Francis Xavier Pasion / Best Film: Francis Xavier Pasion

•Bangkok International Film Festival 2008

Winner: Special Mention / Francis Xavier Pasion

•Black Movie Film Festival 2009

Winner: Audience Award / Francis Xavier Pasion

•Gawad Urian Awards 2009

Winner: Gawad Urian Award / Best Supporting Actor: Coco Martin / Best Screenplay: Francis Xavier Pasion / Best Editing: Chuck Gutierrez, Francis Xavier Pasion, Kats Serraon

•Golden Screen Awards, Philippines 2009

Winner: Golden Screen Award / Best Performance by an Actor in a Supporting Role: Coco Martin / Best Performance by an Actress in a Supporting Role (Drama, Musical or Comedy): Flor Salanga / Best Performance by an Actor in a Lead Role (Drama): Baron Geisler

•Mexico City International Contemporary Film Festival 2009

Winner: Special Distinction / Feature Film: Francis Xavier Pasion

Winner: Special Mention / Feature Film: Francis Xavier Pasion

•Star Awards for Movies 2009

Winner: Star Award / Digital Movie Editor of the Year: Francis Xavier Pasion, Kats Serraon, Chuck Gutierrez

■ RANCHERO by Michael Christian Cardoz

•Cinemalaya Independent Film Festival 2008

Winner: Balanghai Trophy / Best Sound: Allan Hilado

•Pusan International Film Festival 2008

Winner: Audience Award / Chris Martinez

•FAP Awards, Philippines 2009

Winner: FAP Award / Best Actress: Mylene Dizon

•Gawad Urian Awards 2009

Winner: Gawad Urian Award / Best Actress: Mylene Dizon

•Golden Screen Awards, Philippines 2009

Winner: Golden Screen Award / Best Performance by an Actress in a Lead Role (Drama): Mylene Dizon

•Vesoul Asian Film Festival 2009

Winner: Emile Guimet Award / Chris Martinez

■ BABY ANGELO by Joel Ruiz

•Cinemalaya Independent Film Festival 2008

Winner: Balanghai Trophy / Best Production Design: Cristina Honrado

■ BOSES by Ellen Ongkeko-Marfil , Froi Medina, and Rody Vera

•Golden Screen Awards, Philippines 2009

Winner: Golden Screen Award / Best Director: Ellen Ongkeko-Marfil / Best Editing: Orlean Joseph Tan / Best Motion Picture (Drama) / Best Musical Score: Jourdann Petalver / Best Original Screenplay: Froi Medina, Rody Vera / Breakthrough Performance by an Actor: Julian Duque

•Star Awards for Movies 2009

Winner: Star Award / Digital Movie Musical Scorer of the Year: Jourdann Petalver / Movie Child Performer of the Year: Julian Duque

■ BRUTUS by Tara Illenberger

•Cinemalaya Independent Film Festival 2008

Winner: Balanghai Trophy / Best Cinematography: Jay Abello / Best Original Music Score: Joey Ayala / Best Supporting Actor: Yul Servo

Winner: Special Jury Prize / Main Competition: Tara Illenberger

•Brussels International Independent Film Festival 2008

Winner: Best Actor / Yul Servo

Winner: Best Asian Film / Tara Illenberger

•Hawaii International Film Festival 2008

Winner: Netpac Award / Tara Illenberger

Movie Supporting Actress of the Year: Eugene Domingo

•Vesoul Asian Film Festival 2008
Winner: Audience Award Feature: Auraeus Solito
Winner: Grand Prize of the International Jury: Auraeus Solito

■ STILL LIFE by Katrina Flores
•Golden Screen Awards, Philippines 2008
Winner: Golden Screen Award / Best Visual Effects: August Lyle Espino

■ TRIBU by Jim Libiran
•Cinemalaya Independent Film Festival 2007
Winner: Balanghai Trophy / Best Actor. Best Film: Jim Libiran / Best Sound: Mark Laccay

•Cinemanila International Film Festival 2007
Winner: Best Ensemble

•Gawad Urian Awards 2008
Winner: Gawad Urian Award / Best Music: Francis de Veyra

•Paris Cinema Festival 2008

•Pusan International Film Festival 2007
Nominee: New Currents Award / Jim Libiran

■ TUKSO by Dennis Marasigan & Mara Paulina Marasigan
•Cinemalaya Independent Film Festival 2007
Winner: Balanghai TrophyBest Screenplay / Dennis Marasigan, Nikki Torres, Mara Paulina Adlawan Marasigan

CINEMALAYA 2008 FINALISTS

■ 100 by Chris Martinez
•Cinemalaya Independent Film Festival 2008
Winner: Audience Award Main Competition / Chris Martinez
Winner: Balanghai Trophy / Best Actress: Mylene Dizon / Best Director: Chris Martinez / Best Screenplay: Chris Martinez / Best Supporting Actress: Eugene Domingo

•Marrakech International Film Festival 2008
Nominee: Golden Star / Chris Martinez

•Nantes Three Continents Festival 2007
Nominee: Golden Montgolfiere / Jade Castro

•Gawad Urian Awards 2008
Winner: Gawad Urian Award / Best Actor: Jason Abalos / Best Screenplay: Jade Castro, Michiko Yamamoto, Raymond Lee

•Golden Screen Awards, Philippines 2008
Winner: Golden Screen Award / Best Performance by an Actor in a Supporting Role (Drama, Musical or Comedy): Ricky Davao

•Young Critics Circle, Philippines 2008
Winner: YCC Award / Best Performance by Male or Female, Adult or Child, Individual or Ensemble in Leading or Supporting Role: Jason Abalos / Best Achievement in Film Editing: J.D. Domingo / Best Achievement in Sound and Aural Orchestration: Corinne De San Jose, Mark Locsin, Owel Alvero

■ KADIN by Adolfo Alix, Jr.

•Cinemalaya Independent Film Festival 2007
Winner: Balanghai Trophy / Best Cinematography: Rodolfo Aves Jr. / Best Original Music Score: Jerrold Tarog

•Golden Screen Awards, Philippines 2008
Winner: Golden Screen Award / Best Sound: Ditoy Aguila

•Jogja-NETPAC Asian Film Festival 2009
Winner: Geber Award / Adolfo Alix Jr.

•Star Awards for Movies 2008
Winner: Star Award / Digital Movie Cinematographer of the Year: Rodolfo Aves Jr.

■ PISAY by Auraeus Solito & Henry Grageda

•Cinemalaya Independent Film Festival 2007
Winner: Audience Award Main Competition: Auraeus Solito
Winner: Balanghai Trophy / Best Director: Auraeus Solito

•Golden Screen Awards, Philippines 2008
Winner: Golden Screen Award / Best Director: Auraeus Solito / Best Motion Picture (Drama) / Best Musical Score: Vincent de Jesus, Jobin Ballesteros / Best Original Screenplay: Henry Grageda / Best Performance by an Actress in a Supporting Role (Drama, Musical or Comedy): Eugene Domingo / Best Production Design: Martin Masadao, Regie Regalado / Best Editing: Mikael Angelo Pestaño, Auraeus Solito / Best Original Song: Buddy Zabala (music), Carina Evangelista (lyrics), Ebe Dancel (performer)

•Star Awards for Movies 2008
Winner: Star Award / Digital Movie Musical Scorer of the Year: Vincent de Jesus, Jobin Ballesteros /

■ DONSOL by Adolfo Alix, Jr.

•Cinemalaya Independent Film Festival 2006

Winner: Balanghai Trophy / Best Cinematography: Eli Balce / Best Actress: Angel Aquino

•FAMAS Awards 2007

Winner: FAMAS Award / Best Cinematography: Eli Balce

•Ft. Lauderdale International Film Festival 2006

Winner: Spirit of the Independent Award / Feature Category

•Golden Screen Awards, Philippines 2007

Winner: Golden Screen Award / Best Cinematography: Eli Balce / Breakthrough Performance by an Actor: Sid Lucero

■ ROTONDA by Ron Bryant

•Cinemalaya Independent Film Festival 2006

Winner: Balanghai Trophy / Best Director: Ron Bryant / Best Editing: Hernani Hona Jr. / Best Original Music Score: Lirio Salvador

•Gawad Urian Awards 2007

Winner: Gawad Urian Award / Best Actor: Mark Gil / Best Supporting Actress: Meryll Soriano / Best Editing: Hernani Hona Jr.

■ TULAD NG DATI by Mike Sandejas

•Cinemalaya Independent Film Festival 2006

Winner: Balanghai Trophy / Best Editing: Mikael Angelo Pestaño / Best Sound: Ronald de Asis / Best Film: Mike Sandejas

•Pusan International Film Festival 2006

Nominee: New Currents Award / Mike Sandejas

•Gawad Urian Awards 2007

Winner: Gawad Urian Award / Best Sound: Ronald de Asis

CINEMALAYA 2007 FINALISTS

■ ENDO by Jade Castro

•Cinemalaya Independent Film Festival 2007

Winner: Balanghai Trophy / Best Actress: Ina Feleo / Winner: Special Jury Prize / Main Competition: Jade Castro

■ ICU BED #7 by Rica Arevalo

•Cinemalaya Independent Film Festival 2005

Winner: Balanghai Trophy / Best Actor: Eddie Garcia / Best Director: Rica Arevalo

■ PEPOT ARTISTA by Clodualdo Del Mundo, Jr.

•Cinemalaya Independent Film Festival 2005

Winner: Balanghai Trophy / Best Editing: Daniel Adapon / Best Film: Clodualdo Del Mundo Jr.

•Singapore International Film Festival 2006

Winner: Silver Screen Award / Best Actor: Elijah Castillo

•Star Awards for Movies 2006

Winner: Star Award / Movie Child Performer of the Year: Elijah Castillo

■ ROOM BOY by Aloy Adlawan

•Cinemalaya Independent Film Festival 2005

Winner: Balanghai Trophy / Best Actress: Meryll Soriano

■ SARONG BANGGI by Emmanuel Dela Cruz

•Gawad Urian Awards 2006

Winner: Gawad Urian Award / Best Actress: Jaclyn Jose

•Golden Screen Awards, Philippines 2006

Winner: Golden Screen Award / Breakthrough Performance by an Actor: Angelo Ilagan

CINEMALAYA 2006 FINALISTS

■ BATAD: SA PAANG PALAY by Benji Garcia

•Cinemalaya Independent Film Festival 2006

Winner: Balanghai Trophy / Best Actor: Alchris Galura / Best Screenplay: Vic Acedillo / Best Production Design: Aped Santos, Noel Navarro

Winner: Special Jury Prize / Main Competition: Benji Garcia

•Fribourg International Film Festival 2007

Nomine: Grand Prix / Benji Garcia

•Golden Screen Awards, Philippines 2007

Winner: Golden Screen Award / Best Performance by an Actor in a Leading Role (Drama): Alchris Galura / Best Performance by an Actor in a Supporting Role (Drama, Musical or Comedy): Nonie Buencamino / Best Production Design: Aped Santos, Noel Navarro / Best Musical Score: Belinda Salazar

•Las Palmas Film Festival 2006
Winner: Audience Award / Auraeus Solito
Winner: Best Actor / Nathan Lopez

•Tied with Israel Gómez Romero for La Leyenda del Tiempo (2006).
Winner: Golden Lady Harimaguada / Auraeus Solito

•Rotterdam International Film Festival 2006
Winner: NETPAC / Auraeus Solito

•Star Awards for Movies 2006
Winner: Star Award / New Movie Actor of the Year: Nathan Lopez / Digital Movie of the Year, Digital Movie Director of the Year: Auraeus Solito

•Sundance Film Festival 2006
Nominee: Grand Jury Prize / World Cinema - Dramatic: Auraeus Solito

•Tallinn Black Nights Film Festival 2006
Nominee: Grand Prize / Auraeus Solito

•Tokyo FILMeX 2006
Nominee: Grand Prize / Auraeus Solito

•Torino International Gay & Lesbian Film Festival 2006
Winner: Best Feature Film / Auraeus Solito

•Warsaw International Film Festival 2006
Nominee: Grand Prix / Auraeus Solito

•Gawad Urian Awards 2011
Winner: Dekada Award / Best Film of the Decade: Auraeus Solito 2000-2009

■ **BARYOKE by Ron Bryant**
•Cinemalaya Independent Film Festival 2005
Winner: Balanghai Trophy / Best Cinematography: Rodolfo Aves Jr.

■ BIG TIME by Mario Cornejo & Coreen Jimenez
•Cinemalaya Independent Film Festival 2005
Winner: Balanghai Trophy / Best Screenplay: Mario Cornejo, Monster Jimenez / Best Sound: Allan Feliciano, Raffy Magsaysay

•Gawad Urian Awards 2006
Winner: Gawad Urian Award / Best Sound: Raffy Magsaysay

資料 2

シネマラヤ長編劇映画作品の映画祭受賞リスト

2019 年 9 月現在。フィリピン国内の映画賞は受賞作品のみ。
海外の映画祭･賞については招待出品、ノミネートも含む。

CINEMALAYA 2005 FINALISTS

■ ANG PAGDADALAGA NI MAXIMO OLIVEROS by Auraeus Solito

•Cinemalaya Independent Film Festival 2005
Winner: Balanghai Trophy / Best Production Design: Lily Esquillon
Winner: Special Citation / Nathan Lopez
Winner: Special Jury Prize / Main Competition: Auraeus Solito

•Asian First Film Festival 2005
Winner: Swarovski Trophy / Best Film ： Auraeus Solito

•ImagineNative Film + Media Arts Festival 2005
Winner: Jury Award / Best Dramatic Feature: Auraeus Solito

•Montréal World Film Festival 2005
Winner: Golden Zenith / Auraeus Solito

•Berlin International Film Festival 2006
Winner: Crystal Bear - Special Mention / Best Feature Film: Auraeus Solito
Winner: Deutsches Kinderhilfswerk Grand Prix / Best Feature Film: Auraeus Solito
Winner: Teddy / Best Feature Film: Auraeus Solito

•Cinekid 2006
Winner: Cinekid Film Award - Honorable Mention / Auraeus Solito

•Gawad Urian Awards 2006
Winner: Gawad Urian Award / Best Picture / Best Screenplay: Michiko Yamamoto / Best Cinematography: Nap Jamir / Best Editing: Clarence Sison, Auraeus Solito

•Golden Screen Awards, Philippines 2006
Winner: Golden Screen Award / Best Performance by an Actor in a Supporting Role (Drama, Musical or Comedy): Soliman Cruz

＊ Respeto	Treb Monteras II
Sa Gabing Nanahimik ang Mga Kuliglig	Iar Lionel Arondaing
2018	
＊ Kung Paano Hinihintay ang Dapithapon	Carlo Enciso Catu
Kuya Wes	James Robin Mayo
Liway	Kip Oebanda
ML（Martial Law）	Benedicto Mique, Jr.
Mamang	Denise O'hara
Musmos na Sumibol sa Gubat ng Digma	Iar Lionel Arondaing
Pan de Salawal	Che Espiritu
Distance	Percival Intalan
School Service	Louie Ignacio
The Lookout	Afi Africa
Kiko Boksingero	Thop Nazareno
2019	
Iska	Theodore Boborol
＊John Denver Trending	Arden Rod Condez
Ani	Kim Zuñiga and Sandro del Rosario
Belle Douleur	Joji V. Alonso
Malamaya	Danica Sta. Lucia and Leilani Chavez
Children of The River	Maricel Cariaga
Edward	Thop Nazareno
F#*@Bois（Fuccbois）	Eduardo Roy, Jr.
Tabon	Xian Lin
Pandanggo sa Hukay	Sheryl Rose Andes

Purok 7	Carlo Obispo
Quick Change	Eduardo Roy, Jr.
Rekorder	Mikhail Red
The Diplomat Hotel	Christopher Ad. Castillo
* Transit	Hanna Espia
2014	
Full Length (Directors Showcase)	
Asintado	Luisito Ignacio
Hari ng Tondo	Carlos Siguion-Reyna
Hustisya	Joel Lamangan
* Kasal	Joselito Altarejos
The Janitor	Michael Tuviera
Full-Length (New Breed Category)	
#Y	Gino Martin Santos
1st ko si 3rd (Third is my First)	Real Florido
* Bwaya	Francis Xavier Pasion
Children's Show	Roderick Cabrido
Dagitab (Sparks)	Giancarlo Abrahan
K'na, The Dreamweaver	Ida Anita del Mundo
Mariquina	Milo Sogueco
Ronda	Nick Olanka
Separados	G.B. Sampedro
Sundalong Kanin	Janice O'hara
2016	
Ang Bagong Pamilya ni Ponching	Inna Miren Salazar & Dos Ocampo
Dagsin	Atom Magadia, Jr.
Hiblang Abo (Strands of Gray)	Ralston Jover
I America	Ivan Andrew Payawal
Kusina	Cenon O. Palomares & David Corpuz
Lando at Bugoy	Vic Acedillo, Jr.
Mercury is Mine	Jason Paul Laxamana
* Pamilya Ordinaryo	Eduardo Roy, Jr.
Tuos	Derick Cabrido
2017	
Ang Guro Kong Hindi Marunong Magbasa	Perry Escaño
Ang Pamilyang Hindi Lumuluha	Mes de Guzman
Baconaua	Joseph Israel Laban
Bagahe (Baggage)	Zig Dulay
Nabubulok (The Decaying)	Sonny Calvento
Requited	Nerissa Picadizo

Amok	Lawrence Fajardo
＊ Ang Babae sa Septic Tank	Marlon Rivera
Ang Sayaw ng Dalawang Kaliwang Paa	Alvin Yapan & Alemberg Ang
Bahay Bata	Eduardo Roy, Jr.
Cuchera	Joseph Israel Laban
I-Libings	Rommel Sales
Ligo na U, Lapit na Me	Erick Salud
Niño	Loy Arcenas
Teoriya	Zurich Chan
2012	
Full length（Directors Showcase）	
Bwakaw	Jun Robles Lana
Kalayaan	Adolfo Alix, Jr.
Mga Mumunting Lihim	Jose Javier Reyes
＊ Posas（Shackled）	Lawrence Fajardo
Kamera Obskura	Raymond Red
Full-Length（New Breed Category）	
Aparisyon	Vincent Sandoval
Ang Katiwala（The Caretaker）	Aloy Adlawan
Ang Nawawala	Marie Jamora
Mga Dayo（Resident Aliens）	Julius Sotomayor Cena
＊ Diablo	Mes de Guzman
Intoy Syokoy sa Kalye Marino	Lemuel Lorca
Oros	Paul Sta. Ana
Requieme!	Loy Arcenas
Sta. Niña	Emmanuel Quindo Palo
The Animals	Gino Martin Santos
2013	
Full Length（Directors Showcase）	
Amor y Muerte	Cesar Evangelista
Ekstra	Jeffrey Jeturian
＊ Porno	Adolfo Alix, Jr.
Sana Dati	Jerrold Tarog
The Liars	Gil M. Portes
Full-Length（New Breed Category）	
Babagwa	Jason Paul Laxamana
David F.	Emmanuel Q. Palo
Debosyon	Alvin B. Yapan
Instant Mommy	Leo Abaya
Nuwebe	Joseph Israel Laban

Huling Pasada	Paul Sta. Ana / Alvin Yapan
* Jay	Francis Xavier Pasion
My Fake American Accent	Ned Trespeces / Onnah Valera
Namets	Jay Abello
Ranchero	Michael Christian Cardoz
2009	
24K	Ana Agabin
Ang Panggagahasa Kay Fe	Alvin Yapan
Astig	G.B. Sampedro
Colorum	Jobin Ballesteros
Dinig Sana Kita	Mike Sandejas
Engkwentro	Pepe Diokno
* Last Supper No. 3	Veronica Velasco / Jinky Laurel
Mangatyanan	Jerrold Tarog
Nerseri	Vic Acedillo, Jr.
Sanglaan	Milo Sogueco
2010	
Full-Length (Directors Showcase)	
Ang Paglilitis ni Andres Bonifacio	Mario O'hara
* Donor	Mark Meily
Pink Halo-Halo	Joselito Altarejos
Sigwa	Joel Lamangan
Two Funerals	Gil Portes
Full-Length (New Breed Category)	
* Halaw	Sheron Dayoc
Limbunan	Gutierrez Mangansakan II
Magkakapatid	Kim Homer Garcia
Mayohan	Dan Villegas / Paul Sta. Ana
Rekrut	Danny Añonuevo
Sampaguita	Francis Xavier Pasion
Si Techie, Si Teknoboy, at Si Juanna B.	Art Katipunan
The Leaving	Ian-Dean S. Loreños
Vox Populi (Siya ang Mayor Ko)	Dennis Marasigan
2011	
Full-Length (Directors Showcase)	
Busong (Palawan Fate)	Auraeus Solito
Isda (Fable of The Fish)	Adolfo Alix, Jr.
* Bisperas	Jeffrey Jeturian
Patikul	Joel Lamangan
Full-Length (New Breed Category)	

資料 1

シネマラヤ長編劇映画作品リスト

タイトル（＊は最優秀作品）	フィルムメーカー
2005	
Ang Pagdadalaga ni Maximo Oliveros	Auraeus Solito / Michiko Yamamoto
Baryoke	Ron Bryant
Big Time	Mario Cornejo / Coreen Jimenez
Isnats	Michael Angelo Dagñalan
ICU Bed #7	Rica Arevalo
Lasponggols	Sigfried Barros-Sanchez
＊ Pepot Artista	Clodualdo del Mundo, Jr.
Room Boy	Alfred Aloysius Adlawan
Sarong Banggi	Emmanuel Dela Cruz
2006	
Ang Huling Araw ng Linggo	Nick Joseph Olanka
Batad: Sa Paang Palay	Benji Garcia / Vic Acedillo, Jr.
Donsol	Adolfo Alix, Jr.
In da Red Korner	Dado Lumibao / Alejandro Ramos
Mudraks	Arah Jell Badayos / Margaret Guzman
Rotonda	Ron Bryant
Saan Nagtatago si Happiness	Florida Bautista / Real Florido
＊ Tulad ng Dati	Mike Sandejas
2007	
Endo	Jade Castro
Kadin	Adolfo Alix, Jr.
Gulong	Sockie Fernandez / Jeanne Lim
Ligaw Liham	Jay Abello / Manny Montelibano
Pisay	Auraeus Solito / Henry Grageda
Sinungaling na Buwan	Ed Lejano
Still Life	Katrina Flores
＊ Tribu	Jim Libiran
Tukso	Dennis Marasigan /Mara Paulina Marasigan
2008	
100	Chris Martinez
Baby Angelo	Joel Ruiz
Boses	Ellen Ongkeko-Marfil
Brutus	Tara Illenberger
Concerto	Paul Alexander MoralesHuling Pasada

写真・図表 一覧

ラ

ワ

マ

ヤ

ナ

ハ

タ

サ

カ

事項

N・O

P

R

S・T

V・Y

E

F

G

I・J

K・L

M

ヤ・ラ

A

B

C

D

タ

ナ

ハ

マ

フィリピンに関連する日本映画

フィリピン人映画監督・脚本家

ア

カ

サ

O・P・R

S・T・U

V・W・Y・Z

C・D・E

F・G・H

I・J・K

L・M・N

ヤ

ラ

ワ

A

B

ナ

ハ

マ

カ

サ

タ

索 引

本書でとりあげた映画タイトル

ア

著者紹介

鈴木　勉（すずきべん）

1963年生まれ。

1986年早稲田大学第一文学部卒。

現在、国際交流基金アジアセンター参与、一般財団法人フィリピン協会評議員。専攻は国際文化交流、フィリピン文化研究。

著書に「フィリピンのアートと国際文化交流」（水曜社、2012年）、共著に「フィリピンを知るための64章」（明石書店、2016年）、「東南アジアのポピュラーカルチャー」（スタイルノート、2018年）など。

インディペンデント映画の逆襲　フィリピン映画と自画像の構築

2020年5月15日　印刷
2020年5月25日　発行

著　者　鈴木　勉
発行者　石井　雅
発行所　株式会社　風響社

東京都北区田端4-14-9（〒114-0014）
Tel 03（3828）9249　振替 00110-0-553554
印刷　モリモト印刷

ISBN978-4-89489-127-2　C1074